RECLAMS STÄDTEFÜHRER

London

RECLAMS STÄDTEFÜHRER
ARCHITEKTUR UND KUNST

London

Von Christoph Höcker

Mit 25 Abbildungen, 20 Grundrissen
und Plänen

Philipp Reclam jun. Stuttgart

2., durchgesehene und aktualisierte Auflage 2012

RECLAMS UNIVERSAL-BIBLIOTHEK Nr. 18981

Umschlagabbildung: *Tower Bridge*; Innenklappe vorne: *British Library* – Zentralgebäude St. Pancras, *Horse Guards*. Fotos: Christoph Höcker, Augsburg; Innenklappe hinten: *Big Ben*, Innenhof des *British Museum*.
Fotos: imago/Imagebroker
Gesamtherstellung: Reclam, Ditzingen. Printed in Germany 2012
RECLAM, UNIVERSAL-BIBLIOTHEK und
RECLAMS UNIVERSAL-BIBLIOTHEK sind eingetragene Marken
der Philipp Reclam jun. GmbH & Co. KG, Stuttgart
ISBN 978-3-15-018981-8

www.reclam.de

Inhalt

Anhang

Metropole London. Ein Kurzporträt

Wer heute über London schreibt, muss so manchen Superlativ verwenden. Die Stadt in ihren politisch-administrativen Grenzen mit 7,5 Millionen, in der Metropolregion sogar knapp 13 Millionen Einwohnern ist nicht nur die bevölkerungsreichste, sondern mit 1579 km² Fläche auch die größte Europas. In der City schlägt das Herz der internationalen Finanzwelt, unter den Straßen verkehrt die älteste U-Bahn mit dem längsten Streckennetz und dem wohl geringsten Komfort. Theater, Oper und Musicals, aber auch die Rock- und Popmusik und schließlich die Baudenkmäler und Museen haben erstes Niveau und machen, ergänzt um das besondere Flair der allgegenwärtigen Monarchie, die Stadt zum Magneten für Besucher und Touristen. Hinzu kommt die Aufbruchstimmung im Vorfeld der 2012 hier ausgerichteten Olympischen Spiele, ein Umstand, der der Stadt zahlreiche weitere spektakuläre Neubauten bescheren wird; bereits heute gehören Baukräne genauso zur Skyline der Stadt wie die Hochhäuser, Türme und Themsebrücken.

Dieser Boom hat seine Schattenseiten, besonders für die weniger betuchten Bewohner der Stadt, die heute mit der Situation konfrontiert sind, dass London die teuerste Stadt der Welt geworden ist. Zentrumsnahes Wohnen ist beinahe unerschwinglich geworden; selbst gut besoldete Manager von Banken und Versicherungen leben hier nicht selten in Wohngemeinschaften. Anders ausgedrückt: London vertreibt seine Bewohner. Von immer weiter her pendeln Arbeitnehmer in die Stadt; Fahrzeiten von 4 und mehr Stunden täglich sind keineswegs selten. Die schleichende Umwandlung einstmals ärmerer, ›volkstümlicher‹ Viertel in gehobene Wohnlagen und ›Szeneviertel‹ ist bis weit in den Süden der Stadt und ins Eastend, wo sich heute die alternative Kunstszene ansässig macht und Trends setzt, vorgedrungen; der Umstand, dass sich praktisch kaum noch ein durchschnittlicher Arbeitnehmer ein Leben in London leisten kann, ist mittlerweile als ein ernstes Problem für die wirtschaftliche Dynamik der Stadt erkannt worden.

Auch für Touristen ist London ein überdurchschnittlich teures Pflaster: Rekordpreise sind für Hotelübernachtungen zu zahlen, die Gastronomie zeichnet sich häufig durch ein bedenkliches Preis-Leistungs-Verhältnis aus, und auch die Nutzung der städtischen Infrastruktur hat ihren Preis, sei es das U-Bahn-Ticket oder, für den Automobilisten, die Citymaut; Letztere ist nach kurzen Protesten betroffener Pendler mittlerweile ein Segen für die Bewohner, die ihre Stadt jetzt wieder gefahrlos zu Fuß, per Fahrrad oder einigermaßen zügig mit den bekannten roten Doppeldeckerbussen erschließen können.

Blickt man in die jüngere Geschichte zurück, so ist das vitale Bild des heutigen London erstaunlich. Keine 30 Jahre ist es her, als die Stadt in Agonie lag. Das in den 1960er Jahren einsetzende Sterben des Hafens und der Beginn einer Massenarbeitslosigkeit, bedingt durch das Aufkommen des Containerverkehrs und vor allem den Zusammenbruch der Montanindustrie in Mittelengland, konnte zunächst noch mit dem Image vom ›Swinging London‹ konterkariert werden – Beatles und Rolling Stones, der Minirock von Mary Quant und das bunte Treiben in der Carneby Street machten für den Außenstehenden die sich anbahnenden Probleme wenig erkennbar. In den späten 1970er Jahren korrelierte dann die wirtschaftliche Misere mit dem Klang der Zeit, der sie explizit thematisierte: Punk war aus der Verelendung und der gigantischen Jugendarbeitslosigkeit geboren, und die Sex Pistols sangen *Pretty Vacant* und *Anarchy in the UK*. Weite Teile des Eastends, aber auch die außerhalb des Stadtzentrums gelegenen Trabantenstädte entwickelten sich beinahe zu Slums, immer weitere Hafendocks wurden geschlossen

Das heute verlorene East India House von T. H. Shepherd in der Leadenhall Street in der City, Ansicht von 1817

und verfielen, bis schließlich das gesamte Themseufer von der Tower Bridge bis nach Greenwich einem gespenstischen, brachliegenden Ruinenareal glich.

Der heutige Boom der Stadt geht im Kern auf das bisweilen sehr zu Recht heftig kritisierte, beinahe autokratische Wirken von Margaret Thatcher zurück, die von 1979 bis 1990 Premierministerin war. Sie brach mit rigorosen Maßnahmen die Macht der englischen Gewerkschaften, zerschlug die Staatsunternehmen und legte auch eine zunächst sehr umstrittene Planung zur Sanierung der Stadt London vor, für deren Realisierung sie 1986 sogar den widerspenstigen Greater London Council, die Stadtregierung von London unter der Führung von *Red Ken*, Kenneth Livingstone, per Dekret auflöste. Das Ergebnis dieser

Maßnahmen war das Entstehen der Docklands, der Umwandlung der brachliegenden Hafenareale in gemischte Wohn- und Wirtschaftsviertel, die sich nach zähem Anlauf und längeren Leerständen heute großer Beliebtheit erfreuen und zu einem Pionierprojekt für die Neugestaltung innerstädtischer Flussuferlagen geworden sind. Gleichwohl bleibt zu konstatieren, dass dieses in den 1980er Jahren verwurzelte ›neue London‹ ein Produkt ungezügelter neoliberaler Wirtschaftsambitionen ist und nicht nur Gewinner, sondern auch viele Verlierer kennt.

London hat, aus städtebaulicher Sicht, eine lange Tradition der Selbstvernichtung. Praktisch im Generationentakt ist abgerissen und neu gebaut worden; Architektur jedweder Art war hier niemals ein auf lange Existenz angelegtes Baudenkmal, sondern ein renditeorientiertes Abschreibungsobjekt. Hier hat in den letzten 20 Jahren ein Wandel stattgefunden, von dem London heute enorm profitiert. Nicht Abriss, sondern Konversion ist die Devise: der Umbau und die Neunutzung erhaltener Bausubstanz in den verschiedensten Funktionszusammenhängen. London hat hier spektakuläre Beispiele dieses für Architekten momentan sehr bedeutsamen Betätigungsfeldes zu bieten. Nur einiges sei erwähnt: die Umwandlung der Lagerhäuser von Butler's Wharf zu Wohnungen, der Umbau von Bracken House, dem ursprünglichen Sitz der Financial Times, zu einem Bürogebäude, die Neunutzung der riesigen, seit der Einweihung von Norman Fosters City Hall funktionslosen County Hall, schließlich die Integration der Tate Modern in ein aufgelassenes Kraftwerk.

Wie in kaum einer anderen Stadt Europas treffen in London Kulturen aufeinander. Die Sogwirkung der Metropole auf Einwohner früherer Commonwealth- und Kolonialstaaten ist enorm; im Jahr 2001 waren knapp ein Viertel der Londoner Einwohner außerhalb der EU geboren. Über 30 % der Bevölkerung sind Asiaten (meist Inder, Bangladeshi und Pakistani), Farbige aus Afrika und der Karibik, Chinesen, Philippinos oder Vietnamesen. In den letzten Jahren hat sich die in London bis dahin vergleichsweise geringe Segregation deutlich beschleunigt. Traditionell ist das Wohlstandsgefälle zwischen dem reichen West- und dem armen Eastend, das allerdings mit der Aufwertung von Teilen des Eastends zunehmend weniger Bedeutung bekommt. Markant ist hingegen die sich abzeichnende Ghettobildung einzelner Volksgruppen, die aus den zentrumsnahen Bezirken verdrängt werden. Die Bengalen konzentrieren sich in Tower Hamlets, die Inder in Brent und Ealing, während südliche Stadtteile wie Brixton oder Haringey im Norden ein fast karibisches Flair aufweisen. Die südasiatische Bevölkerung, die in Soho abseits der Shaftsbury Avenue mit ihren Geschäften das Stadtbild von ›Chinatown‹ prägt, konzentriert sich in Newham. Hier sind regelrechte Parallelgesellschaften entstanden. Die Problematik wird statistisch bei Vergleichen der Boroughs untereinander noch evidenter: Der geringe Anteil von Weißen in Newham (39 %), Haringey und Brent (je 45 %) kontrastiert scharf mit dem weit überdurchschnittlichen Anteil in wohlhabenden Randbezirken wie Richmond (91 %) im Westen und Havering (95 %) im Osten.

London zeichnet sich heute durch eine gewaltige Wirtschaftskraft aus. 2005 wurden in der Stadt 19 % des englischen Bruttosozialproduktes (418 Mrd. US-$) erwirtschaftet, in der Metropolregion sogar 30 % (660 Mrd. US-$). Die Tätigkeitsfelder haben sich dabei in den letzten 30 Jahren dramatisch verschoben. Waren die Arbeitsplätze in den 1960er Jahren noch überwiegend im produzierenden Gewerbe bzw. in der Industrie angesiedelt, so ist London heute die Dienstleistungsmetropole Europas; über 85 % der Arbeitsplätze sind diesem Sektor zuzuordnen. Dabei sind klare Schwerpunkte benennbar. Vor allem die Finanzwirtschaft mit Banken, Fondsgesellschaften und Versicherungen ist zu nennen, die heute New York den

Rang der weltweit führenden Stadt abgenommen hat. Bedeutsam ist ferner die Immobilienwirtschaft, Consultingfirmen, das Mediengewerbe mit einer ausdifferenzierten Print- und Fernsehlandschaft und der Tourismus mit jährlich über 27 Millionen Übernachtungen. Daneben existieren, hauptstadttypisch, in großer Anzahl Arbeitsplätze im Bereich der Verwaltung und der Justiz. Überdies ist London ein beliebter Sitz für Niederlassungen ausländischer Firmen aller Art. Unter den »Fortune 500«, den 500 bedeutendsten, umsatzstärksten Firmen der USA, haben 75 % eine Dependance in London, was auch die traditionell besonders engen Bindungen zwischen den USA und England unterstreicht. Londons einstmals sehr bedeutsamer Hafen ist nicht ersatzlos verschwunden, sondern nach Tilbury in Richtung Themsemündung an einen Ort verlagert worden, der für den modernen Containerverkehr geeigneter ist und vor allem auch von Hochseeschiffen problemlos angelaufen werden kann. Über 50 Millionen Tonnen Fracht werden hier jährlich umgeschlagen; der Hafen ist damit aktuell (2005) der drittgrößte in England.

Die kulturelle Szene Londons ist äußerst vielfältig. Im Westend, zwischen Piccadilly Circus, der Shaftsbury Avenue und dem Leicester Square, auch bis hin zu Covent Garden, erstreckt sich Londons Kino- und Theaterviertel – darunter knapp 10 Theater, die langlaufende Musicals präsentieren. Klassischer Theaterbetrieb ist auf die großen Bühnen der Stadt, das National Theatre, das Old Vic, die Royal Shakespeare Company im Barbican Art Centre und das Royal Haymarket Theatre konzentriert. London ist eines der Musikzentren der Welt. Die Stadt beheimatet gleich fünf weltberühmte Symphonieorchester: das London Symphony Orchestra, das Royal Philharmonic Orchestra, das Philharmonia Orchestra, das BBC Symphony Orchestra und das London Philharmonic Orchestra. Des Weiteren gibt es mehrere berühmte Kammerorchester, u. a. die Academy of St. Martin in the Fields, das English

Chamber Orchestra und das London Bach Orchestra. Konzerte finden statt im Barbican Arts Centre, der Cardogan Hall, der Royal Albert Hall (mit den berühmten, volkstümlichen Promenadenkonzerten von Juli bis September), der Royal Festival Hall, dem Southbank Centre und der Wigmore Hall. Zwei Opernbühnen hat London zu bieten: die Royal Opera und die English National Opera. Sie spielen im Royal Opera House und im Coliseum Theatre. Ebenfalls zwei Ballettensembles sind in London ansässig, das Royal Ballet und das English National Ballet. Sie präsentieren sich außer im Royal Opera House und im Coliseum Theatre auch im Sadler's Wells Theatre und in der Royal Albert Hall.

Was die Pop-Musik mit ihren heute kaum mehr überschaubaren Stilverästelungen betrifft, so war und ist die Rolle Londons insgesamt weniger dominant, als es allgemein erscheint. Städte wie Liverpool in den 1960er, Canterbury in den 1970er und Manchester in den 1980er Jahren haben London als Zentrum der Innovation zumindest phasenweise starke Konkurrenz gemacht. Gern besuchte Erinnerungsorte der Pop-Musik sind die Abbey Road Studios, The Marquee in der Wardour Street in Soho und der 100 Club in der Oxford Street; sie zeigen zugleich aber auch die Schnelllebigkeit der Szene. Größere Konzerte finden heute in der Wembley Arena und im Earls Court sowie in der Brixton Academy und im Hammersmith Apollo statt. Lohnender als der Besuch eines der oft überteuerten Konzerte dort ist ein Blick in die vielen kleinen Clubs etwas außerhalb der Innenstadt. Eine vitale alternative Musik-, Kneipen- und Kunstszene hat sich im Eastend angesiedelt, vor allem in den Stadtteilen Shoreditch und Hoxton im Borough Hackney. Das gesamte Kulturprogramm Londons mitsamt einschlägiger Adressen der Veranstaltungsorte erschließt sich dem Besucher vor Ort am besten über die Zeitschrift *Time Out*, die wöchentlich mittwochs erscheint.

Schließlich ist ein weiterer Superlativ anzuführen: Keine Stadt Europas hat ähnlich zahlreiche kulturelle und wissenschaftliche Einrichtungen mit ähnlich altehrwürdigen Traditionen zu bieten. Bis ins 16. Jh. zurück gehen zahlreiche Kloster- und Kirchenschulen, z. B. St. Paul's (gegründet 1509), das Christ's Hospital (1552), die Westminster School (1561), St. Olave's (1571) oder die Charterhouse School (1611). Nichtkirchlich sind die City of London School (1442), die Mercers' School (1542) sowie die Merchant Taylors' School (1561). Private Gründungen sind die Harrow School (1571) und das Dulwich College (1619). Die miteinander wetteifernden Juristenschulen Londons sind in Gegenwart wie in Geschichte legendär. Es gibt drei große Universitäten. Die University of London wurde 1836 gegründet, bündelt heute 19 ehemals selbständige Colleges und Institute wie etwa das Courtauld Institute of Art oder das King's College und unterrichtet heute knapp 140000 Studenten in über 50 Instituten. Die University of East London erstreckt sich in den Dockland am Royal Albert Dock. Die zu London gehörige Middlesex University prägt mit ihren zahlreichen Gebäuden den Borough Enfield. Es gibt vier Technische Hochschulen, und eine große Zahl von Fachhochschulen, darunter das Royal Institute of British Architects, das Royal College of Music, das Royal College of Art, das Royal College of Organists und das Royal Naval College in Greenwich. Bedeutende wissenschaftliche Institutionen runden das Bild von London als Bildungs- und Forschungsmetropole ab: Die Royal Academy of Arts, die Royal Society, die Royal Geographical Society und die Royal Astronomical Society. Die zahlreichen Museen der Stadt sind oft mit diesen Bildungseinrichtungen unmittelbar verbunden; neben zahlreichen Spezialbibliotheken (British Museum, Guildhall u. a. m.) macht die neue British Library in St. Pancras London auch zu einem der wichtigsten Bibliotheksstandorte der Welt.

Eine Stadt- und Städtebaugeschichte Londons braucht beim lesenden Besucher einige Phantasie, um nachvollziehbar zu werden. Wie kaum eine andere Weltstadt hat sich London im Laufe der Jahrhunderte nicht nur gewandelt, sondern sich, zumindest ab dem 15. Jh., in nahezu jedem neuen Jahrhundert gehäutet und neu erfunden. Dabei sind so große Teile historischer Bausubstanz vernichtet worden, dass ein Register nicht erhaltener historischer Bauten beinahe länger wäre als eines der erhaltenen. Das höfische London des 15., 16. und 17. Jh. mit den beiden großen Palästen von Westminster und Whitehall ist nicht einmal mehr in Umrissen zu erkennen. Und das klassizistisch-historistische London des 18. und frühen 19. Jh. ist radikalem Umbau in spätviktorianischer Zeit und in der ersten Hälfte des 20. Jh. in großen Teilen zum Opfer gefallen; verwiesen sei nur beispielshalber auf die urbanistisch höchst bedeutende Regent Street mit ihrer einstmals prospekthaften Randbebauung.

Vorgeschichte und Antike. Die Geschichte Londons besteht aus mehreren Kapiteln, die bisweilen nicht recht zusammenpassen, denn der Ort ist nicht kontinuierlich besiedelt gewesen. Die ältesten Siedlungsspuren entstammen der späten Bronzezeit aus dem 2. Jt. v. Chr. Ein genaues Bild der Situation lässt sich jedoch nicht gewinnen, denn es handelt sich um etwa 250 weit verstreute Einzelfunde, die meisten aus der City (u. a. bei St. Mary Axe, der Gresham Street, Austin Friars und Bishopsgate), aber auch aus weiter entfernteren Regionen wie etwa dem Stadtteil Clerkenwell. Darüber hinaus gibt es zahlreiche Waffenfunde dieser Zeit, darunter der berühmte Battersea-Schild aus der Themse bei Chelsea, die belegen, dass dieser Ort schon in prähistorischer Zeit nicht unbedeutend gewesen sein muss.

Die historische Keimzelle Londons ist das römische Londinium, das im Zuge der 43 n. Chr. begonnenen römischen Eroberung Britanniens unter Kaiser Claudius an zuvor unbesiedeltem Ort entstand. Das genaue Gründungsdatum der Siedlung ist nicht bekannt, antike Bauholzfunde bei der Neubebauung No. 1 Poultry (S. 80) in der City ermöglichten jedoch eine dendrochronologische Festlegung des Fälldatums auf das Jahr 47 n. Chr., was bis heute der früheste archäologische Beleg für die Siedlung ist. Im Gegensatz zu zahlreichen römischen Siedlungen außerhalb Italiens geht Londinium nicht auf ein Militärlager zurück, sondern war wohl eine private Gründung von Händlern, die wegen der günstigen Lage an der voll schiffbaren Themse schon sehr bald großen Aufschwung nahm und Handelskontakte nach Europa und bis nach Italien aufwies; Tacitus berichtet in seinen *Annalen*, dass sich um 60 n. Chr. bereits Hunderte von Händlern hier angesiedelt hätten. Der Ort der Siedlung auf einer kleinen Anhöhe im Bereich der heutigen City war geschickt gewählt: an der schmalsten Stelle der Themse, was den Bau einer Holzbrücke und damit die Verkehrsanbindung nach Süden vereinfachte, leicht erhöht und damit sicher vor Hochwasser gelegen, gleichwohl direkt am Ufer eines bis zur Mündung problemlos schiffbaren Flusses, dessen Bedeutung die 1981 entdeckten, großen, fest gebauten Kaianlagen in der Nähe der London Bridge unterstreichen. Die Siedlung hatte zunächst insgesamt bescheidene Ausmaße: vom Tower bis Ludgate etwa 1500 m in west-östlicher Richtung, von London Wall bis zur Themse knapp 700 m in nord-südlicher Richtung. Die erste Phase von Londinium endete abrupt; im Boudicca-Aufstand 60/61 n. Chr. wurde die Stadt vollständig niedergebrannt und geplündert.

Nach diesen Ereignissen wurde Londinium jedoch sehr schnell wieder aufgebaut und prosperierte. Wichtige öffentliche Gebäude westlich des Walbrook entstanden in dauerhafter Steinbauweise, darunter das Praetorium, das um 100 erneut monumental umgebaute und um eine große Basilika ergänzte Forum sowie Thermenanlagen. Um 100 war Londinium die größte Stadt Britanniens und übernahm nun auch von Colchester den Status der Provinzhauptstadt. Dabei bleibt die rechtliche Stellung der Stadt unklar, denn Londinium war trotz seiner Bedeutung allenfalls ein *municipium*, jedenfalls weder eine *colonia* noch eine *civitas*. Das 2. Jh. ist zunächst durch einen fortgesetzten wirtschaftlichen Aufschwung gekennzeichnet, der sich insbesondere im Ausbau der Hafenanlagen niederschlägt, die auf knapp 1000 m Länge entlang des Nordufers der Themse und, weniger ausgedehnt, bei Southwark am Südufer aus großen Eichenbalken errichtet wurden. Londinium war in jenen Jahren zentraler Umschlagplatz für den Güterverkehr zwischen Britannien und dem gallischen Festland; zahlreiche gut ausgebaute Straßen führten von Londinium in die ländlichen Regionen der Provinz. Höhepunkt, zugleich aber auch Wendepunkt der Stadtgeschichte war der Besuch des Kaisers Hadrian 122 n. Chr. Seine Entscheidung, die weitere Expansion der Provinz an der erreichten Grenze (Hadrianswall) aufzugeben, führte nicht nur zu wirtschaftlicher Stagnation, sondern bald sogar zu einem empfindlichen Rückgang des Handels. Das überall im Imperium Romanum unsichere und instabile 3. Jh. ist in London charakterisiert durch den Bau der großen Stadtmauer. Der zwischen 190 und 225 errichtete Mauerring umfasst mit 3 km Länge das damals besiedelte Terrain. Die durchschnittlich 6 m hohe, 2 m starke, turmbesetzte Mauer wies sieben besonders gesicherte Stadttore auf und sollte zum dauerhaftesten Bauwerk Londons werden, denn sie blieb über Jahrhunderte hinweg in Funktion. Die Unruhen im Reich erfassten auch Britannien und führten zu einem weiteren Niedergang der Stadt. Bereits um 200, unter Septimius Severus, war die Provinz Britannien geteilt worden; Londinium blieb Hauptstadt von Britannia Superior, während York (Eboracum) zur Kapitale von Britannia Inferior wurde. 286 kam es zur Rebellion des Carausius, der sich zum Herrscher Britanniens aufschwang und sich von Rom lossagte; der tetrarchische Kaiser Constantius Chlorus rückte zehn Jahre später mit einer Flotte in London ein und eroberte Britannien zurück.

Nach der Neuordnung des Imperiums unter den Tetrarchen und später Konstantin brachte das 4. Jh. der ganzen Provinz zunächst neuen Wohlstand, der sich jedoch hauptsächlich auf die großen Domänen und Landgüter beschränkte und weniger die städtische Kultur betraf. Wohl schon im 4. Jh. ist London christlich geworden; sowohl ein Bischof wie auch erste Kirchenbauten sind bezeugt. Mit den Völkerwanderungen in der Jahrhundertmitte begann jedoch der Niedergang der Stadt. Der Aufruhr der Picten und Scoten führte zu einer Erweiterung der Mauer und zu militärischen Gegenaktivitäten, die zunächst erfolgreich waren. 382 rebellierten kaiserliche Truppen und hoben Magnus Maximus auf den Schild für eine kurzfristige Regentschaft. Britannien wurde im frühen 5. Jh. zum Ziel großer Einwanderungswellen: Angeln, Sachsen, Jüten und Friesen nehmen die Insel in Besitz. Der anfängliche Widerstand der Römer in den Städten wird schnell schwächer. Um 410 ist, nach weiteren Usurpationen, die römische Herrschaft in Britannien praktisch beendet. Im Laufe des 5. Jh. wurde Londinium von seinen Bewohnern sukzessive verlassen und verfällt. Aus dieser ersten großen Siedlungsphase Londons haben sich zahlreiche Baureste erhalten: Außer den Resten der Stadtmauer sind vor allem die Ruinen des Praetoriums (Statthalterpalast) an der Cannon Street Station, das mit 160 × 170 m vergleichsweise große Forum, Reste eines Amphitheaters (unter der Guildhall), Baureste einer Therme bei Huggin Hill und der 1954 ausgegrabene Mithrastempel sehenswert.

Mittelalter. Das zweite große Kapitel der Stadtgeschichte beginnt um 600, wobei es für die Zeit von 450 bis 600 keinerlei verlässliche Nachrichten über eine Besiedelung des wahrscheinlich gänzlich verlassenen Ortes gibt. Die Neueinwanderer, für die ab dem späten 8. Jh. der

Name »Angelsachsen« bezeugt ist und geläufig wird, sind der Legende nach um 600 von den Briten gegen die Picten und Scoten zu Hilfe gerufen worden und bildeten nun ihrerseits Kleinreiche auf britischem Boden, die unter wechselnder Hegemonie von lokalen Herrschern standen. In diesem Zusammenhang ist um 600 westlich neben der aufgelassenen Stadtruine von Londinium eine neue Siedlung entstanden, die Lundenwic genannt wurde und seit stadtgeschichtlichen Ausgrabungen der 1980er Jahre als etwa 0,6 km^2 großer Bereich zwischen der National Gallery im Westen und Aldwych im Osten lokalisiert ist. Diese Siedlung war wohl Bestandteil eines ostsächsischen Königreiches auf dem Gebiet der späteren Grafschaften Middlesex und Surrey. Bereits im frühen 7. Jh. wurden die Angelsachsen durch irisch-schottische und römische Missionare christianisiert, in Lundenwic konvertierte Saeberth zum Christentum und erhielt mit Mellitus seinen ersten Bischof in einem eigenen Bistum, auf dessen Aktivitäten die erste Bauphase von St. Paul's zurückgeht. Im 8. Jh. war die Siedlung Streitobjekt zwischen verschiedenen Königreichen, das 9. Jh. ist charakterisiert von massiven Einfällen der Wikinger, die um 865 Lundenwic und ganz Ostengland sogar für einige Jahre eroberten. Bereits im frühen 9. Jh. hatte sich jedoch unter der Führung von Egbert, König von Wessex (802–839) ein Zusammenschluss der angelsächsischen Kleinreiche und damit der eigentliche Beginn eines englischen Königshauses abgezeichnet. Einer seiner Nachfolger, Alfred der Große (871–899), eroberte Lundenwic 878 von den Wikingern zurück, erzwang einen Friedensschluss und machte die Siedlung zur Hauptstadt des Königreiches von Wessex. Dabei wurde das alte Lundenwic aufgegeben und die Siedlung, nunmehr Lundenburgh benannt, in den alten römischen Mauerring zurückverlegt, was der Verteidigungsfähigkeit der Ortschaft in diesen unruhigen Zeiten zugute kam. Unter König Athelstan (925–939) war nun fast ganz England vereint und bildete ab 1013 einen abhängigen, aber teilautonomen Bestandteil des Wikinger-Großreichs. Verschiedene Versuche dänischer Herrscher des 11. Jh., sich als Könige zu inthronisieren, scheiterten am Widerstand der angelsächsischen Dynastien, wobei es zu regelrechtem Krieg zwischen den Angelsachsen und den dänischen Wikingern kam. Als Eduard der Bekenner, der den Dänen den kurzzeitig besetzten Thron entriss, ohne eindeutigen Erben 1066 starb, beanspruchte der Normanne William den Thron. In dem Moment, als ihm der verwehrt wurde und statt seiner Harold Godwinson in Westminster Abbey vom Royal Council inthronisiert wurde, begann das dritte große Kapitel der Stadt – die Zeit der Normannen.

Am 14. Oktober 1066 schlug das Heer von Wilhelm, fortan *Conqueror* (»der Eroberer«) genannt, bei Hastings die Truppen von Godwinson, wurde vom Royal Council als König anerkannt und am 25. Dezember in Westminster gekrönt. Mit der Eroberung auch des englischen Nordens entstand in den 1070er Jahren ein zentral gelenkter Feudalstaat mit normannischem Adel in vielen Führungspositionen. In den Bischofsstädten wie Canterbury oder York kam es in diesen Jahren zu großen Kirchenneubauten, London blieb demgegenüber rückständig. Eine Reihe von Befestigungen entlang der Themse entstanden, darunter der White Tower als nunmehr die Siedlung dominierende Architektur. Über das Stadtbild Londons in dieser Zeit ist wenig bekannt, was vor allem daran liegt, dass der Grundbesitz verteilt in den Händen der Feudalherren lag, die ihre *estates* jeweils nach 2–3 Generationen neu verpachteten, was zum Abbruch vorhandener Architektur und zu einer Neubebauung führte. Diese Struktur ist noch heute nachvollziehbar, denn die Wards, die einzelnen Bezirke der City, entsprechen in ihren Grenzen diesen einstigen Gemarkungen.

War Wilhelm weithin als Herrscher akzeptiert, so galt dies nicht für seine Nachfolger; ab 1135 kam es zu einem

Nicholas Hawksmoor, Westtürme von Westminster Abbey, vollendet 1739; Gemälde von Antonio Joli, 1744

Bürgerkrieg, in dessen Folge der Thron 1154 an Heinrich II. aus dem Hause Plantagenet überging, der – dies das vierte große Kapitel der Stadtgeschichte – als erster englischer König Residenz zunächst in Winchester nahm. In den folgenden Jahrzehnten kam es zu Ereignissen, die für die Geschichte der englischen Monarchie prägend waren. Der sich steigernde Konflikt zwischen König und Adel führte zu Konzessionen der Krone und der Schaffung einer Art Parlament: markante Strukturen der englischen Verfassung, die in der von König Johann Ohneland 1215 unterzeichneten *Magna Carta Libertatum* festgeschrieben wurden. Und auch das besondere Verhältnis zwischen Staat und Kirche, das sich in den Besonderheiten der englischen Reformation des 16. Jh. ausprägen sollte, hat mittelalterliche Wurzeln: Der Philosoph und Theologe John Wyclif (um 1330–84) war ein prominenter und erster Dissident, der die päpstliche Macht und die Autorität der katholischen Kirche in Zweifel zog.

Neben der Siedlung Lundenburgh, im Englischen später dann als London bezeichnet, die innerhalb des antikrömischen Mauerrings lag und diesen nutzte und ausbaute, hatte sich im 11. Jh. ein zweiter Siedlungskern rund um Westminster Abbey herum etabliert. Um 1200 wurde Westminster zu einer eigenständigen Siedlung ausgebaut und damit ein urbanistisch höchst seltsamer und seltener Dualismus institutionalisiert: London als merkantiler Mittelpunkt von bald ganz England und Wohnort der Bevölkerung, Westminster als königliches Areal mit großer Kirche und weitläufigen Palastanlagen: der im Bauernaufstand unter Wat Tyler von 1381 vollständig zerstörte, stadtnah gelegene mittelalterliche Savoy Palace, dann der auf die Normannen zurückgehende Westminster Palace, der im 13. Jh. ausgebaut und schnell vergrößert wurde. Das Ganze bildete nunmehr die Hauptstadt des englischen Königreiches. Bis um 1600 blieben diese zwei Teile strikt voneinander getrennt, erst dann wuchsen sie urban zusammen; diesem Umstand wird noch in der heutigen Verwaltungsstruktur der Stadt Rechnung getragen, die eben aus den beiden Cities of Westminster and London sowie den 31 Boroughs besteht. Ein weiterer Aspekt des heutigen Stadtbildes ist diesem Umstand geschuldet: Zunächst um den Siedlungskern, später dann um die königlichen Paläste herum erstreckten sich neben den Ländereien des Adels weitläufige Jagdreviere der Könige, die später nur zum Teil städtisch überbaut, zum anderen Teil als diejenigen Parks belassen wurden, die die Londoner Innenstadt heute auszeichnen. Das Selbstbewusstsein der Londoner zeigt sich beispielhaft am Amt des Lord Mayor: Der erste Bürgermeister wurde 1189 noch von König Richard Löwenherz ernannt und eingesetzt, mit der Besiegelung der Magna Carta 1215 dann aber von den immer mächtiger werdenden Kaufmannsgilden ohne Zustimmung des Königs gewählt. Die Expansion der Stadt auf das Südufer der Themse war ebenfalls ein Phänomen des 13. Jh. und hing mit der Gründung von Southwark Cathedral und der um die Kirche entstehenden Siedlung zusammen; 1209 wurde die bis dahin hölzerne London Bridge durch einen stabilen, im Laufe der Zeit dicht mit Häusern besetzten Steinbau ersetzt. Trotz verheerender Pestepidemien, die ein Hinweis auf erhebliche hygienische Probleme in der dicht bebauten, von schmalen Gassen durchzogenen mittelalterlichen Stadt sind, wuchs die Bevölkerungszahl rapide, von 15000 im Jahr 1100 auf gut 80000 im Jahr 1300. Das 14. und 15. Jh. war eine unruhige Zeit, gekennzeichnet durch verschiedene Bauernaufstände und schließlich die ab 1455 geführten Rosenkriege um den Thron zwischen den Häusern York und Lancaster. London sympathisierte mit dem Haus York und hielt es am Ende mit den Verlierern, was aber nicht verhinderte, dass nach der Inthronisation von Heinrich Tudor (Heinrich VII.) als Erbe des Hauses Lancaster im Jahr 1485 mit dem Ende der Rosenkriege Londons Glanzzeit begann.

Neuzeit. In die Zeit der Tudor-Herrschaft, die London einen gewaltigen wirtschaftlichen wie auch städtebaulichen Aufschwung brachte, fallen die Regentschaft von Heinrich VIII. (1509–47), die am Ende höchst produktiven Unruhen der Reformation mit der kurzzeitigen katholischen Herrschaft von Maria I. (1553–58) und die lange Regierungszeit von Elisabeth I. (1558–1603). Unter Heinrich VIII. wurde London zu einem repräsentativen Königssitz ausgestaltet. Die Spezialität dieses Königs war der Neu- oder Ausbau von Palästen. Weit östlich von Westminster an der Themse wurde Hampton Court gebaut, und zwischen Westminster und London entstanden mit dem weitläufigen Whitehall Palace und dem kleinen St. James's Palace zwei weitere prächtige Palastbauten, von denen der Whitehall Palace die Hauptresidenz wurde, nachdem der alte Westminster Palace 1529 durch einen Brand schwer beschädigt worden war. Vor der Reformation gehörte mehr als die Hälfte des Grundbesitzes in London der Kirche, Klöstern oder anderen religiösen Einrichtungen. Die Reformation, die in London insgesamt sehr unblutig verlief, führte zwischen 1530 und 1538 zu einer Auflösung der Klöster und einer weitgehenden Enteignung kirchlichen Grundbesitzes. Dieser fiel in die Hände des Adels, führte damit zu gesteigertem Wohlstand und einer Intensivierung der Handelsaktivitäten, bewirkte aber auch einen enormen Zuwachs an nun profan bebaubarem Land in der Stadt und an deren Rändern. In der elisabethanischen Ära der 2. Hälfte des 16. Jh. blühten in London nicht nur Handel und Gewerbe, sondern auch die neu entstandene Theaterkultur, deren prominentester Vertreter William Shakespeare war; an den Stadträndern entstanden zahlreiche Theaterbauten, die sich großer Beliebtheit erfreuten. In dieser Zeit wurden die ersten ausgedehnteren Hafenanlagen östlich der London Bridge in Richtung Greenwich errichtet, nachdem London wegen der Zerstörung Antwerpens durch spanische Truppen (1572) zum wichtigsten europäischen Nordseehafen geworden war; zahlreiche weitausgreifende Handelskompanien wurden in jenen Jahren gegründet (Russia Company 1555, East India Company 1600) und mehrten den Wohlstand der Stadt. Zwischen 1530 und 1605 verfünffacht sich die Bevölkerung beinahe von 50000 auf 225000; London war zu Beginn des 17. Jh. die größte Stadt Europas. Im Zuge des damit einhergehenden Baubooms wuchsen Westminster und London zu einer Stadt zusammen, in der Stadt herrschte dramatische Raumnot, die zu immer weiteren

Grundstücksteilungen führte. Strand, die Verbindungsstraße zwischen den beiden Zentren, war jetzt an seiner Südseite dicht bebaut mit aristokratischen Stadtvillen, deren Gärten direkt an die Themse grenzten; die städtische Besiedlung griff, noch unorganisiert, erstmals über den antikrömischen Mauerring nach Holborn und Bloomsbury, Islington und Hoxton aus.

Das 17. Jh. ist die Ära des Königshauses Stuart (1603–1714); sie ist gekennzeichnet durch scharfe Kontraste: Pestepidemien wie die von 1603 mit über 30000 und die von 1665 mit sogar beinahe 60000 Toten; Bürgerkriegen und dem großen Stadtbrand von 1666 stehen ein ungehemmter wirtschaftlicher und auch kultureller Aufschwung sowie eine weiterhin rasante Ausdehnung der Stadt gegenüber. In der Regentschaft von Karl I. (1625–49) beginnt die Stadt, in der bisher weitgehend nur die Palastbauten mit ihrem Prunk herausragten, ein repräsentatives Gesicht zu bekommen. Das heutige Westend bei Westminster wird zum bevorzugten Ort für ansehnliche Stadtresidenzen des Adels und gibt einen neuen urbanistischen Akzent; das Westend ist das erste von nun zahlreichen weiteren neuen Wohnquartieren auf bis dahin ländlichem Terrain im Umfeld von Westminster und der ummauerten City, das auf konsequenter Planung beruht. Der erste wirklich bedeutende englische Architekt, Inigo Jones (1573–1652), importiert nach ausgiebigen Italienreisen die Architekturvorstellungen von Andrea Palladio und damit die Renaissancearchitektur nach England, die die bis dahin vorherrschende Gotik ebenso radikal ablöst wie den markanten Backstein-Stil der Tudors.

Die Krisen und Katastrophen der Mitte des 17. Jh. wurden zu entscheidenden Katalysatoren für die Fortentwicklung der englischen Geschichte im Allgemeinen wie für das Stadtbild Londons im Speziellen. Konflikte zwischen Karl I. und dem Adel mündeten in einen Bürgerkrieg zwischen Royalisten und Republikanern (1642–49), in dessen

Strand, Ansicht von 1830.
Der Straßenzug verbindet die City mit Westminster

Folge Karl I. am 30. Januar 1649 hingerichtet und der Lordprotektor Oliver Cromwell (1599–1658) das Commonwealth zusammen mit dem Parlament regierte. Diese usurpatorische Abschaffung der nach Absolutismus drängenden Stuart-Monarchie, die kurzfristig war und bereits 1660 mit der Wiedereinsetzung von Karl II. als König von England und der postumen, symbolischen Hinrichtung Cromwells endete, hatte politisch größte Tragweite. Sie hatte letztlich eine Neuordnung des Verhältnisses von Adel und Krone zur Folge, in der die Kammern des Parlaments ein größeres Mitbestimmungsrecht erhielten. Lange vor der europäischen Aufklärung im späten 18. Jh. war in

England ein absolutistisches Königtum wirkungsvoll eingedämmt, was England damals zum wohl modernsten Staat der Welt machte. Für London hatte dieses Cromwell-Interregnum spezielle Bedeutung, denn 1655 wurde nach über 350 Jahren Bann den Juden erlaubt, nach London zurückzukehren, was einen weiteren Aufschwung von Handel und Gewerbe mit sich brachte.

Gravierende Folgen für das Stadtbild hatten die Pestepidemie von 1665 und der große Stadtbrand von 1666, der das bis dahin baulich weitgehend noch mittelalterliche London mit seinen engen Gassen und dicht aneinandergebauten, meist hölzernen Häusern zu großen Teilen einäscherte. Samuel Pepys (1633–1703), der große Londoner Chronist, hat in seinen Tagebüchern beide Ereignisse drastisch und detailliert beschrieben. Der Wiederaufbau der Stadt sprengte endgültig den Mauerring, dessen Tore nunmehr keinerlei fortifikatorische Bedeutung mehr hatten, und brachte den Einzug des Barocks in London; vor allem der bedeutende Architekt Christopher Wren (1632–1723), dem die Gesamtleitung übertragen wurde, hat London mit einer Reihe bedeutender barocker und frühklassizistischer Kirchen- und Regierungsbauten überzogen, die der Stadt nun dasjenige opulente Gepräge gaben, das mit dem intensiven Ausbau von Paris unter Ludwig XIV. mithalten konnte. Zugleich förderte der Wiederaufbau eine Segregation, die das bis dahin sozial bunt durchmischte Areal der City nachhaltig veränderte. Der Adel gab seine dort gelegenen Grundstücke auf und baute seine Stadtvillen im Westend in der Nähe der Königspaläste; St. James's und Piccadilly, später auch Whitehall wurden die Quartiere der Aristokratie. Erstmals wird hier ein Grundmuster der Urbanisierung Londons sichtbar: das Anlegen großer, im Zentrum freibelassener Platzanlagen mit repräsentativer Randbebauung als privates, gewinnorientiertes Vorhaben einzelner Investoren. So sind im 17. Jh. in London zunächst Covent Garden und Lincoln's Inn Fields, später der Red Lion Square, der St. James's Square und der Soho Square entstanden, die dann z. T. zu Mittelpunkten neuer aristokratischer oder großbürgerlicher Stadtteile wurden. Die City blieb den Kaufleuten überlassen. Hier bildete sich in jenen Jahren eine völlig neue Schicht, ein begütertes Bürgertum, heraus, die zum wirtschaftlichen Motor der Stadt wurde. Sie rekrutierte sich nicht zuletzt auch aus den seit 1685 in großer Zahl einwandernden Hugenotten, die in Spitalfields eine bedeutende Seidenindustrie begründeten. Im späten 17. Jh. ist London die Handelsdrehscheibe für ganz England; 80 % aller Importe und knapp 70 % aller Exporte wurden über den immer weiter wachsenden Hafen abgewickelt. Zugleich wurde London in diesen Jahren zum wichtigsten Finanzzentrum der Welt; die 1694 gegründete Bank of England und der 1688 erstmals erwähnte Versicherer Lloyd's of London bildeten neben der schon 100 Jahre älteren Börse die Eckpfeiler der Londoner Finanzwirtschaft.

Das 18. und 19. Jh. wird politisch dominiert von der Herrschaft des Hauses Hannover, im Äußeren von dem sich stetig vergrößernden British Empire, was in London für weiteren wirtschaftlichen Aufschwung, aber auch zu ungebremster Zusiedelung und zum rapiden Flächenwachstum der Stadt führte. Darüber hinaus ist das 18. Jh. charakterisiert durch die beginnende Industrialisierung, auch dies ein Prozess, der für die Stadt London erhebliche Folgen hatte. Selbst wenn sich in der Stadt und ihrer näheren Umgebung wenig Industrie ansiedelte, war London doch die Drehscheibe des Handels und der Verteilung der Güter und damit das Zentrum einer sich entwickelnden Infrastruktur, die zunächst mittels eines neu angelegten Kanalsystems London mit den frühindustriellen Zentren Mittelenglands verband.

Im 18. Jh., in der georgianischen Zeit, die nach den Königen Georg I. bis Georg III. mit ihren langen, das gesamte Jahrhundert überdauernden Regentschaften benannt ist,

Nicholas Hawksmoor, St. George's Church, Bloomsbury, vollendet 1716; Aquatinta – Ansicht von 1792

erweitert sich London vom reichen, geschäftigen Handelszentrum unübersehbar auch zum Verwaltungszentrum eines Weltreichs. Architekten wie der in Italien ausgebildete, in London zu den letzten Barockbaumeistern zählende James Gibbs (1682–1754), der auch als Gartengestalter prominente Palladianist, also Anhänger Palladios wie seines englischen Nachfahren Inigo Jones, William Kent (1685–1748), sowie die an der eben wiederentdeckten Baukunst der griechischen Antike orientierten James Stuart (1714–88) und Robert Adam (1728–92) in der 2. Jahrhunderthälfte (Letzterer vor allem auch berühmt für seine stilsicheren wie prachtvollen Interieurs) bildeten die Spitze einer Vielzahl erstrangiger englischer Architekten, die in London aktiv wurden und Baugeschichte schrieben. Der Historismus, das Sich-Orientieren an als vorbildhaft empfundenen historischen Baustilen, nahm als eine alle Lebensbereiche umfassende Gegenbewegung zum verschnörkelten, höfischen Barock mit dem Greek Revival der Zeit um 1750 seinen Anfang und fand wenig später seine Fortsetzung im Gothic Revival, ebenso in Architektur- und Designtrends, die auch weite Teile des 19. und frühen 20. Jh. beherrschen sollten und in denen die englischen Architekten Pioniere waren. Dabei galt es, gänzlich neue Bauaufgaben zu bewältigen. Nicht mehr Palast- und Villenbau standen im Vordergrund, sondern Verwaltungsbauten, Banken, Geschäftshäuser und repräsentative Residenzen der in diesen Jahrzehnten zahlreich neu gegründeten Clubs in bester Lage in Westminster. Wohnbebauung wurde im sich immer weiter verdichtenden Stadtgebiet nun üblicherweise in Form der *terraces* erstellt: langgestreckte Reihen mit direkt aneinandergebauten, meist dreigeschossigen, geziegelten Häusern, mit gleichartig gestalteten, klassizistischen Portiken vor den Eingängen und in einer einheitlich weißen Lackfarbe auf dem Stucküberzug gefasst. Die Stadt wuchs nun in alle Richtungen. Vornehme große neue Wohnquartiere entstanden im Westend

Regent Street 224–240, errichtet von Samuel Baxter nach Entwürfen von John Nash, vollendet 1827; Stich aus den 1840er Jahren

in Mayfair und, als Behausungen für die ärmere Bevölkerung, sehr viel weniger prunkvoll im Eastend und am Südufer der Themse, das 1750 durch den Bau der Westminster Bridge als zweiter Themsequerung besser erschlossen wurde. Wegen des Wachstums der Stadt kam es 1711 zu einem Parlamentsbeschluss, in dessen Folge eine Kommission eingesetzt wurde, die für den Neubau von 50 Kirchen zuständig war; realisiert wurden knapp 20 Neubauten, darunter zahlreiche originelle Entwürfe des prominenten Architekten Nicholas Hawksmoor (1661–1736).

Besonderen Aufschwung nahm der nun beinahe durchgehend von London Bridge bis Greenwich ausgedehnte Hafen, insbesondere durch den rapide wachsenden Handel mit den amerikanischen Kolonien, aber auch im Zuge des Ausbaus der englischen Kriegsflotte, seit der Vernichtung der spanischen Armada im späten 16. Jh. eine die Weltmeere beherrschende Macht.

Im 19. Jh. explodierte London förmlich: Lebten 1800 etwa 1 Million Menschen bereits dicht gedrängt in der Stadt, zählte man 1901 6,7 Millionen Einwohner. In dieser Zeit war London mit Abstand die größte Stadt der Welt. Angesichts dieser Entwicklung ist es nicht erstaunlich, dass sich das Stadtbild nun wie im Zeitraffer wandelte und immer neue Quartiere an den Stadtgrenzen erschlossen und eingemeindet wurden. Einen städtebaulichen Akzent setzte im frühen 19. Jh. der Architekt John Nash (1752–1835), der eine repräsentative Nord-Süd-Achse schuf: Die Regent Street erstreckte sich im Stile eines Prachtboulevards von Pall Mall bis zum neu angelegten Regent's Park mit seinen Terraces; die in klassizistischen Formen gehaltenen Gebäude waren mit einem strahlend weißen, von Nash eigens patentierten Stuck überzogen. John Nash war unter allen Architekten, die in London wirkten, derjenige, der mit Abstand am meisten Bauvolumen erzeugt hat. Weitere Wohnquartiere wie Islington, Paddington, Belgravia, Holborn, Finsbury, Shoreditch sowie Southwark und Lambeth im Süden entstanden.

London war in jenen Jahren aber auch eine Stadt mit großen sozialen Problemen und weit verbreiteter Armut; Charles Dickens Roman *Oliver Twist* beschreibt dies anschaulich. An den Stadträndern hatten sich weitläufige Slums etabliert, die jedoch immer dann, wenn sie dem Stadtwachstum im Wege standen, radikal niedergebrochen, während ihre Bewohner in neue Elendsquartiere noch weiter außerhalb, meist an den Ostrand der Stadt, vertrieben wurden. Die New Oxford Street, die Shaftesbury Avenue, die Charing Cross Road und die Victoria Street sind urbane Achsen, die durch solche Slums getrieben und mit bürgerlicher Randbebauung, seit etwa 1850 auch in Form von Etagenwohnungen (*flats*) in vier- oder fünfgeschossigen Gebäuden versehen wurden; sie markieren das Wachstum Londons im 19. Jh., aber auch die zunehmende soziale Segregation der Stadt in aristokratische, bürgerliche und arme Viertel. Besonders die viktorianische Zeit der 2. Hälfte des 19. Jh. hat ihre Spuren im Stadtbild mit großflächigen Abrissen älterer Bebauung und Neuanlagen von Wohnquartieren auf diesen Flächen hinterlassen.

Das London des 19. Jh. steht gänzlich im Zeichen wirtschaftlichen und industriellen Aufschwungs, technologischer Innovationen und der Errichtung einer der rapide wachsenden Stadt angemessenen Infrastruktur. Der überregionale Verkehr wird um 1830 durch die Erfindung der Eisenbahn revolutioniert. London wird schnell zum Zentrum bzw. Ausgangspunkt des von privaten Gesellschaften betriebenen Eisenbahnnetzes; an den Stadträndern entstehen zahlreiche große, repräsentativ gestaltete Bahnhofsbauten, meist in Kombination mit einem Hotel. Zu den ältesten Bahnhöfen Londons zählen Euston Station (1837), Paddington Station (1838), Fenchurch Street Station in der City (1841), Waterloo Station auf dem Südufer der Themse (1848) sowie die Bahnhöfe von King's Cross (1850) und St. Pancras (1863), Letzterer auf der Fläche eines dafür abgebrochenen Slums gelegen. Der innerstädtische Verkehr wurde ab den 1880er Jahren durch die Neuerrichtung zahlreicher Straßenbrücken über die Themse erleichtert, vor allem jedoch durch den raschen Ausbau des U-Bahn-Netzes, das mit der Gründung der Metropolitan Line 1863 zunächst noch als dampfbetriebenes, seit den 1890er Jahren dann elektrifiziertes und in z. T. sehr tiefe Tunnel gelegtes, leistungsfähiges Verkehrssystem seinen Anfang nahm. Resultate einer zunehmend auf das Ganze bedachten städtischen Planung ist nicht nur die Gründung der Metropolitan Police (1829), sondern nach Parlamentsbeschluss auch die Neuanlage von sieben großen Friedhöfen an der Peripherie zwischen 1832 und 1841. Die sanitären Verhältnisse in London, insbesondere die Wasserver- und Abwasserentsorgung, wurden seit den 1830er Jahren zunehmend katastrophal. In rascher Folge kam es zu Cholera-Epidemien: 1832 mit 6500 Toten, 1849 mit 14000 Toten, 1853 mit 11000 Opfern. Der 1855 gegründete *Metropolitan Board of Works*, dem die Organisation der städtischen Infrastruktur übertragen wurde, reagierte umgehend und initiierte den Bau eines unterirdischen Abwassersystems, das der Chefingenieur der neuen städtischen Einrichtung, Joseph Bazalgette (1819–91) ersann und das mit 2100 km Kanälen das größte Ingenieurprojekt des 19. Jh. war. Zwischen 1859 und 1865 fertiggestellt, zeigte es bereits 1860 seine Wirkung, als die nächste Choleraepidemie mit 5600 Opfern allein auf das zunächst nicht an das System angeschlossene, verarmte Eastend beschränkt blieb.

Zu einem Motor der englischen Wirtschaft und des Handelsplatzes London entwickelte sich die *Great Exhibition*, die erste Weltausstellung, die 1851 im eigens dafür konstruierten Crystal Palace im Hyde Park stattfand. Als eine neue Bauaufgabe trat schließlich die Einrichtung zahlreicher großer Museen hervor, die meisten davon in South Kensington in unmittelbarem Zusammenhang mit der Weltausstellung entstanden. Zu den prominenten Architekten, die in London im 19. Jh. aktiv waren, zählen neben John Nash zunächst vor allem John Soane (1753–1837) und Robert Smirke (1771–1867). In der über 60-jährigen Regentschaft von Queen Victoria (1837–1901) war vor allem Charles Barry (1795–1860) viel beschäftigt; George Gilbert Scott (1811–78) gilt als herausragender Architekt der Neogotik. Daneben bekamen, besonders in der zweiten Jahrhunderthälfte, die ›Ingenieur-Architekten‹ eine besondere Bedeutung; hervorzuheben ist neben Joseph Bazalgette besonders Horace Jones (1819–87), verantwortlich u. a. für den Bau der Tower Bridge und der Marktanlagen von Smithfield, Billingsgate und Leadenhall. Wichtige bauliche ›Landmarken‹ Londons sind im 19. Jh. entstanden: der Trafalgar Square, Big Ben mit den Houses of Parliament, die Royal Albert Hall und der angrenzende Museumskomplex, der Neubau des British Museum, die Tower Bridge und zahlreiche Regierungsgebäude in Whitehall.

Das ungebremste Wachstum der Stadt setzte sich auch in der ersten Hälfte des 20. Jh. fort. 1939 erreichte die Einwohnerzahl mit 8,6 Millionen ihren Höchststand, ging dann bis in die 1970er Jahre zurück (1980: 6,8 Millionen) und stieg seitdem wieder leicht auf heute 7,4 Millionen. Die Schaffung neuen Wohnraums war oberstes Gebot, und so wurden noch bis weit in die 1930er Jahre großflächig Altbauten abgerissen und durch moderne Geschossbauten ersetzt; zahlreiche Baudenkmäler, darunter auch John Nashs klassizistische Regent Street-Bebauungen, sind diesen Maßnahmen zum Opfer gefallen. Bis in die 1930er Jahre blieb die Londoner Architektur in ihren Formen ausgesprochen konservativ; es herrschten historistische Baustile vor, insbesondere ein massiger Neobarock in französischer Ausprägung, wie ihn etwa das Piccadilly-Hotel und das Hotel Ritz beispielhaft verkörpern. Waren Englands Architekten im 18. und 19. Jh. in Europa führend, so verpassten sie seit 1900 zusehends den Anschluss an die Moderne. Ausländer wie Frank Lloyd Wright, Le Corbusier, Walter Gropius und Adolf Loos bildeten nun die Spitze eines ›International Style‹, der in London erst sehr spät und zunächst ausschließlich von Zugewanderten aufgegriffen wird. Unter den zahlreichen aus Nazideutschland nach London Emigrierten, die sich bevorzugt im Westend und im Norden der Stadt niederließen, waren prominente Architekten und Designer wie Marcel Breuer, Ernő Goldfinger, Walter Gropius, Erich Mendelsohn und Ludwig Mies van der Rohe, die bis zu ihrer Auswanderung in die USA hier einflussreich arbeiteten. Vor allem der russische Konstruktivist Berthold Lubetkin mit seiner Architektengruppe Tecton war hier von Bedeutung.

Im Zweiten Weltkrieg verursachte die Deutsche Luftwaffe durch Bombenangriffe 1940/41 (*The Blitz*) und Raketenangriffe 1944/45 in der Stadt schwere Zerstörungen. Weite Teile des Hafens und des Eastends, aber auch des Stadtzentrums lagen in Trümmern. 30 000 Zivilisten fielen dem zum Opfer, mehr als ein Viertel des Wohnraums der Stadt wurde zerstört. Im Zuge des Wiederaufbaus wurde die Siedlungsdichte in der Stadt planvoll verringert, u. a. durch den *New Towns Act* von 1946, der die Neugründung von städtischen Siedlungskernen an der Londoner Peripherie vorsah. Basildon, Crawley, Harlow, Hemel Hempstead und Stevenage sind solche New Towns im Umland, durch die der Rückgang der Einwohnerzahl maßgeblich begründet ist. Insbesondere die Entsiedelung der City und ihre Umwandlung in ein Geschäftsviertel ist durch diese Maßnahme massiv beschleunigt worden.

Eine besondere Herausforderung war zu allen Zeiten die Energieversorgung der Stadt. Seit den 1930er Jahren entstand entlang des Südufers der Themse eine Kette von kohlebetriebenen Kraftwerken, darunter erstrangige Baudenkmäler im Art-déco-Stil wie die Battersea Power Station. Zugleich begründete dies ein ökologisches Problem: Besonders in den 1950er und 1960er Jahren war der Londoner Smog, eine Inversionswetterlage mit Nebel und Rauchgasemissionen, die tagelang anhalten konnte, gefürchtet. Der sich über Wochen hinziehende *Great Smog* von 1952 forderte über 4000 Menschenleben. Ein weiteres, bis heute andauerndes Nachkriegsproblem der Stadt ergab sich aus der Auflösung des British Empire. In erheblichem Ausmaß kamen Immigranten aus den ehemaligen Kolonien in die Stadt, die hier ihrerseits geschlossene Communities bildeten, was zu erheblichen Integrationsproblemen geführt hat. Es gibt in London Quartiere, in denen Inder, Pakistani, Hong-Kong-Chinesen oder Jamaikaner den Großteil der Bewohner stellen; das Konfliktpotenzial dieser Situation zeigte sich 1980 bei den Unruhen im jamaikanisch dominierten Stadtteil Brixton im Süden Londons in aller Deutlichkeit.

Die Neubebauung von Canary Wharf, 1989 begonnen

Von der in England besonders tiefgreifenden Wirtschaftskrise der 1970er Jahre ist London stark betroffen gewesen. Der Zusammenbruch der Montanindustrie in Mittelengland, vor allem aber der rapide Niedergang des auf Stückgutverkehr ausgerichteten Hafens durch die aufkommende Containerschifffahrt hat zu enormer Arbeitslosigkeit und zu großflächigen Brachen besonders im Osten Londons geführt. Die rigorose Politik Margaret Thatchers in den 1980er Jahren, die London zu der heute in Europa führenden Dienstleistungsmetropole wandelte, die den dabei eher hinderlichen Stadtrat 1986 kurzerhand absetzte und die eine großflächige Konversion der maroden Hafenanlagen in durchgestylte Geschäfts- und Wohnviertel betrieb, ist vielfach zu Recht als unsozial kritisiert worden, hat aber, aus heutiger Sicht, viel zum jetzigen Glanz der Stadt beigetragen. Die soziale Problematik, die daraus folgt, darf aber nicht übersehen werden. Die Gentrifizierung, also die schleichende, sukzessive Umwandlung ärmerer, innenstadtnaher Quartiere der einstigen Arbeiterschaft in bessere Wohnquartiere, ist teils abgeschlossen

(Notting Hill), teils weit fortgeschritten (Hammersmith), teils kaum mehr umkehrbar begonnen (Teile des Eastend). Nicht nur für soziale Randgruppen, selbst für die durchschnittlich verdienende Bevölkerung ist zentrumsnahes Wohnen in London unerschwinglich geworden, so dass Arbeitswege von bis zu 2 Stunden für eine Strecke von außerhalb zum Arbeitsplatz keine Seltenheit mehr sind.

Für den seit etwa 20 Jahren andauernden, zunächst durch die Neubebauung der Docklands, dann durch die Umgestaltung des südlichen Themseufers ausgelösten Bauboom in London ist, gerade angesichts der Olympiade 2012, kein Ende in Sicht. Erneut befindet sich das Londoner Stadtbild in einem tiefgreifenden Wandel. Dabei ist in der jüngsten Vergangenheit in großer Zahl qualitätvolle und innovative Gegenwartsarchitektur entstanden, die zeigt, dass Englands Architekten wieder in eine Führungsrolle gerückt sind. James Stirling, Michael Rogers oder Norman Foster, aber auch David Adjaye bilden Vorreiter einer zunehmend international verflochtenen Architektenszene, die in London in der jüngsten Vergangenheit bemerkenswerte Bauwerke erstellt und das Stadtbild markant bereichert haben.

Stadtgeschichte in Daten

43 n. Chr.	Eroberung Englands durch Truppen des römischen Kaisers Claudius, Bau der Festung Londinium im Gebiet der heutigen City, die sich schnell zu einem wichtigen Handelsplatz wandelt.
60/61	Aufstand der Kelten unter Boudicca; Londinium wird komplett zerstört.
um 400	Verlagerung des Siedlungszentrums nach Westen, starker Bevölkerungsrückgang.
449	Rückzug der Römer aus England, Londinium wird aufgegeben und verfällt.
7. Jh.	Im Zuge der Einwanderung von Angeln und Sachsen wird westlich der römischen Siedlung, im Gebiet von Westminster, die Siedlung Lundenwic gegründet.
9. Jh.	zahlreiche Wikingerüberfälle, u. a. 842, 851 und 865; Lundenwic wird zeitweise von den Wikingern erobert, 878 jedoch von König Alfred wieder befreit.
10. Jh.	Lundenwic entwickelt sich zur größten und reichsten Stadt Englands.
1016–66	Dänische Herrschaft über England.
1066	In der Schlacht von Hastings verlieren die Dänen England an die Normannen unter Wilhelm dem Eroberer. Nachdem Wilhelm der Stadt besondere Rechte zugesteht und die Londoner Offiziellen ihn im Gegenzug als König anerkannt haben, löst die Stadt Winchester als Hauptstadt ab.
1135	Der Widerstand gegen die normannischen Herrscher in der Nachfolge von Wilhelm führt zum offenen Bürgerkrieg.

1154	Mit Heinrich II. beginnt 1154 die Regentschaft des ersten englischen Königshauses (Haus Plantagenet).
1176–1209	Der Bau der London Bridge in Stein garantiert einen problemlosen Verkehr zwischen den nördlichen und südlichen Teilen der schnell wachsenden Stadt.
1189	Henry Fitz Aylwine wird unter Richard Löwenherz zum ersten Londoner Lord Mayor gewählt; erste verfasste Charta, die Londoner Stadt- und Selbstbestimmungsrechte verbrieft.
1215	Die *Magna Carta Libertatum*, die die Beziehung zwischen Krone und Adel auf eine neue Grundlage stellt, ist auch für die Verhältnisse in London wichtig; sie garantiert das Recht der Londoner Zünfte auf jährliche Wahl des Lord Mayors.
1348–51	Erste große Pestepidemie in London.
1343–1400	Der Londoner Dichter Geoffrey Chaucer begründet die mittelenglische Literatur (*Canterbury Tales*).
1381 und 1450	Bauernaufstände unter Wat Tyler (mit Zerstörung des Savoy-Palastes) und Jack Cade (*Kent Rebellion*).
1399–1485	Königshäuser Lancaster und York, Rosenkriege (1455–85).
1485–1603	Mit der Inthronisation von Heinrich VII. beginnt die Glanzzeit des Königshauses Tudor. Starker wirtschaftlicher Aufschwung Londons, die Stadt ist um 1600 mit gut 200 000 Einwohnern die größte Europas.
1565	Gründung der Londoner Börse durch Thomas Gresham.
1603–1714	Königshaus Stuart.

1605	*Gunpowder Plot*; der Versuch von Guy Fawkes, das Parlament zu sprengen, scheitert.
1642	Bürgerkrieg, Sieg der Partei von Cromwell, Enthauptung von Karl I. vor Banquetting House (1649). Beginn der elfjährigen Republik.
1660	Wiedereinsetzung des Hauses Stuart unter der Regentschaft von Karl II., Beginn des Barockzeitalters, das das bis dahin weitgehend mittelalterliche, insgesamt wenig repräsentative Stadtbild Londons durchgreifend verändert.
1665	Pestepidemie in London mit knapp 100 000 Toten.
1666	Ausbruch des *Great Fire* am 2. September; in vier Tagen und Nächten fallen knapp 14 000 Gebäude und 84 Kirchen den Flammen zum Opfer. Großangelegter Wiederaufbau unter der architektonischen Leitung von Christopher Wren und, später, Nicholas Hawksmoor.
1700	London zählt knapp 600 000 Einwohner; in 100 Jahren hat sich die Bewohnerzahl fast verdreifacht.
1714–1901	Königshaus Hannover.
18. Jh.	London wird zur Hauptstadt eines Weltreiches. Große Expansion des Stadtgebietes mit ersten Segregationstendenzen; Aufschwung der Hafenanlagen und des Handels, erste Industrieansiedelungen. Liberalistische Tendenzen des britischen Adels führen zur Etablierung zahlreicher Kaffeehäuser und Clubs, in der Fleet Street entsteht eine rege Presselandschaft.
1780	Gordon Riots, ein Aufstand gegen die ka-

	tholische Kirche unter Lord George Gordon, der durch die Armee niedergeschlagen wird.
19. Jh.	Die Bevölkerungszahl und die Fläche des Stadtgebietes von London wachsen rapide. 1800: 1,1 Millionen, 1901: 6,5 Millionen Einwohner; London ist die größte Stadt der Welt. Expansion von Handel und Industrie, zahlreiche neue Brücken über die Themse verbinden südliche Stadtteile mit dem Zentrum.
1811	Beginn der von John Nash konzipierten nördlichen Stadterweiterung (Regent Street, Regent's Park).
ab 1825	Beginn des Eisenbahnzeitalters; die in dichter Folge gebauten Londoner Kopfbahnhöfe machen die Stadt zum Verkehrszentrum Englands.
1837–1901	Regentschaft von Queen Victoria. Der rapide Stadtausbau führt zu großflächigen Verlusten von historischer Bausubstanz.
1848/49 und 1853	Verheerende Cholera-Epidemien in London machen deutlich, dass die städtische Infrastruktur der Bevölkerungsexplosion nicht gewachsen ist.
1851	*Great Exhibition*, die erste Weltausstellung im Hyde Park, in deren Folge zahlreiche weitere Weltausstellungen ins Leben gerufen wurden.
1856–65	In der Folge der Cholera-Epidemien wird der Neubau einer modernen Kanalisation durch die Ingenieure Joseph Bazalgette und Isambard Kingdom Brunel realisiert.
1863	Baubeginn der Metropolitan Line der Londoner U-Bahn; in der Folge entsteht in großer Geschwindigkeit ein leistungs-

	fähiges, zunächst mit Dampflokomotiven betriebenes Verkehrssystem, das auch entferntere Stadtteile vom Zentrum aus schnell erreichbar werden lässt. Ab 1890 durchgehende Elektrifizierung.
seit 1901	Königshaus Sachsen-Coburg-Gotha (seit 1917 unter dem Namen Windsor).
1940/41	Deutsche Bombenangriffe auf London führen zu schweren Zerstörungen, 1944/45: V1-Angriffe auf London. Insgesamt kommen über 30 000 Personen ums Leben.
1948	Olympische Spiele in London.
1965	Gebietsreform; es entsteht Greater London mit den beiden Cities und 31 Boroughs, verwaltet vom Greater London Council. London zählt 8 Millionen Einwohner.
1986	Nach politischen Querelen erfolgt gegen den Protest der Bevölkerung die Absetzung des von Ken Livingstone geführten Greater London Council durch einen von Margaret Thatcher herbeigeführten Parlamentsbeschluss.
2000	Wiedereinsetzung einer Stadtregierung als Greater London Authority; der von Labour abtrünnige Ken Livingstone wird mit großer Mehrheit zum Mayor of London gewählt und 2004 im Amt bestätigt.
2005	Verheerende Bombenanschläge auf zwei U-Bahn-Züge und einen Bus im Stadtzentrum. London wird zum Austragungsort der Olympischen Spiele von 2012 gewählt.
2008	Boris Johnson gewinnt die Bürgermeisterwahl gegen Ken Livingstone.
2008–11	Die weltweite Finanzkrise beschädigt den Finanzplatz London; besonders im Bankenbereich kommt es zu zahlreichen Entlassungen.

Kulturkalender

Tägliche Veranstaltungen

Changing of the Guard (Wachablösung der königlichen Garde): April – Ende Juli täglich, zwischen August und Ende März an alternierenden Tagen. Zeiten: Buckingham Palace 11.30 Uhr; St. James's Palace 11.15 Uhr; Horse Guards Parade, Whitehall 11 Uhr; Tower 11.30 Uhr; Windsor Castle 11 Uhr.

Ceremony of the Keys (Schlüsselzeremonie am Tower, Wachübergabe): täglich 21.40 Uhr (Anmeldung erforderlich).

Jährliche Veranstaltungen

Die genauen Daten sind vielfach flexibel; die den Königshof betreffenden personenbezogenen Feiertage hängen von der Biographie des regierenden Monarchen und seiner Familie ab.

Januar

London Parade (Neujahrsparade): 1. Januar.

Chinesisches Neujahrsfest in der Gerrard Street, Soho: an einem Wochenende Ende Januar.

Charles I. Commemoration (Kranzniederlegung am Denkmal Karls I. am Trafalgar Square und Gottesdienst in Whitehall für den hingerichteten König): letzter Sonntag im Januar.

Februar

Stationer's Company Service (in der Krypta von St. Paul's treffen sich die Papierwarenhändler in alten Trachten): Aschermittwoch.

Trial of the Pyx (traditionelle jährliche Prüfung der Münzen aus der Royal Mint in der Goldsmith's Hall): Ende Februar / Anfang März.

März/April

John Stow's Quill Pen Ceremony (in St. Andrew Undershaft, Leadenhall Street, zum Gedenken an den großen Chronisten Londons; der Lord Mayor erneuert dabei den Federkiel an seiner Statue): Datum variabel.

Chelsea Antiques Fair (in der Chelsea Old Town Hall): 2. Märzhälfte.

Ruderregatta Oxford–Cambridge (auf der Themse zwischen Mortlake und Putney): am Samstag zwei Wochen vor Ostern.

Royal Maundy-Zeremonie in Westminster Abbey (das speziell geprägte Maundy-Money in weißen Lederbeuteln wird vom königlichen Almosenpfleger an Bedürftige verteilt): Gründonnerstag, jedes zweite Jahr.

Ostersonntagsparade (im Battersea Park).

London Marathon (einer der größten Stadtmarathons der Welt): meist Anfang April.

Queen's Birthday (mit Salutschüssen): 21. April.

Tyburn Walk (katholische Prozession vom Newgate Prison zur alten Hinrichtungsstätte am Tyburn): letzter Sonntag im April.

Mai

Maikundgebung der Labour Party (im Hyde Park): 1. Mai.

Royal Windsor Horse Show (Pferdeschau in Windsor): 2. Maiwoche.

American Memorial Day (Kranzniederlegungen am Kenotaph in Whitehall und am Grab des unbekannten Soldaten in Westminster Abbey): 30. Mai.

Chelsea Flower Show (Garten- und Blumenschau auf den Royal Hospital Grounds, die von der Queen eröffnet wird): Ende Mai.

Samuel Pepys Commemoration Service (Gottesdienst anlässlich des Todestages von Samuel Pepys im Beisein des Lord Mayor in St. Olave, Heart Street): Ende Mai / Anfang Juni.

Juni

Coronation Day (Salutschüsse am Krönungstag der Queen): 2. Juni.

Beating the Retreat (eine besonders aufwendige Wachzeremonie auf dem Platz Horse Guards Parade): Anfang Juni.

Trooping the Colour (Geburtstagsparade für Queen Elisabeth auf dem Platz Horse Guards Parade mit königlichem Konvoi vom Buckingham Palace nach dorthin): Mitte Juni.

Election of Sheriffs (öffentliche Wahl der Sheriffs der City of London in einer Zeremonie in der Guildhall): 24. Juni.

City of London Festival (Musik- und Theaterfestival rund um Covent Garden): Juni/Juli.

Tennisturnier in Wimbledon: ab Ende Juni.

Juli

Promenadenkonzerte in der Royal Albert Hall: Beginn im Juli.

Swan Upping (traditionelle Zählung der Schwäne auf der Themse, die der Krone sowie zwei Londoner Zünften gehören, zwischen London Bridge und Henley): 3. Juliwoche.

Doggett's Coat and Badge Race (traditionelles, auf den

Iren Thomas Doggett zurückgehendes Bootsrennen der Fährleute auf der Themse stromaufwärts zwischen London Bridge und Chelsea Bridge): 2. Julihälfte.

August

Bank Holiday Fair (Jahrmarkt in Hampstead Heath): am Summer Bank Holiday-Tag (letzter Montag im August).

Notting Hill Carnival (karibischer Karneval an Notting Hill Gate): letztes Augustwochenende.

September

Cromwell's Day (Gedenktag für Oliver Cromwell, Versammlung an seiner Statue am Parlament): 3. September.

Thames Day (Themsefest): 2. Samstag im September.

Battle of Britain Week (Gedenkwoche an die Luftschlacht von England, Gottesdienst in Westminster Abbey, Flugvorführungen): 15. September.

Last Night of the Proms (legendärer Abschluss der Promenadenkonzerte in der Royal Albert Hall): Mitte bis Ende September.

Oktober

Costermonger's Harvest Festival (Erntedankgottesdienst in St. Martin-in-the-Fields, die Teilnehmer erscheinen in bunten Kostümen): 1. Sonntag im Oktober.

Judge's Service (Gottesdienst der königlichen Richter in Westminster Abbey mit feierlichen Prozessionen in den Law Courts am Strand): 1. Montag im Oktober.

Trafalgar Day (Gedenkfeier für Lord Nelson und den Sieg bei Trafalgar, Parade von Horse Guard zum Trafalgar Square): 21. Oktober, gefeiert wird an dem Sonntag, der dem Datum am nächsten liegt.

November

Guy Fawkes Day (Gedenktag für den Verschwörer, der 1605 das Parlament sprengen wollte): 5. November.

Lord Mayor's Show (Amtseinführung des neugewählten Lord Mayor der City of London, prächtiger Konvoi von Guildhall zu den Law Courts): 2. Samstag im November.

Remembrance Day (Gedenktag für die Kriegsgefallenen mit Kranzniederlegung der königlichen Familie am Kenotaph in Whitehall und nationaler Schweigeminute um 11 Uhr): 2. Sonntag im November.

Dezember

Tower of London Church Parade (Parade und Inspektion der Yeomen Warders am Tower): Mitte Dezember.

Silvesterfeierlichkeiten auf dem Trafalgar Square: 31. Dezember.

Rundgänge

London in drei Tagen

1. Tag: Whitehall, Trafalgar Square mit National Gallery, Strand mit Courtauld Gallery, Covent Garden, Temple, St. Paul's, Monument, Tower mit Tower Bridge.
2. Tag: Tate Britain, Westminster (Houses of Parliament, Westminster Abbey), London Eye, Southbank mit Tate Modern bis zur City Hall, South-Kensington-Museums-Komplex (Natural History Museum, Science Museum, Victoria and Albert Museum), Regent's Park.
3. Tag: Green Park mit Buckingham Palace, Hyde Park, Pall Mall, Piccadilly Circus, British Museum, Soane's Museum.

London in fünf Tagen

1. Tag: Whitehall, Trafalgar Square mit National Gallery, Strand mit Courtauld Gallery, Covent Garden, St. Paul's, Monument, Tower mit Tower Bridge.
2. Tag: Tate Britain, Westminster (Houses of Parliament, Westminster Abbey), London Eye, Southbank mit Tate Modern bis zur City Hall, South-Kensington-Museums-Komplex.
3. Tag: Green Park mit Buckingham Palace, Hyde Park, Pall Mall, Piccadilly Circus, British Museum.
4. Tag: Regent's Park, Soane's Museum mit Lincoln's Inn Fields, Temple, Kew Gardens.
5. Tag: Greenwich und Docklands (per Schiff von Tower Hill).

London in sieben Tagen

1. Tag: Whitehall, Trafalgar Square mit National Gallery, Strand mit Courtauld Gallery, Covent Garden, St. Paul's und Umgebung, Monument, Kirchen in der City of London.
2. Tag: Tate Britain, Westminster (Houses of Parliament, Westminster Abbey), London Eye, Southbank mit Tate Modern bis zur City Hall, South-Kensington-Museums-Komplex.
3. Tag: Green Park mit Buckingham Palace, Hyde Park, Pall Mall, Piccadilly Circus, British Museum.
4. Tag: Regent's Park, Soane's Museum mit Lincoln's Inn Fields, Temple, Kew Gardens.
5. Tag: Tower mit Tower Bridge, St. Katherine's Docks, Butler's Wharf, moderne Bauten in der City of London.
6. Tag: Greenwich und Docklands (per Schiff von Tower Hill).
7. Tag: Richmond und Hampton Court (per Schiff von Westminster).

Das Zentrum: The Cities of London and Westminster nebst Umgebung

Politisch gesehen besteht London seit der Konstituierung von *Greater London* im Jahr 1965 aus den beiden *Cities of London and Westminster* und 31 Boroughs, neu eingerichteten Verwaltungsbezirken, die nicht selten die ›alten‹, tradierten Stadtteilnamen ersetzt und zahlreiche Umlandgemeinden in das Londoner Stadtgebiet integriert haben. Seit dieser Zeit wählte zunächst der *Greater London Council*, nach dessen Auflösung durch Margaret Thatcher 1986 und der Reorganisation einer Gesamtregierung im Jahr 2000 die *Greater London Authority* den Mayor (Bürgermeister); der Lord Mayor of London, der traditionelle Bürgermeister der City of London, existiert daneben weiterhin, hat aber im Wesentlichen repräsentative Funktionen.

Dieses Buch folgt jener Neueinteilung, die touristisch lange etablierte Quartiersbezeichnungen bisweilen gänzlich außer Verkehr oder in verwirrende Neuzuordnungen gebracht und das damit einst einhergehende System der Postleitzahlen eigentlich obsolet gemacht hat, in Hinblick auf den innerstädtischen Kern nur bedingt. In den ersten fünf Teilkapiteln wird der im weiteren Sinne zentrale Bereich der Stadt getrennt von der Verwaltungsstruktur in gut zu besichtigenden kleineren Einheiten beschrieben: die in verschiedener Hinsicht gesondert gestellte, flächen- und einwohnermäßig winzig kleine City of London (hier allerdings um den Tower erweitert), das von South Holborn, Strand und Fleet Street markierte Gebiet des östlichen Westminster, dann Mayfair, St. James's und das zentrale Westminster mit den noblen Quartieren Pimlico und Belgravia am westlichen Rand, daran nördlich und östlich anschließend St. Marylebone mit dem Regent's Park, Bloomington und St. Pancras, schließlich, im Westen und

Norden den Hyde Park umgreifend, Kensington und Chelsea, Notting Hill, Bayswater und Paddington. Als Zentrum wird hier also ein im Süden konsequent von der Themse begrenztes Gebiet beschrieben, das von der Tower Bridge im Osten bis zur Chelsea Bridge im Westen reicht und sich im Norden bis zum Regent's Park, King's Cross und Liverpool Street Station erstreckt. Dies entspricht in etwa den Grenzen der Anfang 2007 erweiterten Citymautzone nördlich der Themse. Der zweite Teil der Darstellung summiert die Boroughs in alphabetischer Ordnung: zunächst diejenigen nördlich, dann diejenigen südlich der Themse.

City of London

Die City of London, mit gerade einmal 2,6 km² Fläche die kleinste und überdies in verschiedener Hinsicht gesondert gestellte Einheit der Metropole, ist heute von Banken und Versicherungen geprägt. Die Umwandlung vom Wohnort zum Geschäftszentrum begann im 19. Jh. Lebten 1801 noch gut 130 000 Einwohner hier, so reduzierte sich deren Zahl dramatisch bis auf kaum 4700 im Jahr 1961; seither gab es wieder eine leichte Zunahme der hier ansässigen Bevölkerung (2005: 9200 Personen). Historisch ist die City der älteste Teil Londons, was aus architekturgeschichtlicher Sicht jedoch nicht wahrnehmbar ist. Zwei große Brandkatastrophen (1212 und 1666) haben das Terrain verwüstet und jeweils einen nahezu gänzlichen Neuaufbau erzwungen. Besonders Sir Christopher Wren, der den Wiederaufbau nach dem Brand von 1666 leitete, hat hier eine Reihe von Kirchenbauten realisiert, die heute in z. T. seltsam anmutendem Kontrast zwischen den Häuserschluchten und den zahlreichen modernen Bauten des Londoner Finanzzentrums anzutreffen sind.

Sakralarchitektur

All Hallows by the Tower (**All Hallows Barking**, I R7): Die nach schweren Kriegszerstörungen freigelegte und bis 1957 restaurierte Kirche, an der Byward Street westlich gegenüber dem Tower gelegen, gilt als Londons älteste Kirche. Der zerstörte und rekonstruierte Bau ist im Kern mittelalterlich; nur noch die Außenwände und die Krypta bergen originale Bausubstanz, die überwiegend einer Bauphase aus dem 13.–15. Jh. entstammen. Klarheit über die Baugeschichte ist erst im Zuge der Nachkriegsrestaurierungen entstanden. Die Baufolge geht bis in die Antike zurück. Der Boden der Krypta entstammt dem 1. oder 2. Jh. n. Chr. Auf diesen antiken Resten fußt eine angelsächsische Saalkirche aus dem 7. oder 8. Jh., die der 675 gegründeten Abtei von Barking zugehörig war. Dieser Bau wurde wohl im 13. und 14. Jh. durch einen Neubau im durch senkrechte Linien des Stabwerks charakterisierten, spätgotischen *Perpendicular Style* zur Gänze ersetzt, der durch weitere Anbauten wie den in den frühen 1660er Jahren errichteten Turm ergänzt wurde. Die Kirche überstand, zusammen mit der nahen St. Olave, den Stadtbrand von 1666 unbeschadet, nachdem Admiral Sir William Penn die umgebenden Häuser sprengen ließ. Sehenswert sind einige Ausstattungsdetails der Kirche: Die Kanzel im Langhaus, ursprünglich für St. Swithin im späten 17. Jh. gefertigt, Teile eines flämischen Triptychons aus dem späten 13. Jh. sowie verschiedene Grabplatten aus Messing.

In der als Museum ausgestalteten **Krypta** ist ein Stadtmodell des römischen London zu sehen, das den baulichen Zustand der Zeit um 400 n. Chr. zeigt.

Gegenüber der Kirche zweigt von der Byward Street die kleine Seething Lane Richtung Norden ab, in der der Londoner Chronist des 17. Jh., Samuel Pepys, wohnte. Sie führt auf **St. Olave** (I R6) zu, die, wie vier weitere, nicht mehr erhaltene Londoner Kirchen, dem Norwegerkönig

Olaf geweiht war. Auch dieser Bau ist vom Stadtbrand verschont geblieben. Im Krieg zerstört und heute beinahe überrestauriert, birgt die Kirche im Westen und in der Krypta Architektur des 13., im Langhaus Bausubstanz des 15. Jh. sowie Maßwerkfenster im Obergaden aus dem 16. Jh. und einen Turm aus dem frühen 18. Jh.

St. Andrew Undershaft (I R6): Die an der Ecke Leadenhall Street / St. Mary Axe gelegene Kirche zählt zu den wenigen, die den Stadtbrand von 1666 überstanden haben. Die Kirche ist im 12. Jh. erstmals erwähnt. Der heutige, dreischiffige Rechteckbau in spätem *Perpendicular Style* ist 1520–32 errichtet. Eine Renovierung hat 1875/76 das Interieur des 16. und 17. Jh. stark verändert. Die 1976 durch einen Brand schwer beschädigte Kirche birgt ein Denkmal für den Londoner Stadthistoriker John Stow (1525–1605).

St. Andrew by the Wardrobe (I O6): In der Queen Victoria Street gelegen, ist diese Kirche nach der King's Great Wardrobe, einem königlichen Kleiderlager benannt. Die erstmals 1244 bezeugte Kirche brannte 1666 nieder. Der Neubau von Christopher Wren aus dunkelroten Ziegeln entstand 1685–93 und wurde im Zweiten Weltkrieg schwer zerstört (Wiederaufbau 1959–61). Bemerkenswert ist die 1769 eingebaute Orgel von John Snetzler.

St. Bartholomew the Great (I O5): An West Smithfield gelegen, ist der ursprüngliche historische und architektonische Kontext dieser wichtigsten romanischen Kirche Londons heute nur noch schwer zu erkennen. Sie bildete das Zentrum eines größeren Komplexes, der im 12. Jh. von einem Höfling Heinrichs I. auf dem Smooth Field, dem Ort des Pferdemarktes vor der Stadtmauer, errichtet wurde. Hier entstand, als ein Gelübde des Stifters zugunsten der Armen, zusammen mit der dem Apostel Bartholomäus geweihten Kirche ein Priorat für karitative Augustiner-Chorherren (die *Black Canons*) und ein nach Bartholomäus benanntes Hospital, das noch heute existierende

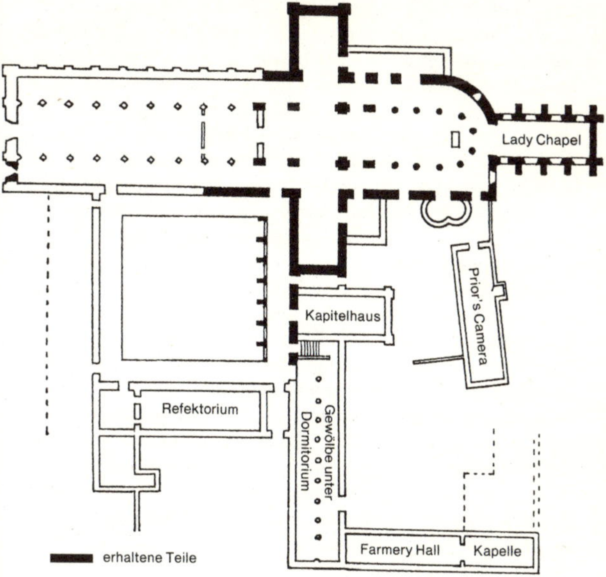

St. Bartholomew the Great, West Smithfield

St. Bartholomew's Hospital (dreiflügeliger palladianistischer Bau um einen Innenhof herum aus der Zeit um 1730, darin integriert die Kirche **St. Bartholomew the Less** aus dem 16. Jh.). In dieses Gefüge war die 1123–60 errichtete Kirche integriert. Man betritt den Bau durch ein Portal, über dem sich ein zweigeschossiges Haus erhebt, und gelangt in das südliche Seitenschiff. Weite Teile des im frühen 13. Jh. angebauten Langhauses sind in der Reformation wieder abgerissen worden; hier öffnet sich heute ein Hof. Die im verbliebenen Grundriss seltsam asymmetrische Kirche besteht fast zur Gänze aus dem romanischen dreischiffigen Chor, der in der Lady Chapel von 1335 endet. Um die Kirche herum sind zahlreiche Fundamentreste und Grundmauern des Klosters bei Ausgrabungen gesichert worden: das Kapitelhaus, das Haus des Priors, das Refektorium und das Dormitorium.

St. Helen Bishopsgate (I R5): Die auch Great St. Helen genannte, niedrige Hallenkirche steht an Bishopsgate hinter einem vielstöckigen Bürohaus. Sie gehörte einst zu einem Benediktinerinnenkloster, das im frühen 13. Jh. an eine bestehende Pfarrkirche angebaut wurde. Dieses Kloster wurde 1538 aufgehoben. Der seltsame, zweischiffige Grundriss der Kirche erklärt sich aus seinem ursprünglichen Bau- und Funktionszusammenhang. Das Nordschiff ist der ehemalige Nonnenchor, das Südschiff bildete die Pfarrkirche mit einem eigenen Chor; beide Schiffe sind durch vier weite Spitzbögen miteinander verbunden. Die einst auf der Nordseite angrenzenden Klosterbauten sind verschwunden; spätere Anbauten sind die beiden Seitenkapellen (1374), das Südportal (1633) und das Glockentürmchen aus dem 17. Jh. Die Kirche birgt eine Reihe von bedeutenden Grabdenkmälern aus dem 16. und 17. Jh.

St. Magnus the Martyr (I Q7): Diese in der Lower Thames Street zwischen Monument und Themse liegende kleine Kirche ist schnell zu übersehen. Erstmalig 1067 erwähnt, war sie dem von den Orkney-Inseln stammenden Norwegerfürsten Magnus geweiht, der als Märtyrer starb. Die Kirche ist dem Brand von 1666 zum Opfer gefallen und von Wren 1671–76 neu erbaut worden. 1705 wurde der prachtvolle Turm vollendet. 1760 wurde der Durchgang des Turms zum Zugang zur alten London Bridge umgestaltet, wobei die Seitenschiffe der Kirche leicht eingekürzt wurden; diese Baustruktur blieb bis zum Abriss und Neubau von London Bridge 1832 erhalten, wurde dann jedoch durch die leichte Versetzung des Brückenneubaus aufgelöst. Der kleine, kaum 25 m lange Innenraum ist tonnenüberwölbt und mit ionischen Säulen ausgestattet.

St. Martin Ludgate (I O6): Diese kleine Kirche an Ludgate Hill geht der Legende nach auf einen um 600 hier errichteten Vorgänger zurück; bezeugt ist ein Bau allerdings erst seit dem späten 12. Jh., der, mehrfach renoviert, 1666 niederbrannte. Der Neubau von Christopher Wren (1677–84) aus Portland-Stein mit seiner Fassade mit vier korinthischen Säulen entspricht dem gängigen, mehrfach wiederholten Muster der kleineren Wren-Kirchen und wäre nicht besonders erwähnenswert, wenn nicht der Innenraum hier im Original erhalten geblieben wäre: mannshohe, dunkle Eichentäfelung, keinerlei Kriegsschäden.

St. Mary le Bow (I P6): An der Ecke Cheapside / Bow Lane findet sich der älteste erhaltene Londoner Sakralbau. Die Kirche geht auf einen normannischen Vorläufer aus der Zeit um 1090 zurück, von dem die gebogene Krypta (nach ihr ist die Kirche angeblich mit der Bezeichnung *Bow* benannt) erhalten ist. Die 1666 niedergebrannte Kirche wurde von Christopher Wren 1671–80 neu erbaut; markant war der hohe quadratische Campanile, durch den man über ein Vestibül die Kirche betrat. Das lichte, tonnenüberwölbte dreijochige Mittelschiff zitiert technische Merkmale der Maxentius-Basilika in Rom. Die Kirche ist im Zweiten Weltkrieg schwer beschädigt und 1956–61 in den Formen des späten 17. Jh. rekonstruiert worden.

St. Mary Woolnoth (I Q6): Die Kirche im Herzen des Londoner Bankenviertels in der Lombard Street beherrscht mit ihrer Hausteinarchitektur das Straßenbild und wirkt in ihrer Umgebung (unter dem Bau ist 1897–1900 eine U-Bahn-Station errichtet worden) gleichwohl etwas deplatziert. Sie erhebt sich an der Stelle eines mittelalterlichen Vorgängers, der 1442 erneuert, 1666 nur teilweise abgebrannt und wiederhergestellt wurde. Im Zuge des Parlamentsbeschlusses über den Neubau von 50 Kirchen wurde ein Neubau 1716–27 errichtet, für den Nicholas Hawksmoor verantwortlich zeichnete. Bis auf geringfügige Veränderungen (Entfernung der Emporen 1875) ist das Interieur aus dem frühen 18. Jh. original erhalten. Sehenswert sind der Baldachinaltar und die blaue Stuckdecke.

St. Michael Cornhill (I Q6): Diese kleine Kirche bei Cornhill / St. Michael's Alley gehörte von 1133 bis 1503 zur Abtei Evesham, danach – bis heute – zur Draper's Company; aus dem ehemaligen Kreuzgang wurde ein kleiner Kirchgarten. 1666 bis auf den Turm niedergebrannt, errichtete Christopher Wren 1670–72 auf dem unregelmäßigen Grundstück einen dreischiffigen Neubau unter Beibehalt des alten Turms. 1715 wurde der Turm abgetragen und von Nicholas Hawksmoor durch einen gotisierenden Neubau ersetzt. Nach Plänen von George Gilbert Scott wurde der Bau seit 1857 renoviert und um ein neogotisches Portal erweitert; besonders der heutige Eindruck vom Innenraum ist von dieser viktorianischen Bauphase geprägt.

St. Paul's Cathedral mit Umgebung (I O/P6): St. Paul's, die eigentliche Mutterkirche der Diözese London (gelegen am St. Paul's Churchyard), ist die größte Kirche Londons, liegt am östlichen Ende von Ludgate Hill in erhöhter Postition und bestimmt mit ihrer aufragenden Kuppel die Silhouette des Stadtbildes in hohem Maße. Der heutige, monumentale Barockbau, unter Christopher Wren 1675/76–1711 errichtet, gilt zwar als das Lebenswerk dieses prominenten Londoner Architekten, jedoch seit jeher unter Bauhistorikern auch als ein ästhetischer Problemfall.

Die traditionsreiche Kirche geht auf einen Bau des Bischofs Mellitus, errichtet kurz nach 600, zurück. Diese Kirche wurde am Jahrhundertende von Bischof Erkenwald erneuert, dessen Grab sie nun barg und das sie

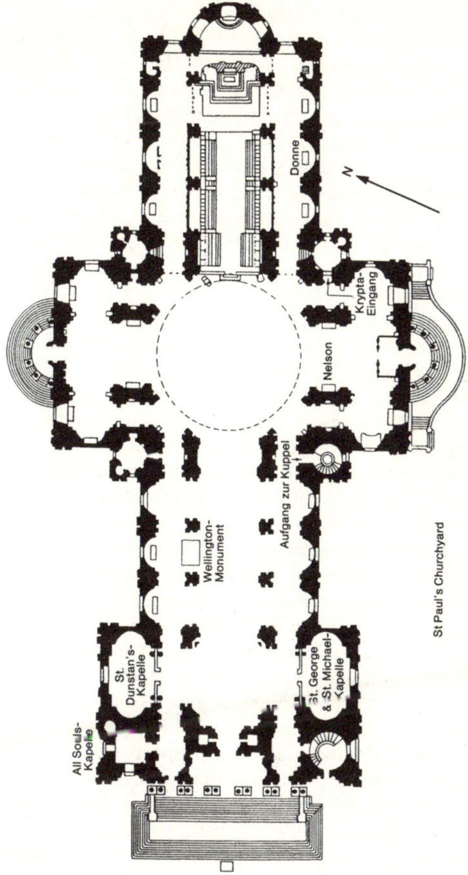

St. Paul's Cathedral, ausgeführter Plan, 1676–1711

schnell zu einem wichtigen Wallfahrtsort werden ließ. Nach einem Brand von 1087 wurde ein Neubau begonnen, der, 1136 erneut feuerbeschädigt, bis zum Ende des 12. Jh. unvollendet blieb. 1221–41 wurde der zu klein geratene Chor durch einen Neubau ersetzt, der 1256 in nochmals erweiterter Form seine endgültige Gestaltung erfuhr. 1327 wurde der Hochaltar in dem nunmehr über 200 m langen Bau geweiht. In der Reformation beschädigt, wurde St. Paul's 1634 unter der Leitung von Inigo Jones restauriert und um eine große Portikus im Westen erweitert.

Im Frühjahr 1666 schlug Wren einen Umbau der gotischen Anlage nach *good Roman manner* vor, also im Sinne des Barock mit einer zentralen Kuppel, ein Projekt, das dann nach dem Stadtbrand vom September 1666, der St. Paul's weitgehend zerstört hatte, ungeplante Aktualität bekam. Wrens großartiger Zentralbauentwurf, orientiert an St. Peter in Rom und den 1665 eigens besuchten großen Pariser Kuppelkirchen, kam jedoch nur in beschnittener Form zur Ausführung (verschiedene Entwurfsmodelle, darunter ein großes Holzmodell von 1673, sind in einem Ausstellungsraum der Kirche zu sehen). Was entstand, war ein dreischiffiges Langhaus, das nicht die Dimensionen des gotischen Vorgängers erreichte, ein ebenfalls dreischiffiges, kurzes Querhaus und ein dreischiffiger, vier Joche tiefer Langchor, das Ganze mit einer 111 m hohen, gut 30 m durchmessenden Kuppel überspannt. Man merkt dem Bau den Charakter eines Kompromisses insbesondere an der Westfassade an. Sie wird von zwei Türmen geziert, die merkwürdig leicht proportioniert und in ihrer Gestaltung vom Unterbau allzu sehr verschieden sind; auch die Verbindung der doppelstöckigen Säulenportikus mit der Turmfront ist wenig harmonisch geraten.

Im Inneren dominiert der gigantische Raumeindruck, der für den Besucher durch betretbare Galerien im Obergeschoss und in der begehbaren Kuppel noch gesteigert wird (Aufgang im vorderen rechten Vierungspfeiler); hier finden sich eine Bibliothek sowie der Trophäensaal mit zahlreichen sehenswerten Exponaten. Die zahlreichen plastischen Ehren- und Grabdenkmäler, die heute den Innenraum prägen, sind erst seit dem späten 18. Jh. hier versammelt worden; hier findet sich militärische und politische Prominenz bis in die Gegenwart, was St. Paul's durchaus den Charakter eines Staatsmonuments verleiht. Zu den frühesten dieser Denkmäler gehören die vier Ehrenstatuen in der Vierung, zu den auffälligsten die Monumente für den Feldmarschall und Premierminister Arthur Wellesley, Herzog von Wellington (1769–1852), und Admiral Horatio Nelson (1758–1805). In den Seitenschiffen in Eingangsnähe liegen Kapellen: links neben dem Eingang All Soul's und St. Dunstan's, rechts St. George's und St. Michael's – auch sie um zahlreiche Ehrungen für verdiente Generäle angereichert.

Sehenswert ist der Chor. Das Eichengestühl aus dem 17. Jh. ist reich mit Schnitzerei aus der Werkstatt von Grinling Gibbons dekoriert. Der Hochaltar ist nach Plänen Wrens erst 1958 errichtet worden. Im rechten hinteren Vierungspfeiler beim Chor geht es hinab in die Krypta. Sie nimmt den gesamten Raum unter der Kirche ein. Im Norden ist der Kirchenschatz ausgestellt, angrenzend finden sich zahlreiche Gräber, u. a. die der Maler John Constable (1776–1837), William Turner (1775–1851) und Joshua Reynolds (1723–92), das von Alexander Fleming (1881–1955) und eine Büste von Thomas Edward Lawrence (1888–1935), bekannt als Lawrence von Arabien, schließlich das Grab von Christopher Wren (1632–1723) und Sarkophage von Wellington und Nelson.

St. Stephen Walbrook (I Q6): Diese Kirche, zusammen mit der gleichnamigen Straße nach dem kleinen, in die Themse mündenden Fluss Walbrook benannt, ist baulich und funktional unmittelbar mit dem Mansion House verbunden: Sie ist die Pfarrkirche des Lord Mayor, der im

Mansion House (S. 69f.) residiert. Ein erster Bau ist seit 1100 bezeugt und 1439 erneuert worden. Der heutige Bau stammt von Wren und ist 1679 vollendet worden. Das wenig ansprechende Äußere kontrastiert mit einem lichtdurchfluteten Innenraum. Der rechteckige Saal ist in fünf Schiffe gegliedert und wird von einer von korinthischen Säulen getragenen Kuppel überspannt. Das von Wren später bei St. Paul's in größeren Dimensionen umgesetzte Baumotiv hat hier seinen ersten Test erfahren; die Kuppel von St. Stephen ist damit die älteste in England. Kanzel und Altar im Inneren sind Originale aus der Errichtungszeit; sehenswert der Travertinaltar von Henry Moore von 1987.

Historische Profanarchitektur

Bank of England (I Q6): Die Bank of England (offizielle Adresse: Threadneedle Street) nimmt einen ganzen Block im Herzen der City, gegenüber der U-Bahn-Station Bank, ein. Sie wurde 1694 als eine Privatgesellschaft gegründet, um den Krieg gegen Frankreich zu finanzieren, und sie residierte hier seit 1724 im Hause von Sir John Houblon, einem ihrer Gründer. Erst 1946 ist diese nach der schwedischen zweitälteste Zentralbank der Welt, die die Oberhoheit über den Geldverkehr und die Goldreserven hat, von einer zunächst privaten, dann königlichen zu einer staatlichen Institution umgewandelt worden. Der heute sichtbare Baukomplex hat zwei Vorgänger. George Sampson errichtete 1732–34 ein siebenachsiges Stadthaus mit rustiziertem Sockel und ionisch gegliederten Aufbaugeschossen, das 1765 und in den 1780er Jahren wegen des rapide gestiegenen Platzbedarfes erweitert wurde. 1788 übernahm John Soane die Bauleitung; bis 1808 entstand hier sein Meisterwerk: ein großzügiger Baukörper mit Lichthöfen, überkuppelten Hallen und zahlreichen Büros. Er-

Sir John Soane, Modell des »Five Per Cent Office« der Bank of England, um 1810

neut aus Gründen der Raumnot wurde dieses Gebäude, schon damals ein Handbuchstück der Architekturgeschichte, 1921–37 abgerissen und durch einen siebengeschossigen, funktionalen Neubau ersetzt. Lediglich an der Süd- und Westseite sind Teile der originalen klassizistischen Fassade erhalten geblieben. In dem Neubau befindet sich das **Bank of England Museum**, das die Geschichte der Institution illustriert und mit dem Nachbau des von Soane entworfenen Schalterraums diesem vernichteten Bauwerk seine Reverenz erweist.

Cannon Street Station (I Q6/7): Der 1865/66 errichtete Bahnhof folgte dem üblichen Konzept des Londoner Kopfbahnhofes, der mit einem quer davor gelagerten Hotel verbunden war (1961–66 abgerissen und durch Bürobauten ersetzt). Beim Bau des Bahnhofes und beim Umbau in den 1960er Jahren wurden bedeutende Reste der antik-römischen Stadt freigelegt. Einst erhob sich hier der **Statthalterpalast**, der im späten 1. Jh. n. Chr. errichtet worden war und der einen Vergleich mit den zeitgleich auf dem Palatin in Rom erbauten Kaiserpalästen der Flavier durchaus aushalten kann.

Central Criminal Court (I O5/6): Der nach seiner Lage an der gleichnamigen Straße auch »Old Bailey« genannte Bau ist ein Musterstück des Späthistorismus. 1902–07 von Edward William Mountford errichtet, zeigt der Komplex durchdachte Verwendung neobarocker Formen. Die große, zentrale Kuppel ist der von Greenwich (S. 224 f.) nachempfunden. Old Bailey erhebt sich am Ort des in den hier seit dem 12. Jh. bestehenden, legendären und gefürchteten, in den 1770er Jahren von George Dance neu erbauten **Old Newgate Prison** (1900 abgerissen) und ist Ort spektakulärer Prozesse gewesen.

Custom House (I R7): Das Zollgebäude an der Lower Thames Street ist auf tragische Weise untrennbar verbunden mit dem Namen seines Architekten David Laing. Laing, ein Schüler von John Soane, erbaute diese klassizistische Architektur am Nordufer der Themse 1812–17 aus Portlandstein. Wegen Fehlern in der Statik und in der Bauausführung stürzte der Mittelteil des langgestreckten Baukörpers 1825 ein. Laing wurde nicht nur Unfähigkeit, sondern auch mangelnde Bauaufsicht vorgeworfen; er ist hiernach nie wieder als Architekt tätig geworden und war durch die Konventionalstrafen ruiniert. Robert Smirke übernahm den Wiederaufbau und fügte den sehenswerten »Long Room« im Hauptgeschoss ein, der mit tuskanischen Pilastern in dreizehn Achsen ausgeschmückt ist.

Goldsmith's Hall (I P5): Das Quartier der Goldsmith's Company (Goldschmiede-Innung) an der Foster Lane in Cheapside hat eine lange Geschichte. 1327 als eine unabhängige, die Mitglieder unterstützende Vereinigung gegründet und seit 1462 mit dem umständlich-offiziellen Titel *The Wardens and commonalty of the Mystery of Goldsmiths of the City of London* versehen, entstand bereits 1339 ein erster Bau, der 1634–36 durch einen Neubau ersetzt wurde, welcher den Stadtbrand überstand und bis ins frühe 19. Jh. hinein existierte. Der heutige, freistehende, dreigeschossige Bau in neorenaissanceskem Stil mit sechs korinthischen Halbsäulen an der Zugangsfront stammt von Philip Hardwick und ist 1829–35 errichtet worden. Die Innung hatte schon bald den Charakter einer Behörde angenommen, die Edelmetallarbeiten mit einem eigenen Feingehaltsstempel versehen durfte. Sie besitzt eine berühmte Sammlung von Gold- und Silberschmiedeerzeugnissen, die an einigen Tagen im Jahr besichtigt werden kann.

Guildhall (I P5): Die Guildhall (Guildhall Yard / Basinghall Street) war früher das Rathaus der City of London, in dem der Court of Common Council, der Gemeinderat der politisch besonders gestellten City, tagt. Um 1190 wurde hier der erste Bürgermeister eingesetzt, die Sheriffs und der Lord Mayor der City werden hier noch heute gewählt. Der ursprünglich spätgotische Bau des frühen 15. Jh. ist beim Brand von 1666 schwer beschädigt, aber nicht völlig zerstört worden; besonders die große, 50 m lange, 16 m breite und 29 m hohe Halle blieb im Kern erhalten und konnte bald zur Nutzung wiederhergestellt werden. Eine spektakuläre Ergänzung erfuhr der Bau 1788/89, als George Dance vor die Südfront ein neunachsiges neogotisches Portal mit vier Türmen setzte – eine heute seltsam anmutende, klassizistisch-historistische Zutat mit sogar indischen Fenstermotiven. Im Zweiten Weltkrieg schwer beschädigt, ist der Bau in den 1950er Jahren gründlich restauriert worden. Bei statischen Untersuchungen für den Neubau der Guildhouse Art Gallery entdeckte man 1988 unter der spätmittelalterlichen Bausubstanz die Reste eines großen antik-römischen **Amphitheaters** sowie Teile des **Jüdischen Ghettos**. In der Halle hängen im Uhrzeigersinn die Banner der zwölf Livery Companies, der Zünfte bzw. Gilden. Die Wappen wiederholen sich in gemalter Form an den Gesimsen. An den Fenstern sind die Namen der Lord Mayors verewigt. An der linken Schmalseite der Halle erhebt sich die Musiker-Empore, gerahmt von den Statuen von Gog und Magog. Die Gestalten aus der Offenbarung des Johannes haben in der Londoner Lokalmythologie der elisabethanischen Ära im Kontext des Konfliktes um die City als Alt-London und ein daneben entstehendes Neu-London eine besondere Rolle gespielt. Die rechte Schmalseite ist durch das Podium bestimmt. Die zahlreichen, zum Teil großformatigen Erinnerungsmale für bedeutende Staatsmänner stammen alle aus der Zeit nach 1780, zuvor waren solche Denkmäler hier nicht gestattet. Unter der Halle befindet sich die Krypta mit einem im Original erhaltenen mittelalterlichen Kreuzgewölbe.

Hinter der Guild Hall erstreckt sich, zur Basinghall Street hin, ein kompakter Bau von Horace Jones aus den 1870er Jahren. Zwischen 1873 und 1974 barg er die berühmte, um 1420 eingerichtete **Guildhall Library**, die sich heute in einem umstrittenen, 1974 eingeweihten Neubau befindet, der an Stelle des im Krieg zerstörten schmucklosen Westflügels der Guildhall (erbaut von George Dance im späten 18. Jh.) errichtet wurde. Die Bibliothek umfasst 150000 Bände zur Londoner Stadtgeschichte und wertvolle Handschriften. Ausgestellt sind hier auch annähernd 700 historische Uhren, eine Schausammlung der Londoner Uhrmachergilde. Die dem historischen Komplex zugegliederte **Guild Hall Art Gallery** präsentiert in einem postmodernen Neubau (Architekt: Richard Gilbert Scott, fertiggestellt 2000) in Wechselausstellungen Teile der Kunstsammlungen der City of London.

Leadenhall Market (I Q/R6): Der Marktkomplex an der Gracechurch Street neben dem Lloyd's-Gebäude erhebt sich an der Stelle des **Forums** der römischen Stadt

Londinium; hier war der wirtschaftliche, religiöse und administrative Mittelpunkt der antiken Stadt. Erhebliche Baureste einer gut 160 m langen, ost-west-orientierten Basilika wurden bei den Neubauarbeiten 1881 und 1883 entdeckt. Auch in der nachantiken Siedlung hat dieses Gelände eine lange Tradition als Markt; seit 1345 ist hier Marktbetrieb urkundlich bezeugt. Die heutige Architektur ist 1881 von Horace Jones errichtet worden, dessen verschnörkelter viktorianischer Stil auch den Fischmarkt von Billingsgate im Eastend und die Smithfield Markets prägt und der heute mit den Heerscharen von Bank- und Versicherungsangestellten kontrastiert, die hier in blauen Anzügen ihre Mittagspause verbringen.

Liverpool Street Station (I R5): Dieser an der nach Lord Liverpool und nicht der Stadt benannten Straße stehende Bahnhof wurde in den 1870er Jahren in neogotischem Stil erbaut und schon in den 1890er Jahren erheblich erweitert. Flugreisenden von Stansted dient der Bahnhof als Tor zur Stadt. Eine Attraktion war das 1895 eröffnete, von Charles Barry entworfene, unmittelbar mit dem Bahnhof verbundene Great Eastern Hotel. Der Komplex erstreckt sich an dem Ort, wo bis zum Beginn des 19. Jh. das berüchtigte Bedlam Hospital stand, die größte psychiatrische Einrichtung Londons.

Mansion House (I Q6): Dies an Poultry, schräg gegenüber der Bank of England gelegene Bauwerk ist der historische Amtssitz des Lord Mayor, des Londoner Oberbürgermeisters (heutiger Amtssitz ist die gläserne Cityhall gegenüber dem Tower). Der Bau wurde 1734 beschlossen, nach einigen Kontroversen um den Entwurf schließlich von George Dance ab 1739 errichtet. Es entstand ein kolossaler, überhöht wirkender neopalladianischer Blockbau aus rustiziertem Sockel und zwei Haupt-, einem Zwischen- und zwei Attikageschossen. Den Zugang markiert eine korinthische Portikus; ihren Giebel zieren Statuengruppen von Robert Taylor, die die Opulenz und Würde der Stadt London verkörpern sollen. Technische Schwierigkeiten bei der Fundamentierung (wegen des feuchten Baugrundes musste der Baukörper auf einem Pfahlrost errichtet werden) ließen den neuen Amtssitz erst 1753 fertig werden. Eine Attraktion im Innern ist die Ägyptische Halle: ein von Lord Burlington initiierter Versuch, ein von Vitruv, dem antiken Architekturtheoretiker, beschriebenes ägyptisches Interieur zu rekonstruieren. Hier ist also nicht, wie üblich, ein konkretes Vorbild imitiert, sondern eine literarische Beschreibung aus der Zeit um 20 v. Chr. rezitiert worden. Neben den Repräsentationsräumen sind in dem Gebäude elf Gefängniszellen untergebracht; es diente lange Jahre auch als Gerichtsgebäude. In der Queen Victoria Street, die beim Mansion House abzweigt, wurden bei Bauarbeiten die Reste eines römischen **Mithräums** gefunden. Die Kultanlage für den östlichen Lichtgott Mithras entstand um 100 n. Chr. und war über 250 Jahre in Benutzung. Die Funde sind im Museum of London zu sehen.

Monument (I Q6): Die an Fish Street Hill stehende 61,5 m hohe Säule ist ein Mahnmal für den großen Stadtbrand von 1666. Sie wurde 1671–77 nahe der Pudding Lane errichtet, wo der Brand ausbrach, und von Beginn an Monument genannt. Über den Urheber herrscht Unklarheit; sowohl Wren als auch Robert Hooke werden als Architekten genannt. Ein erstes, unrealisiert gebliebenes Projekt sah eine Säule mit vergoldeter Messingflamme an ihrer Spitze vor, mit einem Phönix als Krone. Entstanden ist die höchste freistehende Säule der Welt: in nach damaligem Verständnis dorischem Stil (das ›echte‹, antik-griechische dorische Design ist erst im 18. Jh. wiederentdeckt worden und hat dann zum in London weit verbreiteten *Greek Revival* geführt), mit einem als Aussichtsplattform gestalteten Kapitell und einer Urne als Krone. Ein Relief am Sockel zeigt den König als römischen Herrscher vor der brennenden Stadt, der in der prekären Lage als Helfer zugegen ist; eine durchaus antike Allegorie, wie sie allerdings auch am Hofe von Versailles üblich war, worauf hier vermutlich angespielt wird. Der Charakter der Säule als Monument ist heute durch die enge und hohe Umbauung stark geschmälert; bis ins 19. Jh. hinein stand die Säule frei und empfing als Blickfang den über London Bridge nach London Einreisenden.

Royal Exchange (I Q6): Zusammen mit der Bank of England und dem Mansion House ist die von diesen beiden Bauten flankierte Börse der dritte große Bau in der Threadneedle Street. Die Geschichte der königlichen Börse reicht bis ins 16. Jh. zurück. Ein erster Bau entstand hier ab 1564, nach dem Brand von 1666 wurde ein Neubau notwendig, der 1671 vollendet wurde und 1838 erneut niederbrannte. Das heutige Gebäude mit der wuchtigen, achtsäuligen korinthischen Front ist 1841–44 von Sir William Tite errichtet worden, dessen Entwurf in einem Wettbewerb dem von Charles R. Cockerell vorgezogen worden ist. Gefordert war griechischer, römischer oder italienischer Stil, und somit entstand um einen Innenhof herum ein klassizistischer Großbau mit anspielungsreicher Giebelskulptur. Seit langem wird hier nur noch mit Rentenpapieren und Devisen gehandelt. Die eigentliche Börse, die London Stock Exchange, residiert seit 2004 am Paternoster Square nahe St. Paul's; bereits 1698 wurden die Aktienhändler wegen ihrer schlechten Umgangsformen aus der Royal Exchange ausgeschlossen und nutzten fortan andere Räumlichkeiten.

Tower mit Umgebung (I R/S7): Der Tower, seit dem 19. Jh. eine der Hauptsehenswürdigkeiten der Stadt und mit dem gruseligen Flair des finsteren Mittelalters verbunden, gehört politisch gesehen nicht zur City. Er liegt unmittelbar neben der Stadtmauer und ist Teil des östlich anschließenden Boroughs Tower Hamlets. Gleichwohl ist die Geschichte dieses Ortes unmittelbar mit der City verknüpft. Wohl am Ort einer römischen Wehranlage errich-

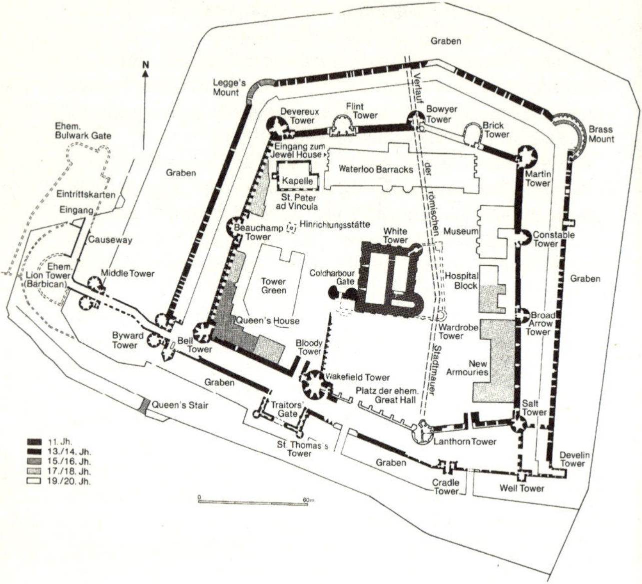

Tower of London

tet (die antike Mauer verlief quer durch das Tower-Gelände in nord-südlicher Richtung, etwas östlich des White Tower; Reste der römischen Stadtmauer sind nördlich des heutigen Grabens zu sehen), war der Tower zusammen mit Baynard's Castle und Montfichet Castle eine von drei Festungen, mit denen Wilhelm der Eroberer London und den Themselauf gegen äußere Feinde ebenso sicherte wie gegen die ansässige Bevölkerung; sie waren über lange Zeit hinweg als Symbole der Fremdherrschaft negativ besetzt. Vom 12. bis zum 14. Jh. wurde die Anlage kontinuierlich ausgebaut und um ein System von Verteidigungsgräben ergänzt. Der heutige Zustand der von einem trutzigen doppelten Mauerring geschützten Anlage geht auf eine intensive Restaurierung des 19. Jh. zurück, lässt jedoch die einzelnen Bauphasen dieses insgesamt bedeutendsten Wehrbaus Englands noch gut erkennen.

Als Nukleus dieser östlichen Befestigungsanlage, der besondere Bedeutung für die Sicherung der Themse zukam, entstand zwischen 1077 und 1097 der von einem Graben umzogene **White Tower**. Das monumentale, knapp 30 m hohe Turmhaus besteht aus hellem, fast weißem Stein aus der Normandie. Typologisch gehört der Bau in die Reihe der *Hall Keeps*: mehrgeschossige, innen großräumig strukturierte Turmbauten, die den französischen Donjons ähneln und gerade in England eine Art architektonisches Markenzeichen der Normannen waren. Der White Tower umfasst vier Geschosse – jedes weist drei Räume auf – und ist von vier schlanken Ecktürmen umstanden. Sehenswert ist die dreischiffige, tonnenüberwölbte Kapelle aus dem 11. Jh., der besterhaltene normannische Kirchenraum Englands.

Erweitert und umgewandelt von einer normannischen Burg zu einer modernen Befestigung wurde der Tower unter Richard Löwenherz und Heinrich III., in dessen Regentschaft kurz nach 1200 der **Inner Ward**, der innere Mauerring mit dreizehn Türmen, vollendet wurde. Der von acht Türmen gesicherte äußere Mauerring (**Outer Ward**) entstand 100 Jahre später unter Edward I., der zu Beginn des 14. Jh. auch das heute sichtbare Grabensystem anlegen ließ, das an der Nordseite die römische Stadtmauer schnitt. Zugänglich ist der Tower zum einen vom Land im Westen, über ein gut gesichertes Zugbrückensystem. Allein diese Seite ist nach dem 14. Jh. mehrfach gegen Kanonenbeschuss verstärkt und mit Geschützbatterien für Gegenfeuer ausgerüstet worden. Ein zweiter Zugang erfolgt von der Themse her. Hier bietet **Traitor's Gate**, Verrätertor, benannt nach den üblicherweise per Schiff in den Tower überstellten Gefangenen, einen kaum minder gut gesicherten Zugang.

Die weitere bauliche Ausgestaltung der Anlage ist von den sehr verschiedenen Funktionen bestimmt, die den Tower geprägt haben. Er war zugleich Festung, Waffenkammer, Palastresidenz, Münzstätte, Staatsarchiv, Observatorium, Schatzkammer, Gefängnis und Richtstätte. Die letztgenannten Nutzungen bestimmen heute die Vorstellung des Ortes. Die Liste der prominenten Gefangenen, die hier einsaßen und entweder auf Tower Hill oder an einem speziell ausgerüsteten Platz im Tower zwischen White Tower und dem Beauchamp Tower von Inner Ward hingerichtet worden sind, ist lang und wird vor Ort mitsamt den zahlreichen Legenden und Anekdoten gerne aufgezählt: Ranulf Flambart, Eduard V., Anne Boleyn, Catherine Howard, Jane Grey, Henry Oldenburg und, als letzter Gefangener, Rudolf Heß. Einzelne Türme waren als **Verliese** ausgestaltet, so z. B. Bell Tower, St. Thomas's Tower und Bloody Tower im inneren und Beauchamp Tower im äußeren Mauerring. Gefangenschaft in einem Turm war nur in seltenen Fällen wirklich unkomfortabel: Berichtet wird, dass im Martin Tower 1605–21 Henry Percy, Earl of Northumberland, inhaftiert war, zusammen mit einem Koch, drei wissenschaftlichen Gehilfen, einer umfangreichen Bibliothek und einer Kegelbahn. Im Wakefield Tower waren über Jahrhunderte die Kronjuwelen verwahrt. Das im 16. Jh. unter Heinrich VIII. ursprünglich als Residenzbau errichtete **Queen's House** hinter dem Bell Tower wurde ebenfalls als – vergleichsweise komfortables – Gefängnis genutzt. Sehenswert ist die **Kapelle**, dem in Ketten liegenden St. Peter (Peter ad Vincula) gewidmet. Eine illustre Schar prominenter Hingerichteter ist hier beigesetzt. Seit dem 15. Jh. war eine besondere im Tower präsentierte Einrichtung die **Menagerie**: ein gegen Eintritt zugänglicher königlicher Tierpark, in dem seltene und exotische Wildtiere gehalten wurden und bisweilen auch regelrechte Tierhetzen stattfanden. Im 18. Jh. diente diese Menagerie dann auch wissenschaftlichen Zwecken. Mit der Einrichtung des London Zoo im Regent's Park wurden 1835 alle Tiere des Tower nach dorthin überstellt und die Menagerie geschlossen.

Unter den zahlreichen Exponaten im Tower ragen sicher die **Kronjuwelen** heraus, die seit den 1960er Jahren in den Waterloo Barracks gezeigt werden. Sehenswert ist im White Tower die **Sammlung von Waffen und Rüstungen**, ferner im Wakefield Tower eine **Ausstellung über die Folter.** Im Museum an der Ostseite des Innenhofes wird die Geschichte der Royal Fusiliers dokumentiert, ein traditionsreiches Regiment. Eine in der **History Gallery** 1978 eröffnete Dauerausstellung informiert umfassend über die Geschichte des Towers.

Die **Tower Hill Environs** genannte Bebauung westlich vor dem Tower ist 2004 von Stanton Williams abgeschlossen worden. Dadurch sind die zeitraubenden Zugangsprobleme für die etwa 5 Millionen Besucher, die jährlich Einlass in den Tower begehren, effektiv behoben worden. Die eleganten Hallen bergen Ticket- und Souvenirverkauf sowie weitere Notwendigkeiten touristischer Infrastruktur und verbinden dies mit einer weiten Platzanlage, die niemals den Eindruck von Überfüllung aufkommen lässt.

Heute als Wahrzeichen Londons mit dem Tower unmittelbar verbunden, jedoch diesem Bau nicht eigentlich zugehörig ist die **Tower Bridge**. Als in der 2. Hälfte des 19. Jh. eine Themsebrücke östlich der London Bridge immer dringlicher wurde, ist 1876 ein Komitee gegründet worden, das einen Wettbewerb für diese geplante Flussquerung ausschrieb. Bedingung war eine sich öffnende Klappbrücke mit ausreichender Durchfahrtsbreite und -höhe, um die sich damals bis an die London Bridge erstreckenden Hafenanlagen zugänglich zu halten. Unter 50 Projekten wurde das von Horace Jones, dem damaligen

Stadtbaumeister der City of London, ausgewählt, jedoch erst 1884 begonnen und nach dessen Tod 1887 von seinem Oberingenieur John Wolfe-Barry 1894 vollendet. Entstanden ist eine pittoreske, spätviktorianisch-historistische Architektur, die schon bald Eingang in alle Reiseführer fand und heute zusammen mit dem oft auch als Big Ben bezeichneten Clock Tower die Architekturikone Londons schlechthin ist. Die seit den 1960er Jahren technisch umfassend renovierte und jüngst auch farbig gefasste, ursprünglich monochrom zementgraue Brücke ist in Besitz von Bridge House Estates, einer Wohlfahrtsorganisation der Corporation of London, die für den Unterhalt verantwortlich ist. In den zugänglichen Türmen ist ein sehenswertes **Museum** eingerichtet, das über die Baugeschichte und die Technik der Brücke informiert.

Moderne Architektur

Neben den Docklands ist vor allem die City das Zentrum modern-aktuellen Bauens in London; zahlreiche Handbuchstücke der modernen Architektur sind hier in den vergangenen zwei Jahrzehnten entstanden. Die Gründe hierfür liegen auf der Hand. Londons City ist das boomende Herz der europäischen Geldwirtschaft. Zum einen sind zahlreiche alteingesessene Wirtschaftsbetriebe in neue, größere und billigere Gebäude in der Peripherie ausgewandert, zum anderen hat die technische Entwicklung im Bank- und Versicherungswesen seit den 1980er Jahren einen enormen Bedarf an zusätzlicher und entsprechend ausgestatteter Bürofläche mit sich gebracht. Nur selten sind alte Gebäude, wie etwa das Bracken House, durch geschickten Umbau in neue Nutzung überführt worden. Meist wurde alte, nun aber kaum noch historisch bedeutsame Bausubstanz abgerissen und durch Neubauten ersetzt; der Protest gegen den Abriss des Mappin & Webb

Building 1994 an No. 1 Poultry, ein neogotisches Geschäftshaus aus dem Jahr 1870, war hier eher die Ausnahme. Dass England mit Richard Rogers, Norman Foster oder James Stirling international erstrangige Architekten hat, wird in der City jedenfalls deutlich erfahrbar.

Bracken House (I P6): Das an No. 1 Friday Street gelegene Bracken House ist eines der gelungensten Beispiele für Baurenovierung und Neunutzung in der Londoner City. Ursprünglich 1959 erbaut, barg es bis 1986 die Zeitung *Financial Times*, die dann in neue Räume in den Docklands übersiedelte (der Bau ist benannt nach Brendan Bracken, dem Gründer der Zeitung). Das ursprüngliche Gebäude bestand aus zwei Seitenflügeln und einem oktogonalen Zentralbau für die Druckerei. Eine japanische Bank erwarb das Gebäude und beauftragte Michael Hopkins & Partner mit einem Umbau (1989–91). Das zentrale Druckereigebäude wurde abgerissen und durch einen funktionalen, sechsgeschossigen Neubau aus Beton, Glas und Stahl ersetzt, der mit den älteren, entkernten Seitenflügeln ideal harmoniert und sowohl in der Fassade als auch in der markanten ›Attika‹, die durch ein leicht zurückgesetztes Dachgeschoss ausgebildet wird, Grundstrukturen der Vorgängerarchitektur übernimmt. Gegenüber von Bracken House erhebt sich die filigrane, reich durchfensterte fünfstöckige Betonfassade von **No. 30 Cannon Street**, ein ursprünglich für die Französische Bank Credit Lyonnaise in den 1970er Jahren errichtetes Bürogebäude. Die ausführenden Architekten (Whinney, Son & Austen Hall) haben hier auf die filigranen Betonarchitekturformen des Römers Pier Luigi Nervi zurückgegriffen, die diesen in den 1960er Jahren berühmt gemacht haben.

Broadgate Centre (I Q/R5/6): Dieser gigantische Bürokomplex an der gleichnamigen Straße nahe der Liverpool Street Station gilt heute, zusammen mit einigen baulichen Auswüchsen in den Docklands, als das prototypische Beispiel für die Gigantomanie neuer Funktionsarchitektur, die im Zuge der technischen Veränderungen und der wirtschaftlichen und administrativen Deregulierung Londons in der Ära Thatcher bahnbrechend war. Die zunehmende Elektronisierung der Finanzdienstleistungen und die wachsende Bedeutung des Banken- und Versicherungsplatzes London führten in den 1980er Jahren zu einer enormen Nachfrage an entsprechend ausgerüsteter Bürofläche. Der in Kooperation von Arup Associates und Skidmore, Owings & Merrill Inc. aus Chicago zwischen 1982 und 1991 errichtete Komplex besteht aus 13 separaten, durch Höfe und Hallen jedoch miteinander verbundenen Bauten. Die in vorfabrizierter, modularisierter Stahl-Glas-Architektur errichteten Gebäude kombinieren Büros mit Erholungs- und Einkaufsflächen. Der Komplex birgt insgesamt knapp 350000 m² Bürofläche, das Fünffache des Empire State Building in New York.

Haberdasher's Hall (I P5): Das ursprüngliche Gildenhaus der Kurzwarenhändler an der Gresham Street ist 2002 durch einen aufsehenerregenden Neubau von Michael Hopkins & Partners ersetzt worden (18, West Smithfield). Der klosterartig angelegte Ziegelbau umschließt einen Hof. Funktional ist hier der Spagat zwischen einem clubähnlichen, repräsentativen Gildenhaus und einem auch kommerziell verwertbaren Konferenz- und Tagungsbau gut gelungen. Die großen, lichtdurchfluteten Räume im Obergeschoss, dem Piano Nobile, erlauben eine sehr flexible Nutzung. Bemerkenswert ist die durch die Verwendung von ockerfarbenen Ziegeln, Stahl und poliertem Kalkstein erzeugte Materialästhetik.

Lloyd's Building (I R6): Die Schiffsversicherungsbörse Lloyd's ist 1688 gegründet worden und trotz aller Krisen weiterhin eine Institution der globalen Versicherungswirtschaft. Der 1986 vollendete, zwölfstöckige Hochhausneubau an der Lime Street ist von Richard Rogers im für ihn typischen Stil des Industrial Designs erbaut: Der gesamte

Bereich der Gebäudetechnik ist in Form von Rohren, Kränen, Aufzügen, Treppen und Streben sichtbar nach außen gekehrt, was zu einer enormen räumlichen Flexibilität im Innern führt. Dieses seinem 1977 eröffneten Centre Pompidou in Paris nachempfundene Architekturkonzept hat Teile des alten Llyod's-Gebäudes, u. a. das Portal (am heutigen Zugang von der Leadenhall Street), das Interieur des Underwriting Room mit Rostrum und der Schiffsglocke der 1799 gesunkenen *Lutine* sowie den 1763 von Robert Adam gestalteten Committee Room im 11. Stock in den Neubau integriert, was einen reizvollen Kontrast von Tradition und Moderne bildet.

Ludgate Hill Complex (I O6): Dieser filigrane Bürokomplex aus Stahl und Glas am Ludgate Hill nahe Blackfriars Station ist in gewissem Sinne eine miniaturisierte und hinsichtlich der Bau- und Betriebskosten optimierte Zweitfassung des überdimensionierten Broadgate Center, von Skidmore, Owings & Merrill Inc. unmittelbar als Anschlussprojekt daran 1992 vollendet. Vier verschiedene Bürohäuser sind zu einem homogenen Ganzen zusammengefügt; den Innenhof ziert eine bemalte Stahlskulptur von Bruce McLean.

Milton Gate (I P4): Dieses Bürohaus an der Chiswell Street ist ein Spätwerk von Sir Denys Lasdun, dessen Markenzeichen ein dezidierter, oft umstrittener Zementbrutalismus war. Der Bau mit der markanten grünen Glasoptik ist 1990 vollendet worden. Das Interieur und der Zugang des der Schweizer Großbank UBS gehörenden Komplexes sind 2006/07 nach Entwürfen von Squire & Partners grundlegend umgestaltet und technisch modernisiert worden.

Minster Court (I R7): Der aus drei um ein Atrium herum kunstvoll ineinanderverschachtelten Bauten bestehende Komplex an der Mark Lane ist das *Underwriting Center* der Londoner Versicherungswirtschaft. Die außen unruhig gestaltete, beinahe gotisch wirkende Fassade mit ihren Vor- und Rücksprüngen und permanenten Richtungswechseln ist von großen Fensterflächen durchbrochen. Der 1988–91 vom Architekturbüro GMW Partnership errichtete Komplex ist 1991 durch einen Großbrand schwer beschädigt worden, der gravierende Mängel im baulichen Brandschutz offenbart hat.

Moorhouse (I Q5): Das an 117 Moorgate gelegene Bürohaus ist ein weiteres architektonisches Meisterwerk von Sir Norman Foster in London, vollendet 2005. Das 19-stöckige Gebäude zeigt den üblichen skulpturalen Expressionismus mit den Baustoffen Glas und Stahl. Der im Kern quadratische, zu einer Seite hin jedoch abgerundete Grundriss bietet sehr variable Raumlösungen; insgesamt sind hier knapp 31 000 m^2 Bürofläche verfügbar. Das Architekturkonzept kopiert und vergrößert in wesentlichen Teilen das von Foster 2003 vollendete, ebenfalls sehenswerte Bürogebäude **No. 1 London Wall.**

No. 1 Poultry (I Q6): Das postmoderne Geschäftshaus nahe der Bank of England erhebt sich auf dreieckigem Grundriss an einer Straßenecke. Es ist der letzte Entwurf des 1992 verstorbenen Architekten James Stirling, der von seinem Partner Michael Wilford postum gebaut wurde (vollendet 1998). Der Bau, der in vielen Details an Stirlings Meisterwerk, die Stuttgarter Staatsgalerie, erinnert, ersetzt ein 1994 abgerissenes neogotisches Geschäftshaus aus dem Jahr 1870, um das Jahrzehnte gestritten worden war; schon 1967 gab es Pläne für einen Neubau von Mies van der Rohe, der aber unrealisiert blieb. Und als Stirling seinen Entwurf präsentierte, war eine Realisierung nicht absehbar. Der Neubau nimmt in Kontur und Struktur vielfältig Bezug auf seinen viktorianischen Vorgänger, am deutlichsten in dem Uhrturm, der ein Wahrzeichen des abgebrochenen Bauwerks war. No. 1 Poultry gilt als der bedeutendste postmoderne Bau in London. Die Fundamentierung des Neubaus wurde durch die Entdeckung eines hölzernen, **antik-römischen Abwasserkanals** (dendrochronologisch datiert in das Jahr 47 n. Chr., der bis heute älteste römische Fund in London) und anschließende Sicherungsgrabungen erheblich verzögert.

No. 88 Wood Street (I P5): Der aus drei nebeneinanderstehenden zehn-, vierzehn- und achtzehngeschossigen Türmen bestehende Bürokomplex erhebt sich am Ort der 1920 erbauten Telefonzentrale für die City, die dafür, bis auf den in den Neubau eingefügten zentralen Verkabelungsraum, abgebrochen worden ist. Die japanische Firma Daiwa Securities erwarb das Grundstück 1988 und beauftragte Richard Rogers mit dem Neubau, der erneut eine markante Architektur im Industrial Style entwarf, allerdings mit im Vergleich zu seinem Lloyd's Building reduzierter Sichtbarmachung der Gebäudetechnik an den Außenseiten. Das feingliedrige, transparente Gebäude überzeugt mit durchdachter Raumkonzeption und großzügigen Eingangslobbies.

Plantation Palace (I R6): Der massige Bürokomplex (31–35 Fenchurch Street) erhebt sich an der Stelle des einstigen Plantation House, der Teebörse von London, die hier in einem um 1900 erbauten Geschäftshaus residierte. Bei den Fundamentierungsarbeiten für den Neubau wurden Reste der ältesten römischen Siedlungsphase aus den Jahren um 45 n. Chr. sowie ein Hortfund aus Goldmünzen des 2. Jh. n. Chr. entdeckt. Der 2004 vollendete, transparente Bau mit über 3000 m² Dachgarten ist von Arup Associates geplant und ausgeführt worden. Auch hier hat ein moderner, für Finanzdienstleistungen optimierter Neubau einen traditionell-altehrwürdigen Gewerbebau ersetzt.

Swiss Re Tower (»The Gherkin«) (I R6): Die aktuellste Londoner Architekturikone ist zweifelsohne Norman Fosters extravagant-expressionistischer, tannenzapfenförmiger Swiss Re Tower (30 St. Mary Axe), 2001–03 als bewusster Kontrapunkt zu Richard Rogers' benachbartem, im Industrial Design gehaltenen Lloyds Building und der nahen

Markante Londoner Skyline: das Swiss-Re-Building neben den historischen Türmen des Tower

klassizistischen Kirche St. Helen geschaffen. In enger Abstimmung mit dem Bauherrn (Schweizerische Rückversicherungs-Gesellschaft AG, Zürich) entstand, nach anfänglich heftigen und polemischen Protesten Londoner Medien, auf dem Gelände der 1992 von der IRA zerbombten und in Ruinen liegen gebliebenen Baltic Exchange eine gefeierte, vierzigstöckige Hochhausarchitektur, die 2004 mit dem Stirling-Preis des Royal Institute of British Architects prämiert wurde. Der gebogenen Form liegt ein raffiniertes System sich diagonal schneidender Stahlrippen zugrunde, die in unterschiedlichen Winkeln zusammengeschweißt sind. Dank dieses tragenden Außengeflechts mussten die Grundflächen nicht mit Stützen durchbrochen werden.

Fahrstühle und technische Einrichtungen sind in der Mitte des Turms untergebracht. Die kreisförmigen Stockwerke sind aufgeteilt wie eine Torte, wobei einzelne, jeweils um 5° versetzte »Scheiben« über bis zu sechs Stockwerke hinweg reichenden Atrien bilden, die Foster als »Lungen« des Gebäudes verstanden wissen wollte. Die Kontur des kreisrunden Gebäudes wölbt sich zunächst nach außen, um sich dann nach oben hin in 180 m Höhe bis zur Kuppel zu verjüngen. Der im Volksmund *gherkin* (»Gurke«) genannte Bau verleiht nicht nur dem Bankviertel, sondern auch der Skyline von London einen weithin sichtbaren Akzent. Die transparente Fassade besteht aus in das rautenförmige Metalltragwerk eingefügten Glasdreiecken und lässt sich verschiedenfarbig illuminieren. Für die ebenfalls prämierte Innenausgestaltung der knapp 80000 m² Bürofläche zeichnet die Fa. Bennett Interior Design verantwortlich, deren Konzeption jener von Foster und Partner vorgezogen worden ist. Der Swiss Re Tower ist Anfang 2007 für knapp 1 Mrd. € an einen internationalen Immobilienfonds verkauft worden.

Tower Place (I Q5): Dieses elegante Bürohaus mit 42000 m² Geschäftsfläche (No. 1 South Place), nahe der Liverpool Street Station, ist ein weiteres herausragendes Beispiel für die expressionistische Glas- und Stahlarchitektur von Sir Norman Foster. Vollendet 2003, ist vor allem das nach außen offene, riesige, knapp 20 m hohe und von filigranen Metallstützen getragene Glasatrium berühmt geworden, das die beiden Hauptflügel des Gebäudes verbindet.

Straßen, Plätze und Quartiere

Barbican (I P5): Mit »Barbican« ist zunächst das größte nach dem Zweiten Weltkrieg durchgeführte Stadtentwicklungsprojekt (Barbican Estate) bezeichnet. Auf einem bombenzerstörten und in den 1950er Jahren provisorisch bebauten Areal nördlich der Guildhall und des Straßenzugs London Wall entstanden zwischen 1965 und 1976 nach Planungen von Chamberlin, Powell und Bon im Stile des Zementbrutalismus gut 2000 Wohnungen in dreizehn terrassierten Wohnblöcken und drei Hochhäusern aus den Jahren 1973–76, die mit jeweils 42 Stockwerken bis heute die höchsten Wohngebäude Londons sind. Diesem Komplex angefügt ist das **Barbican Arts Center**, das 1982 nach Entwürfen von John Honer gebaut und eingeweiht wurde. Es umfasst mehrere kulturelle Funktionsbauten, die um eine Platzanlage mit großem Wasserbecken gruppiert sind: **Barbican Hall**, eine 2000 Personen fassende Konzerthalle, **Barbican Theatre** mit 1600 Plätzen, **The Pit**, einen kleinen Veranstaltungsraum, **Barbican Cinema** mit drei Kinos, des Weiteren verschiedene Restaurants, Konferenz- und Ausstellungsräume. Die Royal Shakespeare Company und das London Symphony Orchestra haben hier ihre Probenräume. Neben der **Guildhall School of Music and Drama** und der **Barbican Library** gehören auch zwei Museen zu dem Komplex: **Barbican Art Gallery** zeigt Wechselausstellungen und das **Museum of London** präsentiert einen sehenswerten Überblick über die Stadtgeschichte. Unmittelbar neben dem Museum finden sich erhebliche Reste der alten, auf die Römerzeit zurückgehenden **Stadtmauer**, die im Zuge der mittelalterlichen Neubesiedelung Londons instand gesetzt und über weitere Jahrhunderte in Funktion blieb. Sie umschloss mit ihrer Höhe von 5 und Stärke von etwa 3 m ein Areal von ungefähr 1,3 km² und war mit sechs Toren versehen (Ludgate, Newgate, Aldersgate, Cripplegate, Bishopsgate und Aldgate), im Mittelalter um ein siebtes (Moorgate) erweitert. Die Mauer ist im 2. Jh. n. Chr. erbaut worden, blieb bis ins 14. Jh. in Funktion und ist erst im 18. und 19. Jh. in weiten Teilen demontiert worden. Wie ein Anachronismus inmitten dieser Neubebauung wirkt **St. Giles Cripplegate** an der Fore Street: Die dem hl. Ägidius geweihte dreischiffige Basilika im *Perpendicular Style* ist um 1540 am Ort eines Vorgängers aus dem späten 11. Jh. entstanden; die nach ihrer Restaurierung 1960 wiedereröffnete Kirche ist im späten 18. und 19. Jh. einschneidend verändert worden (neuer Obergaden, aufgesetzter Zinnenkranz, eingekürzter Chor). Barbican ist insgesamt als ein bedeutendes Architekturdenkmal des Brutalismus aufzufassen. Die 2002 begonnene Modernisierung des gesamten Komplexes wird allgemein kritisch gesehen und kann kaum zu wirklichen Verbesserungen in der Nutzbarkeit und Akzeptanz der Architektur führen.

London Bridge mit London Bridge Approach (I Q7): London Bridge ist die älteste und bis 1739 die einzige Brücke über die Themse, die London mit dem südlichen Flussufer von Southwark verband. Bereits in der Antike, wohl noch im 1. Jh. n. Chr., entstand hier eine Holzbrücke, die, vielfach renoviert, bis 1176 in Funktion blieb. Ab 1169 wurde etwas westlich der Holzbrücke ein steinerner Neubau errichtet, der jedoch nach technischen Schwierigkeiten erst nach 1209 vollendet war und dann die alte Holzbrücke ersetzte. Diese alte London Bridge stand auf 20 Pfeilern und war in der Mitte mit einer Zugbrücke versehen, um Schiffsverkehr zu ermöglichen. Sie war beiderseits von Häusern und Kapellen gesäumt und eine der berühmtesten mittelalterlichen *Living Bridges* in Europa, in ihrer Struktur den wesentlich kürzeren Pariser Brücken nach Notre Dame oder dem Ponte Vecchio in Florenz vergleichbar (ein Modell dieser Brücke ist im Museum of London zu sehen). Nach einem Brand von 1758 wurden die Häuser abgerissen, die Brücke bis 1763 umfassend renoviert. 1824–31 wurde sie durch eine fünfbogige Neukonstruktion von John Rennie ersetzt, die ihrerseits in den 1960er Jahren durch den heute vorhandenen Bau ersetzt wurde. Gegen den Abriss erhob sich Protest; ein wohlhabender Amerikaner erwarb, angeblich in dem Irrglauben, es handele sich um die Tower Bridge, die Brücke des 19. Jh. und ließ sie in einem Park in Lake Havasu City (Arizona) wiedererrichten, wo sie heute einen künstlichen See überspannt. **London Bridge Approach**, ein repräsentativer baulicher Rahmen des Themseufers am nördlichen Brückenkopf, entstand in den 1830er Jahren. Östlich der Brücke erhob sich **Adelaide House**, eines der frühesten Bürogebäude Londons, ursprünglich in monumentalen ägyptisierenden Formen gehalten; die heutige Bausubstanz geht auf eine umfassende Renovierung in den 1920er Jahren zurück. Westlich der Brücke steht, als gewollter Kontrast, die zierliche **Fishmonger's Hall** in klaren, klassizistischen Formen des Greek Revival. Auf einem rustizierten Sockel erhebt sich eine durch sechs ionische Halbsäulen gegliederte, durchfensterte Giebelfassade, ein Motiv, das dem antiken Erechtheion auf der Athener Akropolis entlehnt ist und von John Stuart zwei Generationen zuvor schon beim Lichfield House am St. James's Square baulich umgesetzt worden ist. Fishmonger's Hall war Sitz der Londoner Fischhändler und entstand 1831–43 nach Plänen von Henry Roberts und George Gilbert.

Paternoster Square (I O6): Diese kompakt umbaute Platzanlage nördlich von St. Paul's ist eines der meistkritisierten Architekturensembles der Gegenwart in London. Die großflächigen Kriegszerstörungen an der Paternoster Row wurden in den frühen 1960er Jahren durch gesichtslose Bürobauten ersetzt, die 1980 weitestgehend leer standen. Einen Wettbewerb für eine Neuplanung gewann zunächst Arup Associates mit einem homogenen postmodernen Entwurf, der aber im Zuge eines neuen Masterplans seit 1996, nun unter Federführung von William Whitfield, nur in Teilen realisiert wurde. Um den Platz mit seiner korinthischen Säule in der Mitte gruppieren sich Büro- und Geschäftsbauten wie die neue London Stock Exchange und verschiedene Lokale. Die Versuche, diese leicht postmodern angehauchte, von Kritikern als

Fishmonger's Hall, direkt neben London Bridge

banal bezeichnete Neubebauung mit historischer Bausubstanz zu nobilitieren, haben wenig überzeugt. Christopher Wrens zu St. Paul's gehöriges **Chapter House** wirkt hier ebenso als Fremdkörper wie Wrens nach hierher versetzter und rekonstruierter **Temple Bar**, einst eine Art Stadttor an der Fleet Street.

Unmittelbar nördlich an den Paternoster Square schließt in der King Edward Street das **Meryll Lynch Building** an, das verschiedene ältere Bauten geschickt zu einem dezent dimensionierten, dabei zugleich sehr geräumigen Neubau vereint. Das von Swanke Hayden Connell Architects 2001 vollendete Konglomerat ist mehrfach preisgekrönt.

South Holborn, Strand und Fleet Street

Sakralarchitektur

St. Andrew Holborn (II N5): Diese an Holborn Viaduct gelegene Kirche geht auf das 13. Jh. zurück. Christopher Wren renovierte den Bau 1684–90 und beließ dabei den Turm von 1446 unverändert. Der Kirchenraum besteht aus einem dreischiffigen Rechteck mit Emporen über den Seitenschiffen. Das tonnenüberwölbte Mittelschiff ist stuckiert. Über dem Altar im Osten ist die Kirche durch ein doppelstöckiges ›Palladio-Fenster‹ beleuchtet. Orgel, Taufbecken und Kanzel stammen aus dem **Foundling Hospital**, einem Heim für Findelkinder, das der philanthropisch gesonnene Kapitän Thomas Coram nach 1737 stiftete und das 1926 weitgehend abgerissen worden ist (ein kleiner Teil des Zentralbaus mit zahlreichen Kunstwerken ist 1947 in einen Neubau integriert worden und kann besichtigt werden: 40 Brunswick Square). 1703 wurde der alte Turm ummantelt. Im Zweiten Weltkrieg wurde die Kirche schwer beschädigt und erst 1960/61 nach aufwendiger Renovierung wieder eröffnet.

St. Bridge (II N6): Der heutige, hinter den hohen Häusern der Fleet Street etwas versteckt wirkende Kirchenbau stammt von Christopher Wren aus den Jahren 1670–84. Ausgrabungen aus den 1950er Jahren haben die verwickelte Baugeschichte klären können. Es existieren insgesamt sieben Vorgängerbauten neben einem angelsächsischen Friedhof, die sich über römischen Bauresten erhoben haben (in der **Krypta** noch sichtbar). Der älteste Vorgängerbau datiert in das 11. Jh., in normannische Zeit. Die der hl. Bridget, einer irischen Heiligen, gewidmete Kirche gilt als einer der wichtigsten Wren-Bauten. Sie zeichnet sich durch den 75 m hohen, 1701–03 fertiggestellten Turm aus, ein nach oben hin reduziertes Oktogon über quadratischem Grundriss, der als

Wrens schönster Kirchturm gilt und Londoner Konditoren bis heute als Vorbild für mehrstöckige Hochzeitstorten dient. Der Pfarrkirche der Londoner Presse zugeordnet ist **St. Bridge Printing Library**, eine Sammlung von historischen Druckwerkzeugen und Druckwerken.

St. Clement Danes (II M6): Die am Strand gelegene Kirche ist 1020 erstmals erwähnt, wohl als Bau dänischer Siedler, die hier zwischen Ludgate und Westminster seit dem späten 9. Jh. ansässig waren. Der 1640 erneuerte und von Wren 1680–82 gänzlich neu errichtete Bau war im 13. Jh. zeitweilig im Besitz der Templer und überstand den Stadtbrand von 1666. Im Zweiten Weltkrieg ausgebrannt, wurde die Kirche in den 1950er Jahren restauriert und dient seither der Royal Air Force als Hauptkirche. Die dreischiffige Kirche endet in einer breiten Apsis mit Chorumgang, an die eine Scheitelkapelle grenzt. Der Kern des von Wren ummantelten Turms entstammt einer Bauphase des 15. Jh., der Oberbau ist von John Gibbs (1719/20) errichtet worden und weist ein berühmtes Glockenspiel auf.

St. Giles in the Fields (II K6): Seit dem frühen 12. Jh. Teil eines Leprahospitals und seit etwa 1200 im Rang einer Pfarrkirche, wurde für einen Neubau an der St. Giles High Street ein Wettbewerb ausgeschrieben, den Henry Flitcroft, ein zu dieser Zeit noch wenig ausgewiesener Schützling von Lord Burlington, gegen die weitaus prominenteren Architekten Nicholas Hawksmoor und James Gibbs gewann. Sein 1731–33 realisierter Entwurf einer dreischiffigen Saalkirche mit Zugang durch den Turm bzw. Turmfoyers folgt allerdings dem wenig früheren, ›klassischen‹ Baumuster von Giles St. Martin in the Fields nicht nur in Grundriss und Außenansicht, sondern auch im Inneren bis in Details (Emporen, tonnenüberwölbtes Mittelschiff ohne Obergaden).

St. Martin in the Fields (II L7): Diese sich prachtvoll an der Nordostecke des Trafalgar Square erhebende Kirche aus Portlandstein (bis ins 19. Jh. hinein war sie eng

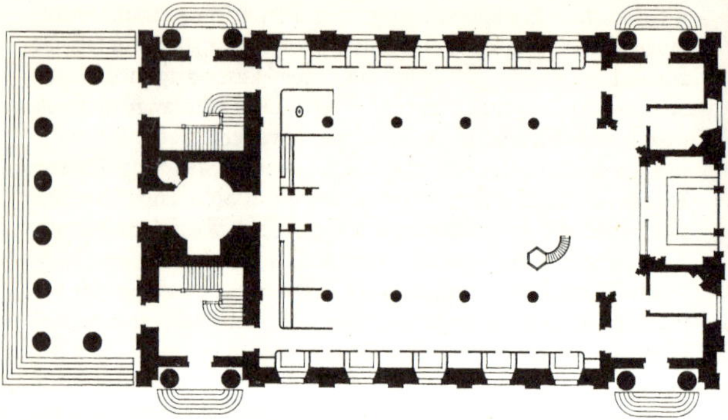

St. Martin in the Fields

zugebaut und nicht, wie heute, monolithisch frei stehend) ist der klerikale Hort der britischen Admiralität. Bei offiziellen Anlässen schmückt sie die *White Ensign*, die Flagge der britischen Flotte. Der heutige Bau hat zwei Vorgänger: der erste, 1222 erwähnt, wurde 1542/43 renoviert. 1606–1609 entstand ein die alten Strukturen einbindender Neubau. Der heute erhaltene, 1721–26 errichtete Kirchenbau ist das Meisterwerk von James Gibbs, einem Wren-Schüler und einem Architekten, der den Londoner Kirchenbau maßgeblich beeinflusst hat. Die Inschrift im Fries der sechssäuligen korinthischen Portikus erwähnt Stifter, Patron der Kirche und das Vollendungsjahr (George I., erbaut für St. Martin, vollendet 1726), diejenige auf dem Architrav feiert in gänzlich ungewöhnlicher Weise den Architekten: IACOBI GIBBS ARCHITECTUS.

Gibbs war ein katholischer und konservativer Schotte, der hier einen formalen Gegenentwurf zu den neopalladianistischen Tendenzen des frühen 18. Jh. schuf. Das Konzept eines rechteckigen Grundrisses mit monumentaler, antikisierender Giebelvorhalle und einem zentral eingebundenen, hoch aufragenden Turm findet sich hier paradigmatisch formuliert und in den nachfolgenden Jahrzehnten in London vielfach wieder aufgegriffen. Drei Zugänge führen durch das Turmhaus in die lichte Kirche, deren fünfjochiges Langhaus durch korinthische Säulen mit vergoldeten Kapitellen in drei Schiffe unterteilt wird. Sehenswert im Innern sind die Stukkaturen des Gewölbes über dem Mittelschiff und der Altarbereich mit der königlichen Loge.

St. Mary le Strand (II M6): An der Stelle der heutigen Kirche (Strand/Aldwych) erhob sich seit 1147 eine veritable Kapelle, die der Duke of Somerset allerdings 1549 für seinen Stadtpalast abreißen ließ. Der Neubau entstand infolge des *New Churches in London and Westminster Act* von 1711. Der in Rom ausgebildete James Gibbs, der spätere Architekt von St. Martin in the Fields, gab hier sein bemerkenswertes Debüt. Zwischen 1714 und 1723 entstand ein höchst ungewöhnlicher, am stadtrömischen Barock orientierter Bau. Dem Halbkreis der Apsis entspricht eine halbrunde Kolonnade an der mehrschichtig strukturierten Westfassade. Im Innern wird der zweigeschossige Saalbau durch Pilaster rhythmisiert, die goldene Stuckdecke erinnert ebenfalls an Vorbilder aus Rom.

St. Mary (Temple): s. Temple.

Historische Profanarchitektur

Charing Cross Hospital (II L7): Der 1831–34 von Decimus Burton errichtete Komplex erhebt sich Ecke Strand / Agar Street. Der klassizistische Bau bestand ursprünglich aus drei Geschossen, wurde 1877 aufgestockt und erheblich verändert durch James Thomson, 1881 und 1902 neuerlich verändert und erweitert. Die bemerkenswerte dorische Portikus im Stile des Greek Revival in der William IV. Street gehört zum ursprünglichen Kerngebäude, das nach weiteren Veränderungen in der jüngeren Vergangenheit heute kaum mehr erkennbar ist. Seit den frühen 1970er Jahren wird das Gebäude nicht mehr als Krankenhaus, sondern als Verwaltungsbau genutzt.

Freemason's Hall (II L6): Der gewaltige, die Architektur der Umgebung weit überragende Eckbau der Freimaurerloge an der Wild Street geht auf das späte 18. Jh. zurück. 1775/76 errichtete Thomas Sandby eine *Temple* genannte Halle, die kurze Zeit später durch William Tyler erheblich erweitert wurde (1786). 1864–66 entstand hier ein Neubau von S. P. Cockerell, von dem ein Teil an der Ecke Queen Street noch heute erhalten ist. Der heutige Bau in wenig inspirierten, monumentalen, eigentlich anachronistischen neoklassizistischen Formen wurde 1927–33 errichtet.

King's College (II M6): Das berühmte Universitätsgebäude am Strand ist ein Annex des Somerset House. Die Architektur, 1829–35 von Sir Robert Smirke erbaut, folgt dem palladianistischen Baumuster und ergänzt das Somerset House im Grundriss um einen weiteren Flügel mit separatem Innenhof. Der Bau fügte sich stilistisch in die architektonischen Vorgaben von Chambers ein, wich jedoch insofern davon ab, als der monumentale Haupteingang mit dem klassizistischen Zugang des Christ Church College in Oxford konkurrieren sollte. In den 1960er Jahren sind weitere Nachbarbauten in das King's College eingefügt worden; 1966–71 entstand eine neue, fünfgeschossige Fassaden- und Eingangsfront zum Strand (Troup & Steel), über die der Innenhof zugänglich ist und die das ursprünglich gebaute Eingangsmotiv weitgehend verunklärt.

Law Courts (II M/N6): Der auch »Royal Courts of Justice« genannte Komplex am Strand ist ein beeindruckendes Denkmal aus der Spätphase des Gothic Revival. Der Bau entstand 1874–82 für den 1873 neu eingerichteten Supreme Court of Justice in naher Lage zu den Londoner Anwaltsschulen; hierfür war 1866 ein Wettbewerb durchgeführt worden, den George E. Street 1868 mit einem

Entwurf in gotischen Formen des 13. Jh. gewann. Der gewaltige Bau bot Platz für 14 Gerichtshöfe; Mittelpunkt des Gebäudes ist die 80 m lange, 12 m breite und knapp 30 m hohe, rippenüberwölbte Central Hall mit einem prachtvollen Mosaikboden und einer Sitzstatue des Architekten. Street starb 1881 während der Bauarbeiten, Arthur Blomfield vollendete den Bau.

Lincoln's Inn (II M5): Eine der vier Inn Courts, der Londoner Rechtsschulen, die allein das Recht haben, Barrister, also Anwälte auszubilden, die Zulassung zu den höchsten Gerichten haben, erstreckt sich am Ostende von Lincoln's Inn Field. Die Anlage geht auf eine juristische Korporation zurück, die hier seit 1292 ansässig ist; benannt ist sie nach dem Earl of Lincoln, der die Anwaltsschule im 14. Jh. gegründet hat. Berühmte Mitglieder waren u. a. Thomas Morus, Oliver Cromwell, Robert Walpole, Benjamin Disraeli und Margaret Thatcher. Die Anlage mit ihren Höfen, Gärten und darin eingefügten Gebäuden ähnelt nicht nur den anderen drei Londoner Inns (Inner und Middle Temple und Gray's Inn), sondern auch den Colleges von Oxford und Cambridge. Zugänglich ist der Komplex über das Gate House an der Chancery Lane, ein Torbau aus der Zeit um 1500, der auf den östlichen Hof führt. Sehenswert sind die Old Buildings im Tudorstil (1609) und die Old Hall, ein Ziegelbau von 1490–92 (1624 erweitert). Die New Hall aus roten Ziegeln imitiert den Tudorstil; sie ist um die Mitte des 19. Jh. von Philip Hardwick errichtet worden. Unmittelbar daneben erhebt sich die über 70 000 Bände umfassende Bibliothek, die 1497 gegründet wurde und die älteste in London ist. Frei zugänglich sind die Gärten und die Kapelle aus dem 17. Jh.

Public Record Office (II N5): Der an der Chancery Lane gelegene Komplex ist in jeder Hinsicht ein Produkt der viktorianischen Zeit. Seit den 1820er Jahren wuchs das Bedürfnis nach einem zentralen, technisch modernen und vor allem feuersicheren Bau für die nationalen Archivbestände, die über viele Orte verstreut waren – nicht nur eine konservatorische, sondern vor allem auch eine administrative Notwendigkeit in einem Staat, in dem neben der Wirtschaft auch die Verwaltung explosionsartig expandierte. Ein erster Entwurf wurde 1832 von Charles Barry gefertigt, ein erster Teilbau an der Fetter Lane entstand jedoch erst 1851–66 nach Plänen von James Pennethorne, der einen trutzigen Bau im Tudor-Stil – symmetrisch, reich durchfenstert, mit kräftigen vertikalen Streben – realisierte. Ein zweiter Gebäudeteil zur Chancery Lane hin wurde nach Plänen von John Taylor 1891–96 errichtet. Die Räumlichkeiten dienen heute nur noch der Magazinierung; die Zentrale des Archivs ist 1977 nach Kew verlegt worden. Ein angegliedertes **Museum** zeigt in Wechselausstellungen bedeutende Autographen und Dokumente, u. a. Nelsons Logbuch.

Somerset House (II M6/7) am Strand bildet zusammen mit dem King's College einen zusammengewachsenen Baukomplex zwischen Strand und Themse, unmittelbar benachbart der Waterloo Bridge. Das ursprüngliche bauliche Szenario ist heute kaum mehr nachzuvollziehen. Das ›Old Somerset House‹, das hier 1547–52 als Wohnhaus des Lordprotektors Edward Seymour Somerset erbaut wurde und das als eines der Hauptwerke der englischen Renaissancearchitektur zu gelten hat, ist nach langen Wirren um Besitzrechte im 18. Jh. abgebrochen und von William Chambers seit 1776 durch einen aus Portlandstein bestehenden Neubau in zeitgenössischer Manier als Raum für verschiedene Verwaltungsbehörden der Stadt ersetzt worden. Der Bau umgreift einen 110 × 100 m großen Hof und öffnet sich zum Strand in einer streng palladianisch gegliederten, dreigeschossigen korinthischen Säulenfront auf rustiziertem Sockel mit Attika als Dachabschluss. Deren Skulpturendekoration zeigt monumentale Personifikationen der acht großen englischen Flüsse. Der über einen dreitorigen Durchgang zugängliche Hof wird von drei Blöcken umschlossen; sie sind Grundmustern der Pariser Baukunst der Jahrhundertmitte entlehnt. Die 270 m lange, in 45 Achsen gegliederte, auf massiven Substruktionen stehende Flussfassade mit ihren Arkaden konkurrierte und korrespondierte ursprünglich mit dem **Adelphi** der Brüder Adam, ein am Victoria Embankment auf der anderen Seite der Waterloo Bridge kurz zuvor, bis 1768, erbauter Komplex, der allerdings in den 1870er Jahren und dann 1936 bis auf wenige Reste (in der Adam Street zu sehen) abgerissen worden ist. Das Adelphi, ein königlicher Residenz- und Terrassenbau mit 41 Achsen, galt als großartigstes und zugleich auch innovativstes palladianistisches Bauwerk Londons im 18. Jh. und ist aus naheliegenden Gründen von Chambers als Vorbild und Motivvorlage für das neue Somerset House aufgegriffen worden. Im zum Strand hingewandten Piano Nobile des Somerset House finden sich einige reich ausgestattete Innenräume (u. a. der Council Room mit klassizistischer Stuckdekoration, ferner die Bibliothek der Academy und der Exhibition Room), die nur anlässlich von Ausstellungen zugänglich sind. Von 1780 bis 1837 war hier der Sitz der Royal Academy of Arts, die heute im Burlington House untergebracht ist. Im westlichen Flügelanbau befinden sich seit 1989 das Courtauld Institute of Art und die damit verbundene Courtauld Gallery.

Temple (mit St. Mary, II N6): Das als »Temple« bezeichnete Terrain erstreckt sich zwischen der Fleet Street im Norden und der Themse im Süden; im Westen wird der Komplex von der Essex Street, im Osten von der Temple Avenue begrenzt. Heute ist dies ein reines Juristenviertel, untergliedert in den Inner und den Middle Temple, die zusammen mit Lincoln's Inn und Gray's Inn die vier Inns of Court, die Londoner Rechtsanwaltsschulen, bilden. Die Bezeichnung Temple geht auf den Templerorden zurück, der hier von der Mitte des 12. Jh. bis zu seiner Unterdrückung und Auflösung 1308 ansässig war. Die Gebäude der Templer wurden den Johannitern übergeben, die seit 1338 große Teile an Juristen vermietet hatten. In der Reformation fiel der Komplex an die Krone, seit 1608 ist er Teil der Inns of Court. Man betritt Temple beim **Temple Bar** von der Fleet Street her: ursprünglich ein dreibogiger Torbau von Christopher Wren aus dem Jahr 1672, der jedoch als ein Verkehrshindernis 1878 abgebrochen und nach Theobalds Park in Herfordshire versetzt und kürzlich am Paternoster Square in postmoderner Umgebung wieder aufgebaut wurde; an seiner Stelle steht ein 1880 von Sir Horace Jones konzipiertes Memorial. Temple besteht aus einem pittoresken Gassen- und Hofgewirr, das mit niedrigen Häusern aus viktorianischer und georgianischer Zeit bebaut ist; die zahlreichen Kriegszerstörungen sind durch behutsame Rekonstruktionen kompensiert worden. Die Middle Temple Lane trennt Inner Temple im Osten von dem kleineren Middle Temple im Westen; beide Bezirke öffnen sich zur Themse hin in Gartenanlagen. Neben den um kleine Höfe herum erbauten individuellen Sitzen der Anwälte gibt es Gemeinschaftsbauten wie z. B. die **Middle Temple Hall**. Die weite Halle (etwa 32 × 46 m) mit offenem Dachstuhl ist zwischen 1562 und 1570 als Speise- und Versammlungsbau errichtet worden und dient noch heute diesem Zweck. Jeder Inn hat eine solche Halle (diejenige von Inner Temple ist im Zweiten Weltkrieg zerstört und durch einen neogeorgianischen Neubau aus den 1950er Jahren ersetzt worden). Noch heute ist es für jeden Jurastudenten Pflicht, mindestens dreimal pro Semester in der Halle seines Inns das Abendessen einzunehmen. Weitere Gemeinschaftsbauten der Inns waren Bibliotheken und Schatzkammern. Auf die Marienkirche der Temple geht **St. Mary** oder Temple Church zurück, heute in einer eng umbauten, hofartigen topographischen Situation. Sie ist ursprünglich eine Adaption der Grabeskirche von Jerusalem und war als ein normannischer Rundbau ausgeformt, der 1160–85 zusammen mit einer kleinen Vorhalle entstand. Dieser Bau wurde

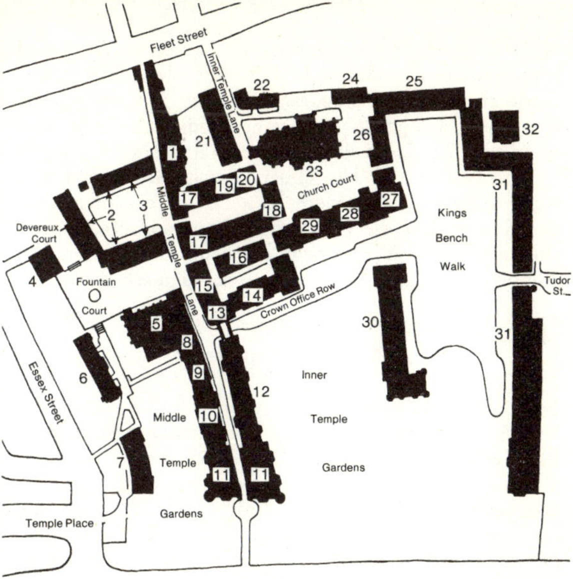

Temple

1 Hare Court
2 Essex Court
3 Brick Court
4 New Court
5 Middle Temple Hall
6 Garden Court
7 Queen Elizabeth Building
8 Plowden Buildings
9 Middle Temple Treasury
10 Middle Temple Library
11 Temple Gardens Building
12 Harcourt Buildings
13 Carpmael Building
14 Crown Office Row
15 Lamb Building
16 Elm Court
17 Pump Court
18 Cloisters
19 Hare Court
20 Farrars Building
21 Dr Johnson's Buildings
22 Goldsmith Building
23 Temple Church
24 Master's House
25 Mitre Court Buildings
26 Francis Taylor Building
27 Inner Temple Library
28 Inner Temple Treasury
29 Inner Temple Hall
30 Paper Buildings
31 Kings Bench Walk
32 Niblett Hall

1220–40 durch einen hallenartigen Annex für Altar und Chor erweitert, wodurch der Charakter der solitären Rotunde zwar verloren ging, zugleich aber einer der sehenswertesten hochgotischen Kirchenräume Englands entstand. Die Kirche ist in der ersten Hälfte des 19. Jh. umfassend renoviert und in dieser Gestalt nach erheblichen Kriegszerstörungen wiederhergestellt worden. Im Inneren der Kirche sind die geschnitzte Altarwand (1682, nach Entwürfen von Wren) sowie die neun Grabfiguren von Tempelrittern aus schwarzem Purbeckstein sehenswert.

Moderne Architektur

City Lit (II M6) ist ein Zentrum für Erwachsenenbildung, eine Art Volkshochschule. Der sechsstöckige Neubau an der Keeley Street ist von Allies & Morrison 2005 vollendet worden. Der von außen geschmackvoll gestaltete Bau aus gelben Ziegeln ist im Erdgeschoss mit Cafés und Serviceeinrichtungen sehr publikumsfreundlich und einladend bestückt, wirkt in den funktional gestalteten Obergeschossen jedoch steril. Der Bau kontrastiert als Gegenwartsarchitektur reizvoll mit einem der modernen ›**Circular Towers**‹ von ›Colonel‹ Richard Seifert: eine konzise, filigrane, großflächig durchfensterte Betonarchitektur aus den frühen 1960er Jahren in der Art des Brasilianers Oscar Niemeyer.

LSE Library und Student Piazza (II M6): Die British Library of Political and Economic Science in No. 10 Portugal Street, nach ihrem Sponsor, der London Stock Exchange, benannt, ist eine der frequentiertesten Bibliotheken Londons und an einigen Tagen 24 Stunden geöffnet. Die Präsenzbibliothek mit 1600 Arbeitsplätzen befindet sich in einem 1916 ursprünglich als Buchhandlung errichteten Gebäude, das von Norman Foster & Partners 2001 vollständig für die neue Funktion umgebaut worden ist.

Die einzelnen Geschosse erschließen sich über eine spiralförmig aufsteigende Rampe in der Gebäudemitte. Dem Bau angegliedert ist **Student Piazza**: eine überdachte Platzanlage mit einem Café und einer Mensa (2003 eröffnet, von McCormack Jamieson Pritchard).

Straßen, Plätze und Quartiere

Charing Cross (II L7): Der unregelmäßige Platz, der Whitehall mit dem Trafalgar Square verbindet, ist eine historische Straßenkreuzung, auf der Eduard I. 1291 das letzte und prächtigste von 13 Kreuzen errichten ließ, die die Stationen der Grabprozession seiner Ehefrau Eleanor von Lincolnshire nach Westminster Abbey dokumentierten. Das 1647 zerstörte Kreuz wurde 1863 als Kopie wiedererstellt und vor der neu errichteten Charing Cross Station aufgestellt. Die Stelle des originalen Kreuzes wurde von einem Reiterdenkmal für Karl I. besetzt, das 1633 von Hubert Le Sueur für den Earl of Portland angefertigt, 1675 dann vom König erworben und hierhin versetzt wurde. Die **Charing Cross Station** entstand 1862–64 am Ort des Hungerford Markets nach Plänen von John Hawkshaw in der typischen Manier einer Kombination aus Bahnhof und Hotel. Die sechs Gleise des Bahnhofs werden von einer Eisenhalle (155 × 50 m) in einem Bogen überspannt, das gut 200 Betten fassende Hotel errichtete Edward M. Barry 1864 in renaissancesken Architekturmotiven. Der auch für die Cannon Street Station verantwortliche Architekt und Bahningenieur Hawkshaw ersetzte im Zuge des Bahnhofsbaus die hier 1836 errichtete Hängebrücke nach Southwark durch eine neue Eisenbahnbrücke, durch die der Kopfbahnhof an die nach Süden führenden Gleisstränge angeschlossen wurde.

Unter den zahlreichen Renovierungen und Umgestaltungen der Bahnhofs- und Hotelanlage ist zunächst die von 1905 zu erwähnen, bei der es zum vollständigen Einsturz der Bahnhofshalle kam (Neueinweihung der Rekonstruktion 1907). Der themseseitige Teil der Bahnhofshalle ist seit 1990 in die **Embankment Plaza** eingewoben: eine in gemäßigten postmodernen Formen gestaltete, auf verschiedene historische Vorbilder anspielende sieben- bis neungeschossige Büroarchitektur, die seit 1987 hier von Terry Farell & Company erbaut worden ist. Eine mit der Neuerschließung des südlichen Themseufers im ausgehenden 20. Jh. einhergehende Baumaßnahme war die Erneuerung der **Hungerford Bridge** und ihre Erweiterung um zwei parallel zu den Gleiskörpern laufenden Fußgängerbrücken (**Golden Jubilee Bridges**), 2001 von Lifschutz Davidson realisiert. Die leicht unregelmäßig nach Norden verlaufende **Charing Cross Road** ist als Straßenzug 1887 neu angelegt worden und von Geschäfts- und Theaterbauten aus dem späten 19. und frühen 20. Jh. gesäumt.

Covent Garden (II L6): Der Name dieses heute belebten, geschäftigen und von Akrobaten und Musikern bevölkerten Quartiers geht auf den *Garden of the Convents*

Covent Garden und St. Paul's Church in der verlorenen baulichen Ausgestaltung von Inigo Jones, Holzschnitt von 1631

zurück, der seit dem 13. Jh. zu Westminster Abbey gehörte. Nach der Auflösung des Klosters fiel das Land an die Krone, die es 1552 John Russell, dem ersten Earl of Bedford übergab, der hier ein schon 1704 abgebrochenes Privathaus errichtete und das Gelände ansonsten als umzäuntes Weideland natürlich beließ. Der vierte Earl of Bedford plante und realisierte hier, zusammen mit dem Architekten Inigo Jones, eine hochrepräsentative, von Häusern umschlossene Platzanlage, für die Vorbilder aus Italien (Piazza von Livorno) und Paris (Place des Vosges) herangezogen wurden. Zwischen 1630 und 1639 entstanden an der Nord-, Ost- und Südseite viergeschossige Häuser mit Arkaden im Erdgeschoss, einem Piano Nobile, einem Mezzanin- und einem Dachgeschoss als Abschluss. Sie umschlossen eine Platzanlage, die über Straßen zugänglich war, die auf die Seitenmitten stießen. Von dieser vornehmen Architektur hat sich nichts erhalten; allein die Kirche **St. Paul**, die die Westseite der Platzanlage abschloss, ist erhalten. Der zwischen 1631 und 1638 von Jones errichtete Rechteckbau mit Giebelfassade und tuskanischem Portikus, die erste anglikanische Kirche Londons, täuscht mit diesem an einen etruskischen Tempelzugang erinnernden Motiv an der Ostseite den Haupteingang vor, der tatsächlich an der Westseite liegt und über einen kleinen Garten erreicht wird; das antike Motiv ist wohl Illustrationen eines etruskischen Tempels von Scamozzi entlehnt.

Nach dem Stadtbrand von 1666 änderte sich der Charakter des Quartiers grundlegend. 1670 wurde der Platz zum Blumen- und Gemüsemarkt, die Randbebauung verschwand ab 1769 und machte der immer weiter ausgreifenden wirtschaftlichen Nutzung Platz, aber auch Spielhallen, Kneipen und Bordellen. 1832 wurde das gesamte Gelände als Markt restrukturiert und sukzessive neu bebaut. 1974 ist der verkehrstechnisch zunehmend ungünstig gelegene Blumen- und Gemüsemarkt nach New Covent Garden (Nine Elms, nahe der Battersea Power Station) verlegt worden, seit 1980 ist das Terrain saniert und zu einer erstrangigen Touristenattraktion umgebaut worden. In der Platzmitte erhebt sich **Fowler's Market Building**, eine von Charles Fowler 1830 vollendete, vierschiffige Markthalle mit Glasüberdachung und tuskanischen Granitsäulen. An der Südseite des Platzes steht **Foreign Flower Market**, eine sich auf die umgebenden Straßen öffnende Halle aus der Zeit um 1900, in der heute Flohmärkte stattfinden. **Flower Market**, eine mehrschiffige Halle aus verglasten Gusseisenbögen und rötlicher Ziegelfassade, errichtet 1887–91, steht an der Südostecke des Platzes. Sie birgt heute das **London Transport Museum**, das einen sehenswerten, fast zwei Jahrhunderte umfassenden Überblick über die Entwicklung des Londoner Personennahverkehrs bietet. Unmittelbar dem Covent-Garden-Komplex zugehörig ist **Covent Garden Opera House**, heute Sitz der Royal Opera und des Royal Ballet. Es öffnet sich zur Bow Street hin mit einer sechssäuligen korinthischen Portikus. Ein erster Theaterbau entstand hier 1731, er brannte 1808 nieder. Den Nachfolgebau, 1808/09 errichtet, entwarf Robert Smirke, ein Hauptwerk des die griechische Antike adaptierenden Greek Revival in London, das 1856 abbrannte. Den heutigen, dritten Bau am Ort errichtete Edward M. Barry 1857/58. Er ist unmittelbar mit Barrys **Floral Hall** verbunden, einer von Paxtons Crystal Palace inspirierten, reich verzierten, verglasten Gusseisenhalle von 1857, die als Ball- und Festsaal dienen sollte, aber schon bald aus Geldnot an Marktbetreiber vermietet und umfunktionalisiert wurde. Die 2000 abgeschlossene äußere und innere Totalrenovierung des gesamten Opernkomplexes (Architekt: Dixon Jones & Partner) hat die Zugänge zum Komplex neu organisiert, die in Teilen rekonstruierte Floral Hall räumlich und nutzungsmäßig in die Oper integriert, die an der Nordseite gegenüberliegende Ballettschule mit einer futuristischen Brücke über die Floral Street in den Komplex einbezogen und eine sehenswerte, aber insgesamt nicht sehr funktionelle Collage aus historischer und moderner Architektur erzeugt. In No. 28 Bow Street, schräg gegenüber der großen Portikus des Royal Opera House, liegt die ehemalige Bow Street Police Station, in der im 18. Jh. die erste Polizeitruppe Londons stationiert war. Heute birgt der Bau das 1949 eingerichtete **Metropolitan Police Historical Museum**, das die Geschichte der 1829 eingerichteten Metropolitan Police dokumentiert.

Lincoln's Inn Fields (II M5/6): Dieser größte Platz innerhalb des Londoner Zentrums war bis zum Beginn des 17. Jh. Weideland und nur an seiner östlichen Seite mit den von hier aus unzugänglichen Bauten von Lincoln's Inn bestanden und nach ihnen benannt. In den 1630er Jahren wurde das Gelände sukzessive von William Newton aufgekauft; gegen den Willen der Anwälte von Lincoln's Inn erhielt er eine Genehmigung für den Bau von insgesamt 32 Häusern, deren Errichtung vornehmlich an der Nord- und Westseite dann das Terrain zu einem von Bauten gerahmten, fast quadratischen Gartenplatz umformten. Vier Bauten sind besonders sehenswert. No. 12–14 sind, an der Nordseite, die **Häuser von Sir John Soane** (1753–1837), einem bedeutenden Architekten und Sammler; die No. 13 und 14 bergen heute das **Soane's Museum**. No. 12 baute Soane 1792 als sein Wohnhaus, ab 1808 erwarb er sukzessive No. 13 hinzu, integrierte zunächst in die rückwärtigen Stallungen sein Museum und versah das Haus, nachdem er es 1812 schließlich zur Gänze erwerben konnte, mit einer neuen, ungewöhnlichen, klassizistisch-modernen Fassade. 1824 erwarb er No. 14 hinzu und baute den Komplex ab 1815 für seine sehenswerten Sammlungen aus, die aufgrund seiner testamentarischen Verfügung 1833, noch zu Lebzeiten, zum offiziellen Museum wurden und der Nachwelt in beinahe originaler Form erhalten geblieben sind. No. 39–44 an der Südseite ist das **Royal College of Surgeons**, 1806–13 als ein kompakter, viergeschossiger Bau mit sieben Achsen von George Dance im Stil des

Greek Revival errichtet; die vorgesetzte ionische Säulenstellung ist dem Athener Ilissostempel nachgebildet, dessen bauliche Details im ersten Band der *Antiquities of Athens* von Stuart und Revett eine Generation zuvor umfassend in Stichen publiziert worden waren. Der Bau wurde von Charles Barry 1835–37 verlängert, aufgestockt und mit einer dorischen Eingangshalle versehen, 1888/89 dann nochmals aufgestockt, so dass heute kaum mehr ein guter Eindruck vom originalen Bau zu gewinnen ist. Zu besichtigen ist hier die 1779 von der Regierung erworbene **John Hunter Collection**, die medizingeschichtlich bedeutsame Sammlung des prominenten englischen Chirurgen, der Chirurgie und Pathologie vom Handwerk in Wissenschaft überführt hat. No. 59/60 auf der Westseite ist **Lindsey House**, um 1640 wohl von Inigo Jones erbaut, das älteste und noch auf die Originalbebauung zurückgehende Haus am Platz (1751/52 umgebaut und geteilt). No. 66/67 ist Newcastle oder **Povis House**, 1685 nach Brand des Vorgängers von dem Holländer William Winde für den Earl of Povis errichtet. Der siebenachsige Ziegelbau mit Mittelgiebel und Steinrahmung entspricht den auch in London im späten 17 Jh. beliebten holländischen Hausvorbildern. Den von häusergesäumten Straßen umschlossenen Platz selbst ziert eine gepflegte Gartenanlage.

New Oxford Street (II K/L5): Dieser stadtgeschichtlich bedeutende Straßenzug wurde 1845–47 durch die St. Giles-Slums nördlich des Zentrums gebrochen; er verband Oxford Street mit Holborn und eliminierte zugleich eines der größten Londoner Problemgebiete. Insofern war die Erbauung dieser neuen Geschäftsstraße eine weitere Baumaßnahme, die die Segregation der Londoner Bevölkerung vorantrieb; die vertriebenen Bewohner ließen sich überwiegend im Eastend nieder und zementierten diese durch Industrieabgase stark benachteiligte Region als unkomfortablen Wohnort der Unterschichten. Die Randbebauung erfolgte nach Plänen von James Pennethorne. Hiervon ist

Strand mit St. Mary le Strand und der Fassade
von Somerset House, Ansicht von 1818

heute kaum mehr etwas erhalten; es dominieren Architekturen aus der Zeit von 1920 bis 1950. Sehenswert ist, am Westende der Straße, **Centre Point**: ein seinerzeit hochumstrittenes, heute aber durchaus anders bewertetes, in seinem Grundrissrechteck leicht gewölbtes, weithin sichtbares 35-stöckiges Bürogebäude aus Beton mit reich durchfensterter Fassade, erbaut 1963–67 von Richard Seifert.

Strand (II L7): Dieser Straßenzug zwischen Trafalgar Square und Fleet Street war schon im Mittelalter bedeutend als Verbindung zwischen der City of London und Westminster, die damals noch getrennte Orte waren. Die Straße ist altenglisch als »Ufer« bezeichnet, weil sie bis zum Bau der Embankments unmittelbar neben der Themse, also als Uferstraße verlief. Dort, wo Strand in die Fleet Street übergeht, war die Grenze der City of London; sie war hier mit dem **Temple Bar** markiert, einer Art Grenzschranke, die nicht mit den sieben Stadttoren zu verwechseln ist. Zunächst ein unprätentiöser Schlagbaum, war Tempel Bar seit 1672 ein repräsentatives Bogenmonument von Christopher Wren, das die Straße überspannte und zugleich auf einen schmalen Durchlass verengte. Im späten 19. Jh. ein zunehmendes Verkehrshindernis, wurde es 1878 demontiert und schließlich 1880 an einen Londoner Brauer verkauft, der das Denkmal auf seinem Privatgrundstück in Herfordshire aufbauen ließ. 2004 wurde der Bogen dort erneut demontiert und, recht unpassend, auf den in postmodernen Formen neuerbauten Paternoster Square nahe St. Paul's versetzt. Den ursprünglichen Standort von Temple Bar markiert auf den Strand seit 1878 eine schlanke Steinsäule. Strand galt im späten 19. und 20. Jh. als erstklassige Hoteladresse (Savoy, Strand Palace Hotel). Die die Straße rahmenden, überwiegend unspektakulären Bauten meist des 19. und frühen 20. Jh. (Ausnahmen: King's College und Somerset House) verdecken bedeutende Reste Londoner Stadtgeschichte. Hier erhob sich im Mittelalter einst der **Savoy Palace**, einer der ältesten Paläste Londons, der 1381 in der Bauernrevolte zerstört worden ist. Heinrich VII. errichtete am Ort des Palastes im frühen 16. Jh. das Hospital of St. John (auch **Savoy Hospital** genannt), das 1702 schloss und im 19. Jh. abgerissen worden ist. Hieran erinnert die **Savoy Chapel** an der Ecke Strand / Savoy Hill, die dieser Einrichtung ursprünglich zugehörig war (heutiger Bau von Robert Smirke, um 1820). Reste des Palastes finden sich unter dem Savoy Theatre und dem **Savoy Hotel**, die den Namen bis heute tradieren. Das 1889 eröffnete, dem gleichnamigen Theater unmittelbar zugehörige Savoy Hotel mit seinen neun balkonumzogenen Geschossen war das damals technisch bestausgestattete Hotel der Welt mit sechs Liften, 70 Badezimmern und elektrischem Licht in allen Zimmern.

Trafalgar Square (II K7): Der auf leicht abschüssigem Gelände angelegte Platz, heute zusammen mit dem Piccadilly Circus der zentrale Verkehrs- und Besucherknoten Londons, war seit etwa 1300 der Ort, an dem sich der königliche Marstall (*Great Mewes*) befand, zunächst auf den Westminster-, später auf den näheren Whitehall-Palast hin orientiert. Das Konzept einer großen Platzanlage an diesem Ort geht auf John Nash zurück, der in den 1820er Jahren hier den repräsentativen Beginn eines schnurgerade auf das Britische Museum zuführenden Boulevards konzipierte. Diese stadtplanerische Idee blieb unrealisiert, die Errichtung der Platzanlage setzte jedoch Charles Barry in die Tat um, der 1830 zunächst das abfallende Terrain im Norden terrassierte. Von Beginn an war der neu entstehende Platz mit dem Sieg von Trafalgar (1805) verbunden. So war die Errichtung einer 55 m hohen **Gedenksäule für Lord Nelson** in der Platzmitte, 1841 eingeweiht, nur folgerichtig, wenn auch langwierige Schwierigkeiten den Bau des bereits 1818 beschlossenen Monuments verzögerten. Die korinthische Säule aus Devonshiregranit, eine Imitation der Säulen des Mars-Ultor-Tempels in Rom, erhebt sich auf einem sockelförmigen Unterbau, auf dem vier aus erbeuteten französischen Kanonen hergestellte Bronzereliefs mit Szenen aus den Schlachten Nelsons angebracht sind. Auf dem bronzenen Kapitell, ebenfalls aus Beutewaffen gegossen, steht eine Statue des bei der Schlacht von Trafalgar ums Leben gekommenen Lord Nelson. Die bronzenen Löwen an den Ecken des Sockels sind 1868 hinzugefügt worden. Weitere Denkmäler auf dem Platz sind seitdem hinzugekommen. Die umgebenden Brunnen sind eine Zutat aus den 1930er Jahren.

Sehenswert ist die Rahmenbebauung des Platzes. Im Norden, über breite Treppen erreichbar, erhebt sich der Komplex der **National Gallery** und der **National Portrait Gallery**, Erstere 1832–38 von William Wilkins errichtet, Letztere ein Bau des ausgehenden 19. Jh. Im Nordosten stößt mit **St. Martin in the Fields** ein bedeutender Kirchenbau an den Platz. Die Ostseite ist domi-

Trafalgar Square: Erinnerung an Britanniens Seehelden Admiral Horatio Nelson

niert vom **South Africa House** aus den 1930er Jahren, die Westseite wird vom **Canada House** geschlossen: Ein Meisterstück des Greek Revival, von Robert Smirke 1822–1825 unter Adaption von ionischen Formen des Erechtheions auf der Athener Akropolis erbaut. Der zunächst für das Royal College of Physicians errichtete Bau aus hellem Bathstein wurde 1925 zum Canada House kommerziell umgewandelt, die Fassaden dabei durch Aufstockung optisch erheblich verändert. Über die Südwestecke des Platzes erschließt sich, den **Admiralty Arch** durchquerend, The Mall.

Victoria Embankment (II L/M/N7): Der parkähnlich ausgebaute Prospekt am Nordufer der Themse erstreckt sich von der Blackfriars bis zur Westminster Bridge und ist ein städtebauliches Produkt der viktorianischen Zeit, angelegt 1864–70 von Sir Joseph Bazalgette. Der südliche Teil bildet den Rahmen der Whitehall-Bauten, der nördliche verbindet, jenseits von Charing Cross, eher großbürgerliche Bebauung mit dem Themseufer. Zahlreiche Denkmäler sind hier bis in die jüngste Vergangenheit aufgestellt worden, und dem Stadtprospekt ist ein repräsentativer Abschluss gegeben worden. Zu den spektakulärsten Denkmälern zählt **Cleopatra's Needle**, ein ägyptischer Obelisk aus Heliopolis, unter Thutmosis III. um 1500 v. Chr. entstanden. Der 13 m hohe Obelisk erhebt sich auf einem Sockel mit Sphingen, die vom Barry-Schüler Vulliamy gestaltet wurden. Der Obelisk gelangte als Geschenk des ägyptischen Vizekönigs 1877 nach London. Ein zweites Exemplar kam auf gleiche Weise in jenen Jahren in die USA, wo er im New Yorker Central Park aufgestellt und ebenfalls als Cleopatra's Needle bezeichnet wird. Sehenswert auch die **City of London School** im Norden des Embankments, ein statuendekorierter zweigeschossiger Säulenbau von 1882, der 1937 behutsam in modernen Formen aus Ziegeln erweitert worden ist.

Mayfair, St. James's und Westminster

Westminster ist seit alters Synonym für Verwaltung und Regierung, für parlamentarische wie auch für königliche Prachtentfaltung. Dazu gehören aber auch vier vornehme Wohnbezirke. Mayfair wird hermetisch umschlossen vom Verkehr der Oxford Street im Norden, der Park Lane im Westen, der Regent Street im Osten und Piccadilly im Süden. Direkt in das Regierungsviertel hinein ragt St. James mit dem gleichnamigen noblen Square im Zentrum des Viertels. Südwestlich von Westminster Abbey erstrecken sich die kaum weniger vornehmen Stadtteile Pimlico und Belgravia. Mit ihren geräumigen Häusern und vom Durchgangsverkehr abgeschotteten Straßen bilden sie zentrumsnahe Oasen der Ruhe in der hektischen Mitte der Großstadt.

Sakralarchitektur

St. George Hanover Square (III I6): Wie viele andere, so folgt auch dieser Kirchenneubau des frühen 18. Jh. an der St. George's Street beim Hanover Square in Mayfair in markanten Teilen dem Muster von St. Martin in the Fields. Die sechssäulige korinthische Portikus führt durch das Turmpodium in einen dreischiffigen Rechteckbau mit Emporen und tonnenüberwölbtem Mittelschiff, im Innern sind die Altarwand mit einem Abendmahl (von William Kent?) und im Ostfenster die hier 1843 eingesetzten flandrischen Scheiben aus dem 16. Jh. sehenswert. Den Bau in klassizistischen Formen entwarf John James 1720, Bauausführung 1721–24. Er wird gerne von Prominenz für Hochzeiten genutzt.

St. James Piccadilly (IV J7): Diese Kirche an Piccadilly, Ecke Jermyn Street ist eine der wenigen von Christopher Wren in London errichteten Sakralbauten, die als Neugründungen auf unbeengten Grundstücken und nicht als

Renovierungen oder Ersatzbauten entstanden. Sie ist die Gemeindekirche eines neuformierten Stadtteils. Erst 12 Jahre nach dem Gesuch der Anwohner, das durch den Brand von 1666 verzögert wurde, erfolgte 1676 die Grundsteinlegung. 1684 geweiht, erfolgte die bauliche Vollendung (Turmaufsatz) 1700. Der im Grundriss gedrungen-rechteckige, dreischiffige Ziegelbau wird durch ein Portal durch den Turmsockel zugänglich. Das Mittelschiff ist mit einer reich stuckierten Tonne überwölbt, die Seitenschiffe sind mit Emporen versehen. Der weiße, mit Vergoldungen dekorierte Kirchenraum wird durch ein doppelstöckiges, dreiachsiges Ostfenster mit Bogen über der Mittelachse hell beleuchtet. Der im Zweiten Weltkrieg beschädigte Bau ist 1947–54 restauriert und 1955–57 um ein neues Pfarrhaus in neogeorgianischem Stil ergänzt worden.

St. Margaret Westminster (IV L9): Die Kirche am Parliament Square, die seit 1614 dem House of Commons (Unterhaus) als Pfarrkirche dient, ist im Kern eine der ältesten in London. Sie ist wohl um 1065, kurz nach der Gründung von Westminster Abbey, als eine Kirche der Handwerker und Händler entstanden, die sich um die neugegründete Abtei herum in einer Siedlung niederließen. Ein Neubau ist aus der Regentschaft von Eduard III. um die Mitte des 14. Jh. überliefert. Der heutige, dreischiffige und acht Joche tiefe Bau entstammt der Zeit um 1490, ist jedoch im 18. und 19. Jh. stark verändert worden. Bemerkenswert ist der 1735–37 von John James erneuerte Turm: ein sehr frühes Beispiel für den Gebrauch des neogotischen Stils. Sehenswert ist auch das Ostfenster, eine niederländische Arbeit, die Anfang des 16. Jh. als Geschenk anlässlich der Hochzeit eines Sohnes von Heinrich VII. hierher kam.

Queen's Chapel (IV J8): Die an der Marlborough Road (Marlborough Gate, Ecke Pall Mall) gelegene Kapelle gehörte ursprünglich unmittelbar zum St. James's Palace. Sie ist von Inigo Jones 1623–25 als katholische Kapelle für Henrietta Maria von Frankreich, die Gemahlin von

Karl I., errichtet worden – zu einer Zeit, als der Katholizismus in England bereits in höchster Bedrängnis war. Die Kapelle markiert einen baugeschichtlichen Meilenstein im englischen Kirchenbau. Sie verkörpert die erste radikale Abkehr von den bis dahin üblichen spätgotischen Bauformen und eine Hinwendung zu Vorbildern der italienischen Renaissance, vor allem der Architektur Andrea Palladios, die wiederum auch im profanen Bereich zum Vorbild der Paladianisten um Inigo Jones avancierte. Der breit-rechteckige Bau mit einer zweigeschossigen Giebelfront und quader-rustizierten Ecken ist im Innern einschiffig, mit einer flachen, kassettierten hölzernen Tonne überwölbt und wird durch ein ›Palladio-Fenster‹ in der Ostwand beleuchtet. Seit dem Niederbrand der die Kapelle umgebenden Häuser 1809 geriet der Bau in eine vom Palast isolierte Lage, die durch die Erbauung der Marlborough Road (1856/57), die Kapelle und Palast nunmehr vollständig voneinander trennte, so weit verstärkt worden ist, dass diese ursprüngliche Zusammengehörigkeit heute nicht mehr erkennbar ist und die Kapelle von Besuchern optisch eher dem nahen Marlborough House zugeordnet wird.

Westminster Abbey (IV K/L9): Die Collegiate Church of St. Peter in Westminster, so der offizielle Titel, ist als Krönungs- und Grablegungskirche des englischen Königshofs nicht nur in sakraler, sondern auch in weltlich-zeremonieller Hinsicht eines der bedeutendsten Gebäude Englands. Die heutige Kirche ist, ausgenommen die historisierenden Türme aus dem 18. Jh. und den Kapellenanbau von Heinrich VII. aus dem frühen 16. Jh. am Ostende des Chors, ein beinahe stilreines Beispiel der Hochgotik. Ein erster Kirchenbau soll der Überlieferung nach hier bereits im frühen 7. Jh. entstanden sein, historisch und archäologisch belegt ist jedoch erst die Benediktinerabtei, die hier in den 730er Jahren gegründet und, wohl wegen ihrer Lage westlich vor der Stadt, »West Minster« genannt wurde. Ein erster größerer Kirchenbau (1065 geweiht) entstand unter Eduard dem Bekenner, der 1163 heiliggesprochen und als erster Herrscher und Stifter der Kirche an zentraler Stelle im Chor beigesetzt wurde. Der heutige, spätgotische Bau erhebt sich an der Stelle des durch Brand beschädigten Vorgängers. Er wurde unter Heinrich III. 1246 beschlossen und unter der architektonischen Leitung von Henry de Reyns (bis 1253), John of Gloucester (bis 1260) und Robert of Beverly (bis 1284) ausgeführt. Die Weihung der Kirche erfolgte 1269, nachdem im Osten der Chor und vier Joche des Langhauses ausgeführt waren. Der Bau mit dreischiffigem Langhaus, breitem Querhaus, Chor mit Umgang und Seitenkapellen folgt in Gesamtkonzeption und bis zu Details in den Proportionen den Mustern der französischen Hochgotik. Die Errichtung und die Einwölbung des Langhauses zog sich bis ins frühe 16. Jh. hin. Unter Christopher Wren wurde im frühen 18. Jh. der Außenbau restauriert, Nicholas Hawksmoor vollendete die Fassade, setzte 1739 die Türme auf und gab damit dem Westwerk sein heutiges Aussehen.

Das Langhaus, das im Innern zunächst eher schlicht gehalten war, ist seit dem späten 17. Jh. angefüllt worden mit Denkmälern und Gräbern Prominenter: Dem Afrikaforscher David Livingstone begegnet man hier ebenso wie dem Komponisten Henry Purcell oder Sir Isaac Newton. Um den Chor mit Altar und der Grabstätte des Kirchengründers Eduard im Zentrum herum gruppieren sich fünf **Kapellen**: für Johannes den Täufer, den hl. Paulus, den hl. Nikolaus, den hl. Edmund und den hl. Benedikt; die alle bergen zahlreiche Gräber. In der Längsachse der Kirche erschließt sich vom Ende des Chors aus über 12 schwarze Marmorstufen die **Scheitelkapelle für Heinrich VII.**, mit ihren prunkvollen Deckengewölben und den farbigen Fenstern eines der wichtigsten Werke des Perpendicular Style in England. Sie wurde von Robert Vertue zwischen 1503 und 1519 erbaut. Das zentrale Grabmal für Heinrich und Elisabeth von York wurde 1518 nach Plänen des Flo-

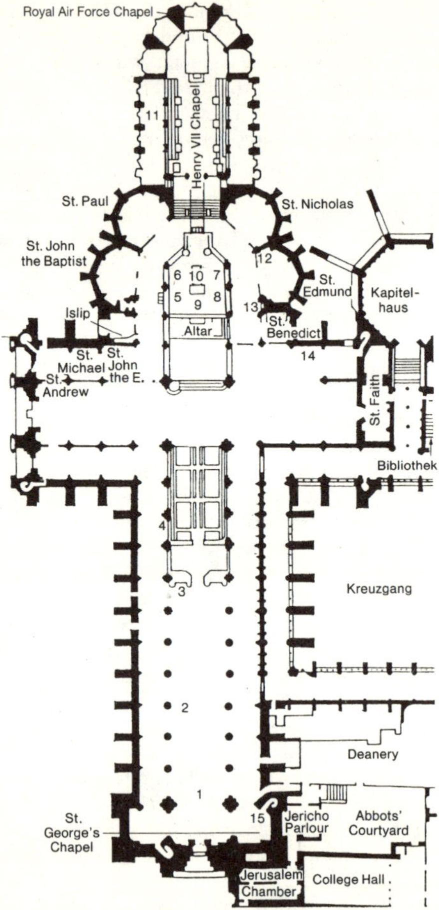
Royal Air Force Chapel
Henry VII Chapel
11
St. Paul
St. Nicholas
St. John the Baptist
12
6 10 7
5 9 8
St. Edmund
Kapitel-haus
13
Islip
St. Benedict
Altar
St. Michael
St. John the E.
14
St. Andrew
St. Faith
Bibliothek
4
3
Kreuzgang
2
Deanery
1
15
St. George's Chapel
Jericho Parlour
Abbots' Courtyard
Jerusalem Chamber
College Hall

rentiners Pietro Torrigiani vollendet. In der Kapelle finden sich zahlreiche weitere königliche Gräber in den Seiten, darunter links Elisabeth I. und schräg gegenüber, von einer Statue geziert, die 1612 hierher versetzten Gebeine von Maria Stuart. Auch das Querhaus ist mit Kapellen und Grablegen reichhaltig ausgestattet. Über das südliche

---

Westminster Abbey, Grundriss

1 Grab des Unbekannten Soldaten, 1920
2 Grab von David Livingstone (1813–73), Afrikaforscher
3 Sir Isaac Newton (1642–1727) von Rysbrack, 1731.
4 Henry Purcell (1659–95), Komponist, Organist der Abtei; darüber: Sir Stamford Raffles (1759–1833), Gründer von Singapur
5 Eduard I. († 1307), Tumba aus Purbeck-Marmor ohne Figur
6 Heinrich III. (1207–72), Figur aus vergoldeter Bronze von William Torel, 1291
7 Eduard III. († 1377); in den Nischen des Grabmals standen Figuren seiner 14 Kinder, sechs erhalten; vielleicht Arbeit von John Orchard
8 Richard II. († 1400) und seine erste Frau Anna von Böhmen († 1394), Figuren von Nicholas Broker und Godfrey Prest
9 Coronation Chair (Krönungsstuhl), ein Eichenstuhl, von Walter of Durham um 1300 geschnitzt. Er umschließt den berühmten »Stone of Scone«, den Krönungsstein der schottischen Könige, den Eduard I. 1297 nach London brachte. Daneben der Schild Eduards III. und das Zeremonienschwert (State Sword)
10 Schrein des hl. Eduard des Bekenners († 1066). Die Arbeit eines römischen Mosaikkünstlers (Petrus Romanus) von 1270 nur im Unterbau erhalten; der Aufbau 1557. Auch der Fußboden des Presbyteriums ist eine Cosmatenarbeit (Odericus, 1268)
11 Elisabeth I. († 1603) ruht hier im Grab mit ihrer Schwester Maria I. (Mary). Inschrift: »Consorts in throne and tomb, here we sisters rest, Elizabeth and Mary, in hope of the resurrection«. »Vereint auf dem Thron und im Grab ruhen hier wir Schwestern Elisabeth und Maria und hoffen auf die Auferstehung«. Marmorfigur von Cornelius Cure, 1605/07
12 John of Eltham (1316–37), zweiter Sohn Eduards II., älteste Alabasterfigur der Kirche
13 Altargrab über den Gebeinen von 4 Kindern Heinrichts III. und von 4 Kindern Eduards I., um 1394 hierher versetzt
14 Einer der Mittelpunkte der Dichterecke (Poets' Corner) ist das Grab von Geoffrey Chaucer (um 1340–1400) von 1556
15 St. George's Chapel: Sie ist das ehemalige Baptisterium. Jetzt Gedächtniskapelle für die Gefallenen der Weltkriege

Querhaus und das südliche Langschiff erschließen sich über Durchgangstüren Teile der zur Kathedrale gehörigen **Klosteranlage**, zu der besonders vor der Reformation riesige Ländereien in der Umgebung von London gehörten. Der spätgotische **Kreuzgang** wurde zeitgleich mit dem Kirchenneubau begonnen und um 1370 fertiggestellt. Sein Südflügel diente als Grabstätte der Äbte, im Westflügel lag die Klosterschule. Über einen vom Ostflügel abzweigenden Korridor ist das Chapter House, der **Kapitelsaal**, zugänglich: ein helles Oktogon, um die Mitte des 13. Jh. über einer Krypta erbaut. Die benachbarte **Chamber of the Pyx** war über Jahrhunderte hinweg die Schatzkammer der Äbte. Das heutige Museum mit den Kirchenschätzen (**Westminster Abbey Treasures**) befindet sich, ebenfalls über den Ostflügel des Kreuzgangs erreichbar, in der Normannischen Krypta im Unterbau des ehemaligen Dormitoriums. Zum Kloster gehörte auch die Chapel of St. Katherine, die ursprünglich ein Anbau des Krankenhauses der Mönche war.

Westminster Cathedral (IV J10): Dieser Bau ist, zusammen mit der Kathedrale von Liverpool, die bedeutendste römisch-katholische Kirche Englands. Sie ist der Sitz des Cardinal Archbishop of Westminster. Der pompös-ambitionierte, gut 120 m lange und mit 52 m spektakulär breite, nach dem Münster von York größte Sakralbau Englands ist modern, der seltsam eklektisch wirkende italo-byzantinische Stil, in dem er gehalten ist, ein Produkt des späten Historismus. Die Kirche steht auf traditionslosem Terrain, auf dem bis in die Mitte des 19. Jh. das 1655 erbaute und 1826 renovierte Gefängnis Westminster Bridgewell stand. 1867 konnte Kardinal Manning das Gelände für einen Kirchenneubau erwerben. Zunächst entstanden Pläne in neugotischem Stil, die jedoch zugunsten eines Ziegelbaus mit Hausteinbändern verworfen wurden, der mit seinem Campanile an den Dom von Siena, mit dem Langhaus und den beigegliederten Kapellen an Il Gesù in Rom und mit seinen vier Kuppeln an byzantinische Kirchen Istanbuls erinnert.

Das Innere des zwischen 1895 und 1903 entstandenen Bauwerks ist aus Geldmangel bis auf die Kapellen und den Ostteil fast vollständig schmucklos geblieben. Im Vorraum symbolisieren zwei Säulen aus rotem Granit das Blut Jesu, dem die Kirche geweiht ist; das Bronzebild des hl. Petrus ist eine Kopie des Originals im Petersdom. In der Krypta bzw. der Chapel of St. Peter werden Reliquien gezeigt. Der 94 m hohe St. Edward's Tower ist zugänglich und bietet einen prachtvollen Rundblick.

Regierungs- und Palastbauten

Der **Buckingham Palace** (IV I/J9) am Ende der Mall ist heute die offizielle Residenz der britischen Monarchen in London. Neben seiner Funktion als Wohnstätte für Königin Elisabeth II. und ihren Hofstaat dient er auch als Raum für offizielle Staatsanlässe aller Art; er ist der politisch-repräsentative Mittelpunkt der Stadt. Die Geschichte des Bauwerks ist verwickelt. Seit den 1630er Jahren erhob sich hier ein von Lord Goring in vorstädtischer Lage errichtetes Haus. 1703 wurde ein großzügiges, dreiflügeliges neues Stadthaus für John Sheffield, den Herzog von Buckingham, errichtet, das Georg IV. 1763 als Privatresidenz erwarb. Ab 1830 wurde der Bau zunächst von John Nash und nach dessen Ablösung wegen massiver Kostenüberschreitungen von Edward Blore umfassend erweitert, hernach bestand er aus drei erheblich vergrößerten Flügeln, die sich im Westen, Norden und Süden um einen Hof herum gruppierten.

Mit der Thronbesteigung von Königin Victoria 1837 wurde der geräumige und vergleichsweise luxuriöse Buckingham-Palast an Stelle des technisch veralteten St. James's Palace zur offiziellen Residenz. Blore errichtete 1847 den Ostflügel, der den Bau zur Mall hin mit einer Eingangsfront und einem Repräsentationsbalkon versah, so dass nun auch großartige volkstümliche Inszenierungen der

Königsherrschaft hier möglich wurden. Der 1828 errichtete Marmorbogen (Marble Arch), der bis dahin den repräsentativen Zugang zum Palasthof gebildet hatte, wurde demontiert und an die nordöstliche Ecke des Hyde Park versetzt. Die heutige Optik des Palastes geht auf eine 1913 erfolgte umfassende Renovierung der Ostfassade und der Platzanlage vor dem Palast zurück. Die Fassade ist in französischem Stil mit monumentalen Pilastern und hohen Sockeln gehalten; sie bildet gleichsam den Hintergrund für das parallel zu dieser Renovierung entstandene **Victoria Memorial**, das bis heute den Platz vor dem Palast dominiert (Entwurf: Sir Aston Webb).

Das für Besucher weitgehend unzugängliche Innere (jedes Jahr im Spätsommer sind für einige Wochen 19 Räume zugänglich, darunter der Thronsaal und der Dining Room) ist weitgehend in der von Nash und Blore gefertigten Ausstattung erhalten; bemerkenswert ist die umfassende Verwendung von farbenprächtiger Marmormalerei. Der ursprünglich dem Green Park und damit den Jagdrevieren Heinrichs VIII. zugehörige Garten ist zunächst von Capability Brown angelegt worden, später dann von John Nash und William Ailton in einen Landschaftspark mit künstlichem See umgestaltet worden (1828 vollendet). Zu besichtigen sind die **Queens Gallery**, ein Ausstellungsraum, der in einem von Nash im Stil eines ionischen Tempels erbauten Gartenpavillon untergebracht ist (zwischen 1893 und 1962 wurde der Pavillon als Schlosskapelle genutzt), ferner die **Royal Mews** am Südende des Gartens, ein Reithaus von 1764, das von Nash zu einem umfangreichen Marstall erweitert wurde und das heute die königliche Wagensammlung birgt.

St. James's Palace (IV J8): Dieser im Tudor-Stil erbaute Palast aus dunklen Ziegeln geht auf ein Leprakrankenhaus der Zeit um 1100 zurück, das Jakobus dem Jüngeren, dem ersten Bischof von Jerusalem, gewidmet war und sich westlich außerhalb der Stadt erhob. 1532 wurde das Krankenhaus aufgelöst und hier, zeitgleich mit dem Whitehall-Palast, unter Heinrich VIII. eine zweite königliche Residenz erbaut. Nach dem Niederbrand des Whitehall-Palastes 1698 war St. James's bis zum Ausbau des Buckingham-Palastes unter Königin Victoria die alleinige Residenz der englischen Könige. Gebaut wurde nach Plänen von Hans Holbein d. J. Einzig original erhaltener Teil der Tudor-Architektur ist das **Gate House** mit seinen zwei charakteristischen, oktogonalen Türmen. Man betritt hier eine Folge von drei Höfen: den Colour Court, den Friary Court und den Ambassador's Court. An Letzteren grenzt die **Chapel Royal**, eine 1532 errichtete Kapelle mit reicher Ausmalung von Hans Holbein; sie ist zu den Sonntagsgottesdiensten (8.30 Uhr) und zu den Matineen (11.15 Uhr) zugänglich. Im ansonsten unzugänglichen St. James's Palace residiert heute Prinzessin Anne.

Wie ein dem Palast zugehöriger Anbau wirkt heute das zur Mall hin orientierte **Clarence House** (IV J8). Es wurde 1825–27 von John Nash für Wilhelm IV. errichtet, der damals noch Duke of Clarence war. Die in typischem Nash-Stuck gehaltene Optik des Gebäudes wurde 1949 aufwendig restauriert, als der Bau zum Domizil für Prinzessin Elisabeth umgestaltet wurde; nach ihrer Inthronisation hat das Clarence House der Königinmutter bis zu ihrem Tod als Residenz gedient.

Westminster Palace, (New) Houses of Parliament (IV L9): Der heute das Themseufer von Westminster beherrschende, über 200 m lange neogotische Baukomplex der New Houses of Parliament, nach einem siegreichen Wettbewerbsentwurf von Charles Barry in den 1840er und 1850er Jahren errichtet, verdeckt mit seiner beeindruckenden architektonischen Einheitlichkeit fast vollständig die in Wahrheit komplizierte und verwickelte Bau- und Nutzungsgeschichte dieses Ortes. Ursprünglich erhob sich hier der erste Palast der angelsächsischen Könige, den sie in London nach der Übersiedelung von Winchester im

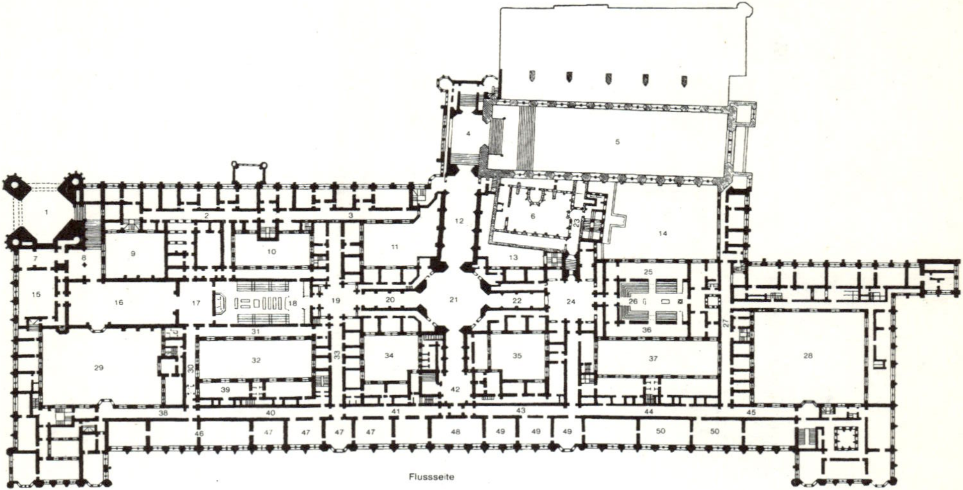
1
2
3
4
5
6
7
8
9
10
11
12
13
14
15
16
17
18
19
20
21
22
23
24
25
26
27
28
29
30
31
32
33
34
35
36
37
38
39
40
41
42
43
44
45
46
47
47
47
47
48
49
49
49
50
50
Flussseite

11. Jh. unter Eduard dem Bekenner erbauten. Nach der normannischen Eroberung wurde Westminster Palace ausgebaut und entwickelte sich neben dem Tower zur repräsentativen Residenz. Unter Heinrich VIII. erfolgte 1529 eine Verlagerung des Palastes in den neuerbauten Whitehall Palace und den ebenfalls neuerrichteten St. James's Palace. Westminster wurde nun zum Tagungsort des schon seit dem 14. Jh. bestehenden zweikammerigen Parlaments, das aus den gewählten Repräsentanten des House of Commons, dem auf den königlichen Rat zurückgehenden ›Unterhaus‹, und dem House of Lords, das als ›Oberhaus‹ den Adel repräsentierte, bestand. Seit 1547 tagte das Unterhaus

---

Westminster Palace, Houses of Parliament

1 Victoria Tower
2 Chancellor's Corridor
3 Chairman's Corridor
4 St. Stephen's Porch
5 Westminster Hall
6 Court of Cloister
7 Guard Room
8 Norman Porch
9 Chancellor's Court
10 Judges' Court
11 St. Stephen's Court
12 St. Stephen's Hall
13 Cloister Court
14 Star Chamber Court
15 The Queen's Robing Room
16 Royal Gallery
17 Prince's Chamber
18 House of Peers
19 Peers' Lobby
20 Peers' Corridor
21 Central Hall
22 Commons Corridor
23 Commons Entry
24 Commons Lobby
25 West Division Lobby
26 House of Commons
27 Commons Offices Corridor
28 Speaker's Court
29 Royal Court
30 Bishops' Corridor
31 East Corridor
32 Peers' Court
33 Lobby Corridor
34 Peers' Inner Court
35 Commons' Inner Court
36 East Division Lobby
37 Commons Court
38 Black Rods Corridor
39 Peers' Refreshment Rooms
40 Peers' Library Corridor
41 Peers' Committee Corridor
42 Waiting Hall
43 Commons Committee Corridor
44 Commons Library Corridor
45 Speakers' Corridor
46 Peers Library
47 Peers Select Committee Rooms
48 Conference Rooms
49 Commons Select Committee Rooms
50 Commons Libraries

nicht mehr im Kapitelbau von Westminster Abbey, sondern hier in der St. Stevens Chapel. Ab 1800 tagte dann auch das Oberhaus regelmäßig im Court of Request von Westminster. 1834 brannte der gesamte Komplex nieder, nur Weniges blieb für eine Weiternutzung erhalten: die berühmte Westminster Hall, die Krypta von St. Steven und ein Teil des Kreuzganges im Westen, im Grundriss gut an den Asymmetrien im Verhältnis zu Barrys orthogonal angelegtem Neubau zu erkennen, und der nicht in den Neubau integrierte **Jewel Tower**, ein dreigeschossiges Turmhaus, das 1366 als königliche Schatzkammer errichtet und seit 1621 als Archiv des Houses of Lords gedient hat (Abingdon Street / Old Palace Yard, gegenüber vom Victoria Tower, heute als ein kleines Museum ausgestaltet).

Der nur zur Themse hin symmetrisch angelegte Neubau, ein frühes Meisterwerk des Gothic Revival, weist in seiner Schauseite mit den vorspringenden, überhöhten Eckrisaliten und dem von zwei niedrigen Türmen flankierten Zentrumsteil Palastcharakter auf; die sich breit ausdehnende Masse der Architektur ist durch die zahlreich eingezogenen, filigranen Vertikalstreben harmonisch konterkariert. Im Grundriss ist der Bau von einem Flügelkreuz durchzogen, der den südlichen, den Lords vorbehaltenen Teil vom nördlichen für die Abgeordneten trennt; die erhebliche Tiefe des Baus ist technisch geschickt von 11 Licht- bzw. Innenhöfen durchbrochen. Den baulichen Mittelpunkt bildet die Central Hall, die durch den Parlamentseingang (St. Steven's Entrance) von Westen her über St. Steven's Porch und St. Steven's Hall erreicht wird. In der Längsachse erstrecken sich, von der Central Hall erreichbar, die Tagungsräume der beiden Parlamentskammern mit ihren vorgelagerten Lobbies. Die über 1100 Räume des Komplexes sind für den aktuellen Parlamentsbetrieb lange nicht mehr ausreichend; zahlreiche Gebäude in der näheren Umgebung (z. B. das neuerrichtete Portcullis House und das alte Scotland-Yard-Gebäude) sind heute zwar nicht formaler, aber doch funktionaler Teil der Houses of Parliament und bergen Büros von Abgeordneten. Das äußere Bild wird von den drei sehr verschiedenförmigen und unterschiedlich hohen Türmen geprägt. Über der Central Hall erhebt sich 90 m hoch der **Central Spire**, ein gotischer Rundturm. An der Nordwestecke steht der schlanke, knapp 98 m hohe **St. Steven's Tower**, auch Clock Tower genannt mit der Glocke Big Ben darin, benannt nach Sir Benjamin Hall, der für ihre Anbringung verantwortlich war. An der Südwestecke bestimmt der als kompaktes Quadrat ausgeformte **Victoria Tower** die Szene, der mit 102 m höchste und massivste der drei Türme mit dem hoch aufragenden Fahnenmast: er ist an seiner Südseite als exklusiv königlicher Eingang in den Baukomplex ausgestaltet.

Im Rahmen von Führungen sind Teile der Räumlichkeiten zu besichtigen. Zutritt erfolgt über den **Norman Porch** unmittelbar westlich neben dem Victoria Tower; von hier aus gelangt man zunächst in den Bereich des House of Lords mit seinem farbenprächtig dekorierten Versammlungssaal und der mit sehenswerten Fliesen geschmückten Lobby davor, später in den Bereich des Unterhauses. Der Zugang von Westen über **St. Steven's Entrance** führt unmittelbar in die ältesten, in den Neubau integrierten Teile: **St. Steven's Porch** mit seinem prachtvollen Südfenster dient als Vorhalle für **Westminster Hall**, ein 72 m langer, 20 m breiter und 27 m hoher Saal, ursprünglich dreischiffig um 1100 erbaut, heute in restaurierter Form erhalten in der Gestalt des Ausbaus der Jahre um 1400 (besonders sehenswert die Decke). Erreichbar von hier ist **St. Steven's Cloister**, der Kreuzgang, und schließlich, über eine Treppe in der Südostecke von Westminster Hall, die Krypta von **St. Steven's** aus dem 13. Jh.

An der Nordseite der Houses of Parliament kreuzt **Westminster Bridge** (IV L9) die Themse; auch sie ein von Barry in passendem, neogotischem Stil errichteter Bau (1854–62). Sie ersetzte eine ältere Brücke, die neben London Bridge zweite überhaupt, die die Themse querte. Die City of London hatte sich lange gegen den schon in der Regentschaft von Elisabeth I. erwogenen Bau einer zweiten Themsebrücke gewehrt. 1734 präsentierte der Schweizer Ingenieur Charles Labeleye ein Brückenprojekt, das mit Protektion des Lord von Pembroke 1736 genehmigt und 1739 begonnen wurde. Der von erheblichen technischen Komplikationen begleitete Bau der fünfzehnbogigen, knapp 320 m langen Brücke war 1750 vollendet. Die Brücke stand jedoch von Beginn an auf unsicheren Fundamenten und war kaum 100 Jahre nach ihrer Fertigstellung baufällig.

Whitehall (siehe Detailplan S. 125): Der knapp 1000 m lange Straßenzug Whitehall, gesäumt von opulenten Regierungs- und Verwaltungsbauten, führt von Charing Cross bis zum Parliament Square an der Westminster Bridge Street und den Houses of Parliament. Er ist Synonym für das politische, administrative und repräsentative Zentrum Englands. Die Straße ist benannt nach dem **Whitehall-Palast**, der sich hier bis zu seinem Niederbrand im Jahr 1697 erhoben hat. Chronologisch gesehen ist dieser Palast der zweite in London, neben dem im 11. Jh. errichteten Palast von Westminster (auf dem Terrain der heutigen Houses of Parliament), in den die englischen Könige von Winchester nach London umresidierten. Der Whitehall-Palast erstreckte sich über das gesamte, einstmals Westminster Abbey zugehörige Gebiet zwischen Charing Cross, Westminster Bridge, Themse und St. James's Park; er entstand sukzessive im 16. und 17. Jh. 1240 geriet das Gelände in den Besitz des Erzbischofs von York, der hier ein ›York Place‹ genanntes Gebäude errichtete. Das 1514 von Erzbischof Wolsey erneuerte, vergrößerte und dann auch nach ihm benannte Gebäude wurde von Heinrich VIII. 1529 übernommen und hofartig ausgebaut: Es entstanden ein Turnierplatz, ein Tennisplatz, eine große Halle und verschiedene Wohnräume. Von den um-

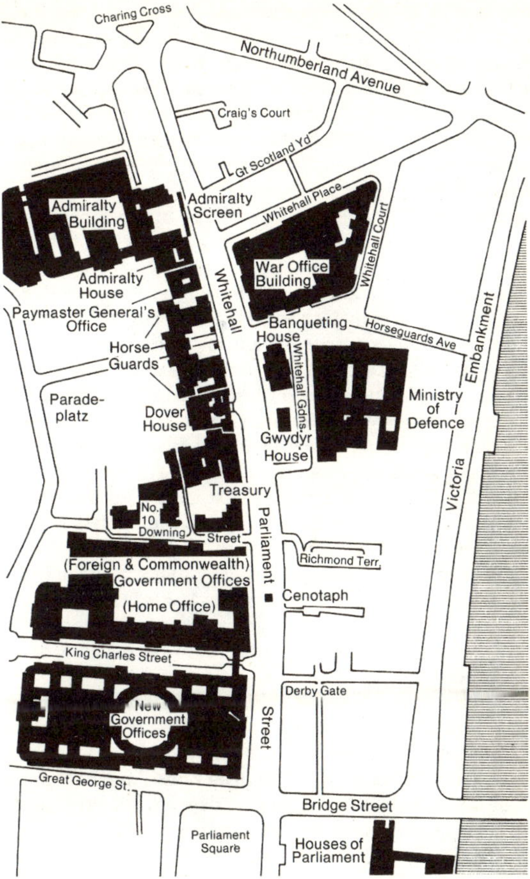

Charing Cross
Northumberland Avenue
Craig's Court
Gt Scotland Yd
Admiralty Building
Admiralty Screen
Whitehall Place
Whitehall Court
War Office Building
Whitehall
Admiralty House
Paymaster General's Office
Banqueting House
Horseguards Ave
Embankment
Horse Guards
Whitehall Gdns.
Ministry of Defence
Parade-platz
Dover House
Gwydyr House
Victoria
Treasury
No. 10 Downing Street
Parliament
Richmond Terr.
(Foreign & Commonwealth) Government Offices
(Home Office)
Cenotaph
King Charles Street
Derby Gate
New Government Offices
Street
Great George St.
Bridge Street
Parliament Square
Houses of Parliament

Whitehall

fassenden Neubauplänen, die Inigo Jones und John Webb für Jakob I. im frühen 17. Jh. entworfen haben, kam nur ein geringer Teil zur Ausführung, bis der Komplex 1697 abbrannte. Seither wurde der Ort mit Verwaltungs- und Exekutivbauten überzogen. Direkt dem Whitehall-Palast zugehörig, als einziger Bau hieraus bis heute erhalten und heute wieder als Bankethaus genutzt, ist **Banqueting House**, schräg gegenüber von Horse Guards. Zusammen mit dem etwas älteren Queen's House in Greenwich ist es das Meisterwerk des Pioniers des englischen Palladianismus, Inigo Jones. Der zweigeschossige Saalbau erstreckt sich in der Länge auf streng rhythmisierte sieben Joche: Die Fenster in der Horizontalen sind abwechselnd mit Rund- und Dreiecksgiebeln bekrönt, in der Vertikalen findet sich eine Staffelung von ionischer und korinthischer Bauordnung. Banqueting House wurde 1619–22 erbaut, als Ersatz für einen 1619 durch Feuer zerstörten Bau, der wie sein berühmter Nachfolger als Bankett- und Empfangshaus für Gesandte, Bittsteller und für Feste aller Art gedient hatte. Das Erdgeschoss ist als ziegelüberwölbter, dreischiffiger Vorratssaal angelegt; die prachtvolle Halle mit Empore im Obergeschoss ist über eine im nördlichen Anbau befindliche Treppe zugänglich. Die Decke der Halle zierte ein Gemälde von Rubens (1630–34), ergänzt um weitere, eingelassene Ölgemälde, die die Apotheose Jakobs I. und allegorisch-mythische Szenen seiner Herrschaft zeigten.

Durchwandert man Whitehall, bei Charing Cross startend, fällt auf der rechten Seite hinter dem weißen Steinkubus des Whitehall-Theaters (1930 errichtet) zunächst die massive Struktur der **Admiralty** ins Auge. Der dreigeschossige Bau mit vorspringenden Flügeln und einem von vier monumentalen ionischen Säulen gesäumten Portal ist 1722–26 von Thomas Ripley errichtet und im späten 19. Jh. um den hinteren Annex mit dem Kuppelbau ergänzt worden. Dem Eingang gegenüber auf der anderen

Straßenseite liegt **Admiralty Screen**, eine flache Pavillonanlage in tuskanischer Bauordnung, von Robert Adam 1759–61 errichtet. Dahinter erstreckt sich **Scotland Yard** (entlang der Straße Great Scotland Yard): bis ins 16. Jh. der Standort eines Palastes des schottischen Königs, dann zum Synonym der 1829 gegründeten Metropolitan Police geworden, die hier bis 1890 ihren Sitz hatte (vgl. S. 136). Unmittelbar südlich an die Admiralty angebaut ist **Admiralty House**, die repräsentative Wohnresidenz des First Lord der Admiralität. Der von Samuel Cockerell 1786–88 errichtete zweieinhalbgeschossige Ziegelbau ist von der Admiralty aus zugänglich und hat zur Straße hin nur eine Fensterfront. Daran grenzt das **Paymaster General's Office**, ein dunkler Ziegelbau von John Lane, 1732/33 für den Zahlmeister der Armee errichtet. Zur Straße hin zeigen fünf Achsen und ein übergiebelter Mittelrisalit, im Norden ein Anbau von 1806. Die Westseite, die zum Paradeplatz hinweist, ist von 1750 und gehört ursprünglich nicht zu diesem Bau; sie ist 1910 von der Great George Street 37 demontiert und hierher versetzt worden (die ursprüngliche Fassade war glatt).

Auf der linken Straßenseite schließen sich drei Komplexe an Admiralty Screen an. Zunächst das **Crown Estate Office**, 1909 errichtet, heute das Ministerium für Forst- und Waldwirtschaft. Daran anschließend und den gesamten Straßenblock bedeckend erhebt sich das **Old War Office Building**, 1898–1907 nach Entwürfen von William Young entstanden. Hinter dem Banqueting House erstreckt sich das denkmälergeschmückte monumentale Gemäuer des **Ministry of Defence** mit seinen riesigen Kolonnaden, nach Plänen aus dem Jahr 1913 in den 1950er Jahren erbaut. An der Nordostecke des Baus ist ein Teil des Whitehall-Palastes rekonstruiert worden, von hier sind auch die Reste der einstmals gut 80 m langen **Queen Mary's Terrace** zu sehen, einer 1691 von Wren erbauten Treppe mit Bootsanlegestelle am Ufer der Themse. Unmittelbar südlich neben Banqueting House steht **Gwydyr House**, ein 1772 für Peter Burrell errichtetes Privathaus in palladianesken Formen (heute das Welsh Office). Auch die etwas südlich davon gelegene **Richmond Terrace**, ein 23 Achsen langer Block aus Ziegeln und Haustein, der sich an Stelle des zerstörten Richmond House erhebt, ist ein Beispiel für repräsentative Wohnbebauung an diesem zentralen Ort. Thomas Chawner errichtete 1822–25 für George Harrison acht ineinandergebaute Residenzen mit gemeinsamer Schauseite, viersäuligen Eckrisaliten und einer sechssäuligen ionischen Giebelfront, ausgestattet mit angemessenen Dienerwohnungen und Stallungen, ähnlich den zeitgleichen Nash-Bauten am Regent's Park.

Auf der rechten Straßenseite gegenüber von Banqueting House erhebt sich **Horse Guard**. Hier und nördlich angrenzend lag ursprünglich ein großer Turnierplatz. Das erste Gebäude einer berittenen Wache entstand hier 1649, das aber schon 1663/64 durch einen Neubau ersetzt wurde. Der heutige Bau wurde 1745–48 nach Plänen von William Kent, einem Protegée von Lord Burlington und einem Hauptvertreter des englischen Neopalladianismus, errichtet. Die im Grundriss weitgehend symmetrisch organisierte Anlage im Stil der italienischen Spätrenaissance ist von Whitehall aus durch ein repräsentatives Bogentor mit zwei flankierenden Wachhäuschen zugänglich (dort tägliche Wachablösung), das in einen quadratischen Hof führt, der von pavillonartigen Bauten umstellt ist. Von dort kann man durch einen überwölbten Durchgang zum großen Paradeplatz gelangen.

Südlich an Horse Guard angrenzend liegt **Dover House**, der Sitz des Scotland Office. Der fünfachsige Bau besteht aus zwei Teilen. Zum Paradeplatz hin wendet sich die Fassade des älteren Teils, 1755–58 erbaut. Zu Whitehall hin erhebt sich ein ab 1787 errichteter Ergänzungsbau von Henry Holland mit einer viersäuligen ionischen Portikus vor der rustizierten Fassade. Hieran grenzt der Komplex des Schatzamtes (**Treasury**) mit seiner verwirrenden Baugeschichte. Die heutige, frühviktorianische Fassade vereinheitlichte mehrere Bauten aus dem 16. bis zum frühen 19. Jh. zu einem Komplex. Er erhebt sich am Ort des Tennisplatzes des Whitehall-Palastes, ist jedoch in Teilen in den 1960er Jahren entkernt und erneuert worden. Wichtige, heute noch in Teilen sichtbare Kerne dieses Architekturkonglomerates sind das Dorset House (um 1730 erbaut) und das 1733–36 von William Kent erbaute, zum Paradeplatz hin orientierte ›alte‹ Schatzamt in palladianistischen Formen. Das Ganze fand nach einigen Planänderungen Eingang in den die verschiedenen Teile zusammenfügenden Neubau von Charles Barry aus den 1840er Jahren.

Im Süden von Treasury, gegenüber Richmond Terrace, liegt **Downing Street**, seit der Amtszeit von Thatcher mit vergittertem, bewachtem Zugang zu Whitehall und für Touristen seitdem unzugänglich. Die Straße ist benannt nach Sir George Downing, der sie 1683–86 erbauen ließ. Nur wenige der undekorierten, altertümlich und abweisend wirkenden Ziegelmauern der Häuser sind wirklich alt; die letzte Totalsanierung der Gebäude wurde in den 1960er Jahren durchgeführt. Sitz des englischen Ministerpräsidenten ist das Haus No. 10, das mit den No. 11 und 12 zu einer Einheit von zeitgemäßer Größe verbunden ist. Nur der Official Dining Room birgt noch eine originale historische Dekoration von John Soane.

Der südliche Teil von Whitehall heißt Parliament Street und startet auf der Höhe von Richmond Terrace beim **Cenotaph**. Dieses Denkmal, im eigentlichen Sinn der griechischen Bezeichnung ein ›Leergrab‹, ist ein 1920 errichtetes Denkmal für die Gefallenen des Ersten Weltkriegs, um diejenigen des Zweiten Weltkriegs nach 1945 erweitert und mit einer Inschrift den *glorious dead* gewidmet. Zwischen Downing Street und King Charles Street erheben sich weitere Bauten für Ministerien (**Government Offices**); sie sind ein gutes Beispiel für hochviktorianischhistoristische Architektur und die *battle of styles* dieser Zeit. In der Art eines italienischen Palazzos des 16. Jh. mit großzügigem Hof ist hier nach langen Debatten um den richtigen Baustil eine Architektur entstanden, die heute in ihrer scheinbaren Homogenität kaum noch nachvollziehen lässt, wie sehr hier um Formen gefochten worden ist. Die zahlreichen Architektenentwürfe schwankten zwischen Gotik, Klassizismus und den verschiedenen italienischen Lokalstilen der Renaissance, ein ums andere Mal wurden Wettbewerbe veranstaltet und Architekten je nach politischer Konstellation engagiert und wieder abgelöst.

Den Abschluss des Straßenzuges bildet zwischen King Charles Street und Great George Street der monumentale Komplex der **New Government Offices**, ein spätviktorianischer Baukomplex, der 1898–1912 errichtet worden ist. In ihm sind die **Cabinet War Rooms** zugänglich, 19 im Originalzustand belassene Bunkerräume, von denen aus England im Zweiten Weltkrieg regiert wurde (Eingang in der Great George Street). Ein kleines **Churchill-Museum** ist angrenzend jüngst eröffnet worden.

Historische Profanarchitektur

Apsley House (IV H8), das heutige Wellington Museum an Hyde Park Corner, ist 1771–78 von Robert Adam als Stadtresidenz für den Baron Apsley errichtet worden. Der Feldmarschall und spätere Premierminister Duke of Wellington (Arthur Wellesley), der den Bau 1817 von seinem Bruder erworben hatte, erweiterte und modernisierte den Bau 1828–30 und gab ihm sein heutiges, leuchtend gelbes Aussehen (Architekten: Benjamin und Philip Wyatt). Über einem rustizierten Sockelgeschoss erheben sich zwei weitere Geschosse mit deutlich überhöhtem Piano Nobile; den Zugang markiert eine große, viersäulige korinthische Portikus mit Giebel. Im Inneren sind vereinzelt Räume mit

Dekoration des 18. Jh. erhalten (Treppenhaus, Drawing Room); aus dem 19. Jh. ist die Dekoration der Waterloo Gallery sehenswert. Das Haus ist als Museum zugänglich und birgt neben diversen Büsten und einer von Canova stammenden Napoleon-Statue eine Gemäldesammlung. **Hyde Park Corner** ist ein heute verkehrsumtoster, ursprünglich dreieckiger Platz am Übergang von Green Park in den Hyde Park. Im späten 18. Jh. sind hier u. a. von Soane, Adam und Wyatt monumentale Bebauungsvorschläge gemacht worden, die jedoch unrealisiert blieben. Neben Apsley House sind zwei Bauten erwähnenswert: der **Hyde Park Screen** von Decimus Burton von 1825, ein monumentaler, dreiteiliger Eingang zum Park mit ionischen Kolonnaden und einer bekrönenden Attika (die mittlere schmückt eine Kopie des Parthenonfrieses, in ähnlicher Art wie beim Athenäum). Ursprünglich axial eingebunden in diesen Baukontext war der Constitution Arch, ein 1846 errichteter, eintoriger Triumphbogen in antik-römischer Manier. Der in korinthischer Ordnung gehaltene Bogen weist eine hohe Attika auf, auf der sich ursprünglich das dann ins Gelände versetzte Reiterstandbild von Wellington erhob, was dem Monument den bis heute geläufigen Namen **Wellington Arch** einbrachte. In der näheren Umgebung befinden sich diverse militärische Denkmäler.

Athenaeum (IV K8): Das an der Pall Mall am Waterloo Place gelegene Repräsentationsgebäude geht auf den Parlamentarier John Wilson Croker (1780–1857) zurück, der hier die Einrichtung eines Clubs für Künstler, Literaten und Wissenschaftler initiierte (heute der Athenäum-Club). Nach einer Sitzung in der Royal Society of Arts wurde im April 1824 Decimus Burton zum Architekten für ein Gebäude benannt, das nach mehrfachen Verlegungen des Standorts von 1828–30 an diesem hochrepräsentativen Ort entstand. Der würfelförmige Bau folgt Grundmustern des Greek Revival, einem seit James Stuarts Bau- und Forscheraktivitäten im späten 18. Jh. in ganz Europa geläufigen Stil, der die antik-griechische Klassik zum Vorbild nimmt. Kennzeichnend sind ein dorisch rustiziertes Untergeschoss, ein vorkragender Balkon und eine dekorative Attika, mit späterer Aufstockung. Der Bau war berühmt wegen seiner technisch fortschrittlichen Ausstattung; als eines der ersten Gebäude Londons fand sich hier Gaslicht im Innern, bei erster Gelegenheit erfolgte dann ein Komplettanschluss an das elektrische Netz. Außen steht eine vergoldete Athenastatue, im Treppenhaus eine Kopie des Apolls von Belvedere; die Schauseite des Baus ist von einer Kopie des Parthenonfrieses (weiße Figuren auf blauem Grund in der Art des Wedgwood-Dekors) umzogen.

Burlington House, Burlington Arcade und Albany (IV J7): Wer Burlington House sucht, muss zunächst die Durchfahrt des gewaltigen Baublocks im italienischen Palazzostil betreten, der 1869–71 von Robert Banks und Charles Barry Jr. an No. 49 Piccadilly für die Learned Society erbaut wurde. Im Norden des Innenhofes erhebt sich das, was von dem einstigen Kleinod palladianischer Architektur heute geblieben ist. Burlington House ist 1664 von Sir John Denham begonnen, jedoch bereits zwei Jahre später unvollendet an den ersten Earl of Burlington verkauft worden. Dieser ließ ihn durch Hugh May, einen frühen Anhänger Palladios, fertigstellen. Nach umfangreichen Veränderungen im Innern (1709/10) baute Colen Campbell 1716 für den dritten Earl of Burlington ein Torhaus und eine neue Fassade. Campbell war ein glühender Verehrer Palladios, hatte dessen Schriften ins Englische übersetzt und gab 1715–25 in drei Bänden den *Vitruvius Britannicus* heraus: eine Sammlung von Bauentwürfen vor allem von Inigo Jones, Christopher Wren und seiner selbst, also das aus seiner Sicht architektonisch ›Beste vom Besten‹ in England, das er in direkte Tradition des antikrömischen Architekten Vitruv und damit in die Vitruv rezipierende Renaissance Italiens rückte. Burlington war schon vom ersten Band dieser Publikation so fasziniert, dass er sofort Campbell mit dem Fassadenneubau betraute. Dieser orientierte sich am Palazzo Porto Festa in Vicenza (1550 von Palladio erbaut) und wiederholte die zweigeschossige Architektur mit rustiziertem Sockel, dem Hauptgeschoss mit sieben übergiebelten Fenstern zwischen Halbsäulen, den kräftigen Eckrisaliten, der Dachbalustrade und den symmetrischen Kaminkuppeln. Zwei weitere Umbauten haben dieses Meisterwerk Londoner Architektur erheblich in Mitleidenschaft gezogen. 1815/16 wurde das Innere für den neuen Besitzer Lord Cavendish umgestaltet und die Nordfassade erneuert. 1854 kam der Bau in Staatsbesitz. Ein vollständiger Neubau, der von Banks und Burry geplant war, blieb unausgeführt, jedoch wurde Campbells Fassade stark verändert und der Bau durch Sydney Smirke 1872–74 um ein weiteres Geschoss ergänzt, was sämtliche Proportionen verändert hat. Seit 1868 bis heute ist hier, nach langen Unklarheiten um eine feste Bleibe, der Sitz der Royal Academy of Arts mit ihren zugänglichen Sammlungen (Teile davon finden sich weiterhin im Somerset House am Strand, wo die Academy zuvor beheimatet war). In den den Innenhof umgebenden Bauten residieren u. a. die Society of Antiquarians, die Royal Astronomical Society, die Chemical und Geological Society, und im Rückgebäude Richtung Burlington Gardens die University of London.

Die im Westen an den Komplex angrenzende **Burlington Arcade** (No. 51 Piccadilly, IV J7) ist eine der schönsten und die architektonisch bedeutendste Einkaufspassage Englands. Der Bautyp der Passage, der überdachten Einkaufsstraße, erfährt in den europäischen Metropolen seit dem späten 18. Jh. einen enormen Aufschwung. Nachdem Lord Cavendish 1815 das Burlington House erworben hatte, plante er westlich angrenzend eine Ladenpassage zwischen Piccadilly und Burlington Gardens. Er selbst hatte in Paris die *Passage des Panoramas* bewundert und betraute Samuel Ware mit einem Entwurf, der auch Motive des Exeter Change mit einbezog. Es entstand eine knapp 200 m lange, 12 m breite, glasüberdachte Passage mit ursprünglich 72 Läden (untergliedert in zwei verschiedene Größentypen), von denen jeder ein Ober- und ein oberhalb des Glasdaches gelegenes Mansardengeschoss ausgewiesen hat. Ursprünglich ein von Beginn an kommerziell erfolgreicher Ort für den Verkauf von Luxuswaren, ist die Burlington Arcade heute ein Touristenmagnet, jedoch mit deutlich weniger gediegenem Angebot.

Östlich des Komplexes, wenige Schritte Richtung Piccadilly Circus, liegt **Albany** (IV J7), eine der vornehmsten Wohnanlagen Londons. Von Piccadilly aus betritt man durch eine Einfahrt einen Hof, an dessen Ende sich **Albany House**, ein dreigeschossiger, siebenachsiger, mit Hausteinbändern geschmückter Ziegelbau mit Mittelrisalit und tuskanischer Portikus liegt. Der Bau ist 1771–74 von William Chambers als repräsentative Stadtresidenz für Sir Peniston Lamb errichtet worden. 1802/03 baute Henry Holland das Haus in separierte Apartments um (was zur Vernichtung des prachtvollen Treppenhauses geführt hat) und erweiterte die Anlage nach Norden. Hinter dem Haus verläuft seitdem ein beidseits mit kleinen Wohnungen für Junggesellen bebauter, zeltartig überdachter Gang (*Ropewalk*) bis nach Burlington Gardens.

Carlton House (**Terrace**, IV K8): Unter der Bezeichnung Carlton House werden zwei monumentale Wohnblöcke verstanden, die das südliche Ende bzw. den eigentlichen Anfang der Regent Street markieren; sie sind als Terrassenbauten optisch zur Mall hin orientiert und geschickt in das hier abschüssige Gelände eingefügt. Nachdem das alte Carlton House 1826 abgerissen worden war, erbaute John Nash hier 1827–33 in der Art seiner Furore machenden Terraces um den Regent's Park herum zwei große Blocks, getrennt durch eine monumentale Freitreppe und die Duke-of-York-Säule. Sie sollten als vornehme

Wohnbauten dienen. Die vereinheitlichenden Fassaden zur Mall sind auf einem nur von der Mall zugänglichen Substruktionsgeschoss mit gedrungen dorischen Säulen gelagert; darüber erhebt sich eine schlanke, korinthische Säulenstellung mit doppelgeschossiger Durchfensterung, darüber eine als weiteres Geschoss ausgebildete ›Attikazone‹. Die dahinter liegende Bebauung ist über die Rückseite erschlossen und überwiegend dreigeschossig, ergänzt um ein Dachgeschoss. Das Ensemble weist die charakteristische Optik von Nash-Bauten auf: gewaltige Dimensionen, repräsentative griechische Formen für die Strukturierung, insgesamt aber eine detailarme Ausführung und das ganze blendend weiß mit seinem lackierten Patentstuck verputzt. In den Komplex eingefügt ist das **Institute of Contemporary Arts** (zugänglich über die Duke of York Steps). Die 1947 von Sir Herbert Penrose gegründete Einrichtung hat sich der Förderung der zeitgenössischen Kunst verschrieben und ist hier seit 1968 angesiedelt. Galerien mit Wechselausstellungen, ferner ein Theater, Kino, Restaurant, Buchladen, Cinemathek und Videobibliothek sind für die Öffentlichkeit zugänglich.

Marlborough House (IV J8): Das zwischen Mall und Pall Mall gelegene Haus wurde von Christopher Wren 1709–11 für den ersten Herzog von Marlborough erbaut. Es besteht aus roten Ziegeln. Der zur Mall hin orientierte dreizehnachsige Bau weist recht kurze Seitenflügel auf und ist 1861–63 um Auf- und Anbauten erweitert worden, die der damalige Prince of Wales durchführen ließ. Im Inneren schmücken Wandmalereien von Louis Laguerre den Salon, die die Schlacht von Blenheim zeigen, an der Marlborough 1704 teilgenommen hatte. Die um 1800 in den Bau eingefügte Kuppel ist von Gemälden umzogen, die Orazio Gentileschi 1663 für Inigo Jones' Queen's House in Greenwich angefertigt hat und die hierher versetzt worden sind. 1852 wurde hier das Museum of Manufactures, das erste Kunstgewerbemuseum der Welt, eingerichtet, das später zur Keimzelle des Victoria and Albert Museum wurde.

(New) Scotland Yard (IV K9): Scotland Yard ist ursprünglich ein Bezirk im oberen östlichen Teil von Whitehall (S. 127): ein unregelmäßig um drei Höfe herum bebautes Gebiet, das im 16. Jh. als schottische Residenz am englischen Hof eingerichtet wurde. Mit der Konstituierung der Metropolitan Police im Jahr 1829 nahm diese hier ihren Sitz, und Scotland Yard wurde alsbald zum Synonym dieser Polizei. 1891 zog die Behörde um in einen Neubau am Victoria Embankment (New Scotland Yard). Die massive Architektur, die einen wichtigen Akzent in der Uferbebauung von Westminster setzt, besteht aus zwei dreigeschossigen Blöcken (Ziegel auf Granitsubstruktion), die auf Planungen von Richard Norman Shaw zurückgehen (Nordflügel 1888–90, Südflügel 1898–99 erbaut). In den 1960er Jahren zog Scotland Yard aus Platzmangel erneut um, diesmal in ein neunstöckiges Gebäude mit zwanzigstöckigem Turmannex in der Victoria Street, Ecke Broadway: New (New) Scotland Yard, 1962–66 erbaut. Das alte Scotland-Yard-Gebäude am Victoria Embankment heißt heute Norman Shaw Building und birgt, wie das benachbarte Portcullis House über der Westminster Station, Büros von Parlamentariern.

Queensberry House (IV J7): Das auch Uxbridge House genannte Bauwerk an No. 7 Burlington Gardens beherbergt heute die Bank of Scotland. Es wurde 1721–23 auf Betreiben des Unternehmers John Witt als Stadtresidenz für den irischen Baron Clifton nach Plänen von Giacomo Leoni erbaut, einem glühenden Anhänger Palladios. Der Bau besteht aus rustiziertem Sockel, Piano Nobile und Obergeschoss mit einer Dachbalustrade darüber, das Ganze durch monumentale Pilaster vertikal miteinander verknüpft. Zum ursprünglichen Entwurf gehörten nur sieben der heute zehn Achsen des Bauwerks, das Leoni in der von ihm 1726 publizierten englischen Ausgabe der *Zehn*

Bücher über die Baukunst von Leon Battista Alberti (Erstausgabe 1485) abgebildet hat. Das Gebäude erhob sich auf Baugrund, der Lord Burlington gehörte (vgl. S. 132ff.), auch er ein begeisterter Anhänger neopalladianistischer Baukonzepte. Die Erweiterung auf zehn Achsen vollzog 1785–89 John Vardy. Der Portalvorbau entstammt einer Renovierung unter der Leitung von Philip Hardwick, der 1855 das Wohnhaus in ein Bankgebäude umgestaltet hat.

Victoria Station (IV I10): Der in der Victoria Street sehr zentral gelegene Kopfbahnhof war bis in die jüngste Vergangenheit hinein die Endstation aller aus dem Süden kommenden Züge und damit der Ankunftsort aller Bahnreisenden vom Kontinent. Der Ausbau der Waterloo International Station und jüngst der St. Pancras Station als Bahnhof für den durch den Kanaltunnel fahrenden Eurostar hat dem Ziegelbau aus den 1860er Jahren allerdings viel an Bedeutung genommen; hier enden nunmehr allein die Züge vom Flughafen London-Gatwick, ansonsten dominiert Regionalverkehr. Der Bahnhof ist in den 1980er Jahren komplett umgestaltet worden. Ursprünglich bestand der Bahnhof aus zwei Teilen: einem westlichen mit sechs Bahnsteigen und elf Gleisen (heute Gleise 9–19) und einem östlichen mit acht Gleisen. Sehenswert sind die für damalige Verhältnisse hochmodernen verglasten Hallen über den östlichen Bahnsteigen 1–8, 1859–66 von John Fowler errichtet. Der Victoria Station zugehörig ist das **Grosvenor Hotel**, 1860–62 von Sir James T. Knowles als Bahnhofshotel errichtet. Der wuchtige Bau aus bernsteinfarbenem Bathstein ist fünfstöckig, weist umlaufende Balkone auf und war der erste Bau in London, der mit einem französischen Pavillondach versehen war. Bahnhof und Hotel sind zu Beginn des 21. Jh. umfassend renoviert und einheitlich gestaltet worden.

Moderne Architektur

Channel Four Building (IV K10): Der an No. 124 Horseferry Road inmitten von Westminster gelegene Gebäudekomplex für den Fernsehsender *Channel Four* ist 1994 nach Plänen von Richard Rogers fertiggestellt worden (Bauausführung: Ove Arup & Partners). Zwei langrechteckige Flügel sind im 90°-Winkel gegeneinander gestellt und mit einer viertelkreisförmigen Architekturfassade miteinander verbunden, die sich auf einen kreisrunden Platz davor öffnet. Es dominieren Glas und Stahl sowie das bei Rogers übliche Industrial Design mit der an die Außenhülle der Architektur gesetzten Gebäudetechnik (Lüftungsrohre, Lifte etc.).

Clore Gallery (III L11): Die nach Plänen von James Stirling 1987 eingeweihte Clore Gallery (Millbank) ist ein in zurückhaltend postmodernen Formen errichteter nordöstlicher Anbau der Tate Gallery (seit 2000 Teil des Komplexes Tate Britain, vgl. S. 261 f.). Das trotz vieler Kritik 1988 mit dem Award des Royal Institute of British Architects (RIBA) preisgekrönte Gebäude beinhaltet den 1851 per Testament an den britischen Staat gefallenen Nachlass des Malers William Turner.

Marsham Street Government Offices (IV K10): Dieser am Ort eines großen, 1960 errichteten und in den 1990er Jahren abgerissenen Bürogebäudes inmitten von Westminster errichtete Komplex mit Büros für Regierungsmitarbeiter ist ein Meisterwerk von Terry Farrell, der hier in unübertroffener Weise Prinzipien der postmodernen Architektur mit dem Industrial Design verschmolzen hat. Der formal eigentlich höchst konservative, langrechteckige Baukörper ist von einer kunstvoll-abwechslungsreichen Fassade und bunten Dachüberständen geprägt, die dem Bauwerk fast plastische Wirkung verleihen und die Binnenorganisation der Architektur nach außen hin komplett verschleiern; nicht einmal die Geschossanzahl ist über eine Außenansicht evident.

Victoria Coach Station (IV I11): Dieser größte der Londoner Busbahnhöfe an der Buckingham Palace Road ist in einem bemerkenswerten Bauwerk des Art-Deco-Stils untergebracht. Das altweißfarbene, fünfgeschossige Eckgebäude wurde 1932 von Wallis, Gilbert & Partners errichtet. Das Erdgeschoss beinhaltet lichte Hallen mit Fahrkartenschaltern und Warteräumen, darüber erheben sich drei Vollgeschosse und ein zurückgezogenes Dachgeschoss für Büros. Die beiden Terminals für Ankunft und Abfahrt sind in den 1990er Jahren für den wachsenden Verkehr zu klein geworden, so dass ein Teil des Verkehrs in die nahebei neu gebaute Green Line Coach Station ausgelagert worden ist.

Westminster Station und Portcullis House (IV L9): Die heutige **Station** besteht aus zwei unterschiedlichen Teilen. Wenige Meter unter der Erdoberfläche befinden sich die Bahnsteige von Circle und District Line. In einer Tiefe von 32 Metern liegen die Bahnsteige der Jubilee Line. Westminster ist damit eine der tiefstgelegenen Stationen des gesamten U-Bahn-Netzes. Die Verlängerung der Jubilee Line in die Docklands Ende der 1990er Jahre hatte zur Folge, dass die Station unter laufendem Betrieb völlig neu gebaut werden musste. Die neuen Bahnsteige wurden im Dezember 1999 eröffnet. Während des Neubaus der Station wurde ein großer, 39 Meter tiefer Hohlraum unter den Bahnsteigen der Circle und District Line ausgehoben, um darin die Zugänge hinunter zu den Bahnsteigen der Jubilee Line einzubauen. Eines der größten Probleme, das die Ingenieure zu lösen hatten, war es, den Neubau so um die oberen Bahnsteige herumzubauen, dass dort der laufende Zugbetrieb nicht beeinträchtigt wurde. Michael Hopkins gewann 2001 mit seinem Entwurf dieses höhlenartigen Stationskomplexes im Industrial Design den renommierten Stirling-Preis des Royal Institute of British Architects. Das Innere der Station wirkt streng; gigantische Betonsäulen kreuzen sich mit Rolltreppen und

Zwischenetagen aus rostfreiem Stahl. Dadurch hat man das Gefühl, sich in einem riesigen Raumschiff zu befinden.

Der Stationskomplex dient gewissermaßen als Fundament des **Portcullis House**, in dem sich über 200 Büros von Parlamentsabgeordneten befinden, die sich auf 7 Stockwerken um einen Innenhof herum gruppieren. Das 2000 von Michael Hopkins & Partner fertiggestellte Gebäude aus einer lichten Stahl-Glas-Beton-Struktur verschlang 250 Mio. Pfund und ist nicht nur deshalb, sondern auch wegen seiner für ein öffentliches Bauwerk ungewöhnlich abweisenden Formen bis heute umstritten.

Straßen, Plätze und Quartiere

Belgravia: Der gediegene Stadtteil ist bis heute eine der besten Adressen im innerstädtischen London. Er erstreckt sich südwestlich des Buckingham-Palastes und ist in den 1820er Jahren auf einem Gelände, das Richard Grosvenor, dem zweiten Marquess of Westminster gehörte, angelegt worden. Weitläufige Terrassenbauten mit meist viergeschossigen, weiß stuckierten, neoklassizistischen Häuserzeilen und verkehrsberuhigten Straßen prägen das Bild. Zwei Platzanlagen bilden das Zentrum des Stadtteils. Der **Belgrave Square** (IV H9), seit 1825 angelegt, ist einer der größten Plätze Londons. Die Terraces an den Langseiten, die eine große Grünanlage umschließen, sind von George Basevi errichtet. Ungewöhnlich war die Idee, an den Ecken des Platzes diagonal gedrehte, freistehende Villen zu erbauen: darunter im Nordwesten die von Robert Smirke (1830) und im Südosten die von Philip Hardwick (1842). Das Royal College of Psychiatrists (No. 17) hat die ursprüngliche Form der Terrassenbebauung fast vollständig bewahrt, während die Deutsche Botschaft (No. 23), aber auch das Italienische Kulturinstitut (No. 39) die historische Bausubstanz um moderne An- und Umbauten ergänzt haben. Ein flächenmäßig noch etwas größerer Gartenplatz ist **Eaton Square** (IV H10), ebenfalls auf Gelände von Grosvenor in den Jahren nach 1820 angelegt. Auch diesen Platz säumen in Reihe gebaute vier- und selten fünfgeschossige Terrassenhäuser mit jeweils drei Achsen Breite, die jedoch nicht ganz so großartig angelegt sind wie die von Belgrave Square; hier residierte weniger der Adel als vielmehr das sich in jenen Jahrzehnten ausbildende Londoner Großbürgertum. Am Ostende des Platzes erhebt sich St. Peter mit seiner sechssäuligen ionischen Portikus, von Henry Hakewill 1824–27 errichtet. Eaton Square ist heute ein bevorzugter Wohnort von Prominenz aus Film und Sport.

Berkeley Square (IV I7): Der im West End gelegene Platz ist heute ein weiteres Symbol für die Zerstörung historischer Bausubstanz in London in der ersten Hälfte des 20. Jh. Der nach dem hier stehenden Berkeley House benannte Platz ist in den 1740er Jahren von William Kent um eine Gartenanlage mit einem kleinen Pumpenhaus im Zentrum herum angelegt worden; die 1789 gepflanzten Platanen sind heute die ältesten in London. Zahlreiche der den Platz einstmals rahmenden Bauten stammten von Robert Adam und sind heute gänzlich verschwunden oder stark verstümmelt. Paradebeispiel für Letzteres ist das als Privatgebäude errichtete **Landsdowne House** im Süden des Platzes, von Adam 1762–68 errichtet. Als ausladendes Landhaus erbaut, stand es in großen Teilen einer in den 1930er Jahren angelegten Verbindungsstraße zur Curzon Street im Wege. Teile des Gebäudes wurden abgerissen und veräußert; das Interieur des berühmten Drawing Room findet sich heute im Philadelphia Museum of Art, das des Dining Room im New Yorker Metropolitan Museum. Die geschlagenen Wunden wurden mit einer neuen, zum Rest des Gebäudes wenig passenden Fassade notdürftig kaschiert.

Grosvenor Square (III H6/7): Dieser im Herzen Mayfairs gelegene Platz war ursprünglich im Besitz des Herzogs von Westminster; Sir Richard Grosvenor betrieb ab 1710 eine bauliche Erschließung des eigentlich ländlichen, zu diesem Zeitpunkt jedoch schon sehr zentral gelegenen Areals. Es entstanden, um einen großen, den Privathäusern zugehörigen Garten herum, repräsentative Häuser in bester Wohnlage, meist fünf- oder siebenachsig, die den Platz in der Mitte säumten. In die Planungen war auch der prominent palladianistisch gesonnene Architekt Colen Campbell eingebunden. Gegen Ende des 18. Jh. erfolgte eine nahezu komplette Neubebauung, wobei alle Häuser um ein Stockwerk erhöht wurden. Auch die war nicht von Dauer. Im frühen 20. Jh. entstand eine dritte, nunmehr in neogeorgianischem Stil gehaltene Bauphase; in diesen Bauten befinden sich heute die Botschaften und Hotels, die den nunmehr öffentlich zugänglichen Garten im Zentrum des Platzes rahmen. Nicht nur wegen der umfangreichen Bewachung, auch wegen ihrer Architektur erregt die **amerikanische Botschaft** an der Westseite des Platzes Aufmerksamkeit: Sie ist in einem 1960 vollendeten Bau des finnischen Architekten Eero Saarinen untergebracht. **Grosvenor Chapel**, die Kapelle an der South Audley Street ist der einzig überlebende Teil der ursprünglichen Rahmenbebauung des Platzes. Um 1730 von Benjamin Timbrell errichtet und 1912 im Innern umgebaut, folgt sie palladianistischen Baumustern. Der gedrungene Rechteckbau mit fünf Achsen an Front und Rückseite und sechs Achsen an den Seiten ist über eine viersäulige tuskanische Portikus zugänglich.

Haymarket (IV K7): Der Straßenzug Haymarket verbindet heute Piccadilly mit Pall Mall und ist nach einem Markt benannt, der hier ursprünglich angesiedelt war. 1692 wurde die Straße befestigt, später dann der Markt in den Regent's Park verlagert. In diesen Zeiten war Haymarket ein Zentrum der Prostitution in London. Heute ist der Straßenzug historischer Teil des Londoner Theaterdistrikts; seit 1705 erhebt sich hier das **Queen's Theatre** (auch Theatre Royal) genannt: Ursprünglich ein Bau von John Vanbrugh, später von John Nash umfassend umgebaut, war dies der Ort vieler Erstaufführungen von Werken Georg Friedrich Händels.

Hyde Park: Der im Westen in die Kensington Gardens übergehende Park ist benannt nach dem Landgut Hyde, das von 1066 bis zur Reformation zu Westminster Abbey gehörte. Unter Heinrich VIII. wurde dieses Gelände als Jagdrevier erschlossen, war jedoch schon seit 1613 für die Bevölkerung frei zugänglich. In jenen Jahren wurde eine um den Park herumführende Ringstraße für Kutschfahrten und wohl auch Pferderennen angelegt. Besondere Aufmerksamkeit zog in der Bevölkerung immer wieder die Nordostecke des Parks auf sich, wo sich jenseits von Tower Hill eine zweite Hinrichtungsstätte mit einem Dreiecksgalgen für 24 Personen befand. 1730 wurde das Gelände, das unter Cromwell kurzzeitig zerteilt und an Privatpersonen veräußert worden war, zu einem Landschaftsgarten umgestaltet. Durch Aufstauung des Baches Westbourne wurde ein künstlicher See (Serpentine) für Bootsfahrten erzeugt, der beinahe zehn Prozent der Gesamtfläche bedeckt. Im südlichen Hyde Park fand 1851 die Great Exhibition, die erste einer ganzen Serie von Weltausstellungen, statt. Zu den hier dafür temporär errichteten Gebäuden zählte der spektakuläre **Crystal Palace**, eine aus vorfabrizierten Teilen erbaute, mehrschiffige gläserne Halle. Die von Joseph Paxton ersonnene Konstruktion bildete den Start für eine intensive Nutzung der Glas-Stahl-Architektur in neuen, modernen Kontexten (Bahnhöfe, Gewächshäuser, Ladenpassagen) und fand zahlreiche Nachahmer. Der Bau wurde nach Ende der Ausstellung demontiert und nach Sydenham versetzt, wo er 1854 erneut eröffnet wurde und schließlich 1936 bei einem Großbrand verloren ging. Die festen **Bauten im Park**

sind meist frühviktorianischen Ursprungs (Brücke, Ranger's Lodge), einige aus dem frühen 20. Jh. (Tea House). Eine Attraktion ist **Serpentine Gallery**: 1997 ist nach Entwürfen von John Miller & Partners ein Umbau des ursprünglich nach palladianischen Motiven erbauten Teehauses erfolgt; seither ist hier eine lichtdurchflutete Kunstgalerie zu besichtigen, in der moderne und zeitgenössische Kunst präsentiert wird. Der Beginn der architektonischen Ausgestaltung steht mit dem Ausbau des nahen Buckingham-Palastes in den 1820er Jahren in Zusammenhang, der dem Park erhöhte Bedeutung zukommen ließ. Das gänzlich von einer Mauer bzw. einem Zaun umschlossene Gelände ist über zahlreiche repräsentative **Torbauten** zugänglich. Der bekannteste Torbau für den Hyde Park war **Marble Arch** an der Nordostecke des Parks. Der von John Nash konstruierte, dreitorige Bogen ist ein Imitat eines antik-römischen Ehrenbogens und erinnert entfernt an den Konstantinsbogen in Rom. Er besteht aus italienischem Marmor und diente zunächst als Eingangstor zum Buckingham-Palast (S. 118), wo er im Zuge der Erneuerung der Ostfront 1851 demontiert und hierher versetzt wurde. Bis 1908 bildete er einen Zugang zum Park; erst die umfangreiche Straßenerweiterung schuf die heutige Situation, in der der Marble Arch wie ein isoliertes Denkmal am Beginn der Oxford Street wirkt.

Verschiedentlich schmücken Statuen und Denkmäler den Park. Hervorzuheben ist zum einen der kolossale eiserne **Achilles** nahe Hyde Park Corner, eine Kopie von einem der beiden Dioskuren von Monte Cavallo am Kapitol in Rom. In antiken Formen wird hier Wellington und seinen Mitstreitern gehuldigt. An der Südseite des Parks erhebt sich das monumentale **Albert Memorial**, ein anspielungsreiches Denkmal für Prinz Albert von Sachsen-Coburg-Gotha, den Prinzgemahl von Queen Victoria. Unmittelbar nach seinem Tod 1861 wurden ausgewählte Architekten um Entwürfe gebeten, die Finanzierung war durch öffentliche Spenden und eine Parlamentszuweisung gesichert. Das 1863–71 errichtete Denkmal präsentiert eine Sitzstatue des Prinzen unter einem sich pfeilerartig auftürmenden neogotischen Baldachin aus farbigem Marmor. Eine Umzäunung markiert das quadratische Terrain, an den Ecken vier Marmorskulpturen mit Personifikationen der Kontinente Amerika, Afrika, Europa und Asien. Eine oktogonale Treppe führt zum eigentlichen Denkmalsockel: reich verziert mit einem Fries, der knapp 170 prominente Architekten, Bildhauer, Dichter, Musiker und Maler zeigt, an den Ecken vier Plastiken mit den Personifikationen des Maschinenbaus, Handels, Ackerbaus und der Industrie. Dem engagierten Förderer von Kultur, aber auch Handel und Wirtschaft wird auf diese Weise weithin sichtbar Reverenz erwiesen. Unübersehbar ist der beinahe fußballfeldgroße, ovale **Gedenkbrunnen für Prinzessin Diana** aus grauem, poliertem Granit, 2004 eingeweiht.

Mall (IV J/K8): Die breite Pracht- und Paradestraße, die heute vom Trafalgar Square zum Buckingham-Palast führt, geht auf eine Allee mit vier Baumreihen zurück, die Karl II. 1660–62 im Zusammenhang mit der Erschließung des St. James's Palace und seines Gartens anlegen ließ. Konzipiert wurde sie von André le Nôtre, dem Gartenarchitekten von Ludwig XIV.; sie korrespondiert mit der beinahe gleichzeitig angelegten Pall Mall, die den St. James's Palace im Norden tangiert (S. 146f.). Der Straßenzug wurde zu Beginn des 20. Jh. durch Aston Webb im Zusammenhang mit der Neugestaltung des Buckingham-Palastes und seines Vorplatzes wesentlich verändert und zu einer nun auf diesen Bau zentrierten, repräsentativen Achse umgestaltet. The Mall beginnt nun am Trafalgar Square beim **Admiralty Arch** (erbaut 1910), der eine Art Eingangstor zur Straße ausbildet, führt an Carlton und Marlborough House vorbei und endet am ebenfalls von Webb erbauten großen Rondell mit dem **Queen Victoria Memorial** vor dem Buckingham-Palast.

Oxford Street (III G–J6): Der weitgehend schnurgerade verlaufende Straßenzug geht auf eine antik-römische Trasse zurück, die London mit Colchester verband und auch seit dem Mittelalter wieder einer der wichtigsten Zugänge zur City war. Sie hieß zunächst, nach dem gleichnamigen Fluss, Tyburn Road. Zu Beginn des 18. Jh. erwarb der Earl of Oxford hier größere Ländereien und begann im Zuge der zahlreichen Stadterweiterungen mit einer städtischen Bebauung. Bereits im 19. Jh. war die Oxford Street als eine der wichtigsten Einkaufsstraßen Londons bekannt, die heute von Fachgeschäften und großen Warenhäusern gesäumt ist.

Pall Mall (IV J/K7/8): Der Name der Straße ist von dem französischen Ballspiel *paille-maille* (eine Art Krocket) abgeleitet und beschreibt eine lange, gerade Straße (die Spielbahn); repräsentative Straßen dieses Namens gibt es auch andernorts (z. B. in Hamburg-Altona). Der Straßenzug wurde 1661 erbaut und ersetzte eine weiter südlich verlaufende Allee, die seit etwa 1200 Charing Cross mit dem St. James's Palace verband und möglicherweise sogar auf die antik-römische Stadtstruktur zurückging. Im Verein mit der fast zeitgleich im Süden angelegten Mall gab es jetzt keine direkt auf den St. James's Palace zuführende Straßenachse mehr, wohl aber zwei Prachtstraßen, die den Palast im Norden und im Süden tangierten. Im 18. Jh. war Pall Mall ein bevorzugter Wohnsitz von ausländischen Diplomaten und Gesandten. Im 19. Jh. wurde der Straßenzug umgestaltet. Die Wohnhäuser verschwanden, es erhob sich hier wie an einer Perlenkette die Reihe der berühmten Londoner Clubs mit ihren historistischen, manchmal palastartigen Bauten. Neben dem Athenaeum (s. S. 131) sind vor allem die beiden westlich daran anschließenden Bauten sehenswert. Unmittelbar an den klassizistischen Bau anschließend erhebt sich der Sitz des **Travellers Club** (IV K8). Es ist eines der Hauptwerke des frühviktorianischen Architekten Charles Barry, der die

Residenz des Clubs hier 1829–32 errichtete. Ziel des Clubs war es, adeligen Reisenden, die in der Tradition der ›Grand Tour‹ des 17. und 18. Jh. unterwegs gewesen waren, einen Treffpunkt für den Erfahrungsaustausch zu geben. Die Architektur kontrastiert absichtlich mit dem Nachbarbau. Nicht die griechische Klassik wird hier als Vorbild gesucht, sondern die italienische Hochrenaissance. Der zweigeschossige, fünfachsige Bau folgt dem Schema des italienischen Stadtpalastes. Das Hauptgeschoss besteht aus nur drei Räumen, die über eine Eingangshalle auf der rechten Seite und lange Korridore erschlossen werden: der Morning Room, der Dining Room und der Coffee Room gruppieren sich um einen kleinen Innenhof. Direkt an diesen Bau anschließend erhebt sich der Sitz des **Reform Club** (IV K8). Der Name des Clubs nimmt Bezug auf die Great Reform Bill von 1832, er wurde 1836 von ›radikalen‹ Whigs, der Gegenpartei der höfischen Tories, gegründet und gab der aus der Industrialisierung herauswachsenden wohlhabenden Mittelschicht eine Heimat. Hier nahm Jule Vernes *In 80 Tagen um die Welt* mit der berühmten Wette ihren Ausgangspunkt. Auch diesen Bau errichtete Barry, der 1837 den hierfür ausgeschriebenen Wettbewerb gewann; er entstand zwischen 1839 und 1841. Erneut gerät die italienische Renaissance zum Vorbild, diesmal ganz konkret: Barry zitiert hier den Palazzo Farnese in Rom, variiert dabei aber geschickt die baulichen und ornamentalen Details und verkleinert sein Vorbild von dreizehn auf neun Achsen. Neben dem Traveller-Club-Bau wirkt der Reform Club mit seiner Fassade aus Portlandstein und seiner zweieinhalbgeschossigen Höhe dennoch wuchtig; auch hier gruppieren sich die Räume um einen – glasüberdachten – Innenhof, der ganz in der Tradition des italienischen Cortile steht. Beide Barry-Bauten markieren beinahe prototypisch eine programmatische Abwendung vom Greek Revival in der frühviktorianischen Zeit. Dennoch wurde der griechischen Klassik auch hier Reverenz erwiesen. Im Morning Room findet sich, ganz in der Art des klassizistischen Athenaeum, als Dekoration eine um die Hälfte verkleinerte Kopie des Parthenonfrieses (Original im Britischen Museum).

Piccadilly (IV I/J7/8), vom niederländischen Wort *pikedillekens* als Bezeichnung für ein Stück Kragenstoff hergeleitet, führt als Straßenzug von Piccadilly Circus zu Hyde Park Corner und ist heute von Häuserfronten des frühen 20. Jh. dominiert, hinter denen sich jedoch verschiedentlich Reste architektonischer Kleinodien verbergen (Burlington House, Burlington Arcade und Albany: S. 132 ff.). Der quirlige **Piccadilly Circus**, ein verkehrsumtoster, unregelmäßiger Platz, ist gewissermaßen das Herz Londons; von hier aus erschließen sich gleichermaßen das Westend mit seinen Theatern, die vornehmen Quartiere St. James's und Mayfair und das heute chinesisch dominierte Soho. Die Platzmitte ziert die **Shaftesbury Memorial Fountain**, ursprünglich ein polygonal geformter Trinkwasserbrunnen mit einem Eros aus Aluminium als Bekrönung. Der Brunnen wurde 1893 eingeweiht und ehrt Anthony Ashley Cooper, den siebten Earl of Shaftesbury (1801–85), einen bekannten Politiker und Wohltäter viktorianischer Zeit. Piccadilly ist eine bedeutende Adresse in der Hotelwelt. Hier befinden sich u. a. das Bristol Hotel (in einem Neubau aus den 1970er Jahren), das Park Lane Hotel aus den 1920er Jahren, und, am berühmtesten, das **Ritz**, in einem 1906 eröffneten Bau (am Beginn des Green Park). An der Südseite, schräg gegenüber der Burlington Arcade, liegt das Kaufhaus **Fortnum & Mason**, 1770 gegründet und noch immer ein Inbegriff britischer Noblesse. Der Gründer, Charles Fortnum, war ein Lakai am Hofe Georgs III. mit besten Beziehungen zur damaligen High Society. Zu seinem Partner wurde John Mason. Der repräsentative Bau aus den 1830er Jahren wurde 1926–28 durch den heutigen Bau in neogeorgianischem Stil ersetzt. Links und rechts daneben erstrecken sich **Piccadilly Arcades** und

Piccadilly Circus

Princes Arcades mit exklusiven Geschäften; sie münden in die kleine, parallel zu Piccadilly verlaufende **Jermyn Street** mit ihren edlen Herrenausstattern. Die zweite Hälfte von Piccadilly verläuft am Green Park entlang und ist nur an der Nordseite bebaut. Sehenswert sind zwei Clubhäuser: der **Naval and Military Club** (No. 94), zurückgehend auf ein herrschaftliches Haus aus den 1750er Jahren, und der **St. James's Club** (No. 106), ein fünfachsiger palladianistischer Bau aus der Zeit um 1760 mit Interieur von Robert Adam. Die an Hyde Park Corner angrenzende Bebauung geht auf das 18. Jh. zurück und ist in Teilen noch gut erhalten (besonders im Bereich von Hamilton Place).

Pimlico: Dieser kleine, vornehme Stadtteil, begrenzt im Norden von der Victoria Station und im Süden von der

Themse mit der Vauxhall Bridge, ist in viktorianischer Zeit erschlossen und in recht homogener Weise mit Wohnhäusern neu bebaut worden. Der Architekt Thomas Cubitt hat ab 1824 dieses Quartier ebenso wie das benachbarte Belgravia und Bloomsbury im Norden städtebaulich konzipiert; zudem ist er hier in umfassender Weise auch als Architekt einzelner Bauten in Erscheinung getreten. Im 16. Jh. lag hier das Manor of Ebury, das in dieser Zeit zunächst zerteilt und Günstlingen des Hofes zugewiesen wurde, dann von Jakob I. 1623 veräußert wurde und hernach verschiedentlich den Besitzer wechselte. Im Zuge der Bevölkerungsexplosion des frühen 19. Jh. und des wachsenden Bedürfnisses nach repräsentativen Wohnquartieren in unmittelbarer Nachbarschaft von Westminster entstanden Cubitts Planungen, von denen die meisten charakteristischen, weiß stuckierten Bauten heute noch stehen und neben ihrer fortdauernden Nutzung als Wohnbauten zahlreiche kleine Hotels beherbergen.

Regent Street (IV J/K6/7): Kaum ein Straßenzug kann das Problem des heutigen Londoner Stadtbildes mit dem häufig totalen Verlust seiner historischen Dimensionen besser verdeutlichen als die Regent Street. Diese Nord-Süd-Achse ist zu Beginn des 19. Jh. in Konkurrenz zu Napoleons Pariser Rue de Rivoli als eine Prachtstraße, ja als eine regelrechte Via Triumphalis geplant worden; sie sollte eine repräsentative Verbindung vom Carlton House an der Mall zum neu angelegten Regent's Park im Norden sein. Verbunden ist dieses Projekt mit zwei Namen: Georg IV., der schon als im Carlton House residierender Prinzregent mit dieser gewaltigen städtebaulichen Neuerung begann, und John Nash, dem Architekten, der in London wie kein zweiter Architekturvolumen erstellt hat. Die Straße setzt im Norden den Portland Place (von Robert Adam errichtet) in Richtung Süden fort, mit dem die Verbindung zum Regent's Park über den halbkreisförmigen Park Crescent hergestellt war. Sie verläuft zunächst gerade und kreuzt in einem als Rondell angelegten Knoten die Oxford Street. In einem nach Osten führenden Bogen wird dann Piccadilly Circus erreicht. Die Regent Street strukturierte hier nicht nur in einem formalen Sinne das Stadtbild, sondern auch in einem sozialen: Sie trennte höchst wirksam die Slums von Soho im Osten von den feinen Quartieren von Mayfair im Westen – eine Grenze, die noch heute nachdrücklich spürbar ist. Vom Piccadilly Circus aus verläuft die Straße schnurgerade über das abfallende Terrain hinunter zur Mall und endet beim Carlton House. Dieser Straßenzug ist im frühen 19. Jh. komplett mit klassizistischen bzw. palladianistischen Bauten bestanden gewesen, mit nicht nur sehr abwechslungsreich gestalteten Wohnhäusern, sondern auch mit zahlreichen Kapellen, Theatern und weiteren Nutzbauten; historische Abbildungen geben einen guten Eindruck von diesem prachtvollen Straßenzug, für den neben Nash auch andere zeitgenössische Architekten Bauten beisteuerten. Dieses historische Stadtbild ist heute komplett verloren. Im Zuge von Grundstücksspekulation und dem Bedürfnis nach innenstadtnahen Büro- und Verkaufsflächen ist zwischen 1900 und 1920 die gesamte historische Bausubstanz abgebrochen und durch uniforme Neubauten ersetzt worden; von der einstigen Prachtstraße ist heute nicht mehr als eine gesichtslose, verkehrsreiche Einkaufsstraße geblieben.

St. James's Park: Der St. James's Park gilt unter den zahlreichen Londoner Parks und Gärten als der schönste und sehenswerteste. Das einstmals sumpfige Gebiet ist unter Heinrich VIII. in den 1530er Jahren drainiert und zu einem königlichen Park und Jagdrevier für den nahen St. James's-Palast ausgestaltet worden. Unter Jakob I. wurden Käfige für wilde Tiere und, im südlichen Parkteil, Vogelvolieren hinzugefügt. 1660–62 wurde der Park unter Karl II. nach Vorlagen von Le Nôtre in strengem französischen Barockstil umgestaltet, mit einem Kanal versehen und für die Öffentlichkeit zugänglich gemacht. Die heutige Gestalt als blumenreicher Landschaftsgarten mit großem Teich erfolgte 1827–29 unter der Regie von John Nash. Als Erweiterung dieses Parks fungiert der **Green Park**, ursprünglich ebenfalls Teil der Jagdgründe von Heinrich VIII. In der Folgezeit wurde er aber nicht weiter als Gartenanlage ausgestaltet, was die große, baumbestandene Rasenfläche, auf der die Londoner traditionell ihre Duelle austrugen, markant vom subtil angelegten St. James's Park unterscheidet. Ursprünglich dem Green Park zugehörig, seit dem frühen 19. Jh. jedoch davon abgetrennt ist das Areal des Buckingham-Palastes. An der Ostseite des Green Parks erheben sich drei bedeutende Stadthäuser. **Spencer House** (No. 27 St. James's Place, IV J8) steht an der Ostseite des Parks und ist von John Vardy entworfen worden: zunächst für Lord Montfort, der sich wegen finanzieller Schwierigkeiten 1755 das Leben nahm, dann für den eben volljährig gewordenen John Spencer, der den Bau 1766 vollenden ließ. Die palladianisch geprägte Architektur mit rustiziertem Sockelgeschoss und tuskanischem Piano Nobile mit sieben Achsen war reich ausgestattet (Stuarts berühmter *painted room*, ein Mischdekor aus pompejanischen, griechischen und renaissancesken Motiven; Soanes 1807 eingebaute Bibliothek). Beinahe 100 Jahre jünger, im Grundriss aber sehr ähnlich und ganz analog auf den Green Park orientiert ist **Bridgewater House** (Cleveland Row, IV J8), eines der spätesten aristokratischen Häuser der Stadt. Errichtet von Charles Barry 1847–54, residierte in diesem äußerlich an die Renaissance Italiens erinnernden Stadtpalazzo Lord Francis Egerton. Typisch für den Historismus ist das Interieur, das nicht dem italienischen Cinquecento der Außenarchitektur folgt, sondern Pariser Palaisvorbildern des 18. Jh. Unmittelbar gegenüber vom St. James's Palace erhebt sich **Lancaster House** (in der Stable Yard Rd., auch als York House oder Stafford House geläufig, IV J8), ein für den

Herzog von York errichtetes Haus auf fast quadratischem Grundriss. Ein erster Entwurf von Robert Smirke (1820) blieb nach Intervention von Georg IV. unrealisiert. 1825 wurde der Bau nach neuen Plänen von Benjamin Wyatt begonnen, die denen für das Apsley House ähnelten. Prägend sind das gelbbraune Baumaterial (Bathstein) und die großen Portiken in korinthischer Ordnung. Seit 1830 hat der Marquis von Stafford den Bau erweitert, u. a. um die von Smirke erbaute, unpassend wirkende Attika und eine großzügige Eingangshalle mit Treppe in barocker Manier. Lord Leverhulme gab im späten 19. Jh. dem Bau seinen heutigen Namen und schenkte ihn schließlich dem Staat mit der Auflage, hier das Museum of London unterzubringen, was von 1914–51 dann auch der Fall war. Heute wird der Bau für Empfänge der Regierung verwendet.

St. James's Square (IV J/K7/8): Dieser vornehme kleine Platz ist heute noch mit weitgehend authentischer Bebauung des 17. und 18. Jh. umstanden, ausgenommen die Südseite, wo sich nicht auf den Platz bezogene Häuserrückseiten der Pall Mall befinden. Angelegt in den 1660er Jahren von Lord St. Alban auf gepachtetem Terrain, folgte er mit seinen geschlossenen Ecken und den Zugängen in den Seitenmitten italienischen Vorbildern und beabsichtigte, in Hofnähe den bis dahin beklagten Mangel an vornehmen Wohnungen zu beheben. In der kleinen Gartenanlage in der Platzmitte erhebt sich ein 1807 errichtetes Reiterstandbild von Wilhelm III. und ein kleiner, in antik-ionischen Formen gehaltener hölzerner Gartenbau, erbaut von John Nash 1822. Unter den zahlreichen historisch bedeutsamen Bauten ragen zwei heraus. Das **Lichfield House** (No. 15) entstand 1764–66 nach Plänen von John Stuart für Thomas Anson. Stuart, der dieses Haus kurz nach seiner Rückkehr von der durch die Society of Dilettanti finanzierten Denkmäleraufnahme in Athen errichtete, formulierte hier erstmals das dann schnell epochemachende

Konzept des Greek Revival in städtischem Kontext. Die durchfensterte Halbsäulenfassade, die sich über einem rustizierten Sockel erhebt, kopiert bis in Details hinein die Westwand des Erechtheions auf der Athener Akropolis. Die Vorlagen hatte Stuart in Athen selbst erstellt; sie finden sich später in dem von ihm und seinem Partner Nicholas Revett herausgegebenen, mehrbändigen Buch *The Antiquities of Athens* veröffentlicht und zeigen beispielhaft, wie im späten 18. Jh. als vorbildhaft empfundene antike Bauformen in zeitgenössisches Bauen implementiert worden sind. Sehenswert ist auch der Innendekor der Repräsentationsräume, die 1791 allerdings durchgreifend verändert wurden; das Haus kann nach Terminabsprache besichtigt werden. Das **Distillers House** (No. 20) ist 1771–74 von Robert Adam für Sir Watkin Williams erbaut worden. Das schmale, aber sehr tiefe Haus mit Repräsentationsräumen im vorderen und Privat- und schließlich Betriebsräumen im hinteren Bereich ist 1935 von der Distillers Company Ltd. erworben und mit ihrem Haus No. 21 homogen verschmolzen worden; nur die drei nördlichen Achsen des heutigen Komplexes mit rustiziertem Rundbogensockel gehören zum ursprünglichen Gebäude. Die Repräsentationsräume des Erdgeschosses und des Hauptgeschosses sind 1968 aufwendig restauriert worden und auf Anfrage zu besichtigen.

Marylebone, Bloomsbury und St. Pancras

Der Stadtteil Bloomsbury erhebt sich auf einstmals landwirtschaftlich genutztem Terrain, das Wriothesley Russell, dritter Herzog von Bedford, im späten 17. Jh. für eine Stadterweiterung erschloss; als erster Nukleus dieser Neuerschließung gilt der 1660 vom vierten Earl of Southhampton angelegte Southhampton Square, der später in

Russell Square umbenannt wurde. Der Stadtteil wird heute von der University of London und weiteren Bildungseinrichtungen geprägt.

Obwohl Marylebone seit der Gebietsreform von 1965 zur City of Westminster gehört, ist es doch ein nach Norden, zum Regent's Park hin orientiertes, ursprünglich ländlich-vorstädtisches Quartier, das erst im späten 18. Jh. großräumig bebaut und durch die stadtplanerischen Akzente von John Nash zu Beginn des 19. Jh. in die in jenen Jahren explodierende Metropole eingebunden wurde.

St. Pancras mit seinen großen Bahnhofsbauten ist als eigenständiger metropolitaner Borough 1899 eingerichtet worden, zählt seit 1965 jedoch zum südlichen Bereich des Großbezirks Camden.

Sakralarchitektur

All Saints (III J5): Die an der Margaret Street gelegene Kirche ist ein aus mehreren Gründen bemerkenswerter Bau aus viktorianischer Zeit. Er war die Musterkirche der 1839 gegründeten Cambridge Camden Society, die sich die Wiederbelebung gotischer Bauformen zum Ziel gesetzt hatte, und zugleich ein Musterstück des *Oxford Movement*, einer Erneuerungsbewegung der Kirche von England. E. B. Pussey, ein Gründungsmitglied dieser Bewegung, veranlasste 1850 die Grundsteinlegung. Architekt war der damals eben 30-jährige William Butterfield, dem hier einer der perfektesten Bauten des Gothic Revivals gelang. Der Kirchenkomplex erhebt sich auf beinahe quadratischem Grundriss. Man betritt zunächst einen Hof, von dem rechts und links weitere Nebentrakte (Dining Hall, Library) abzweigen; über den Hof erreicht man den in der Längswand liegenden Eingang zur dreischiffigen Basilika. Das dekorative Äußere der Kirche und ihr farbenfrohes Interieur sind sehenswert.

All Souls (III I5): Die am Langham Place gelegene Kirche ist die einzige in London, die von John Nash errichtet worden ist. Sie entstand 1822–24 und war Bestandteil seiner umfassenden Architekturinszenierung entlang der Regent Street bis hin zum Regent's Park (vgl. S. 150f.). Sie besetzt einen aus verschiedenen Richtungen gut einsehbaren Platz am Knick der Regent Street, zwischen Langham und Portland Place. Von Zeitgenossen viel kritisiert, jedoch letztlich konsequent eingebunden in das Gesamtbild der Nash'schen Stadterweiterung war das kurios wirkende Uhr-Turm-Ensemble: Auf einem ionischen Rundtempel erhebt sich ein zweiter, diesmal korinthischer Säulenkranz; aus ihm erwächst unvermittelt ein überaus spitzer gotischer Turmhelm. Hinter diesem Turm schließt sich ein lichter, dreischiffiger Kirchenraum mit allseitig umlaufenden Emporen an, dessen Interieur modern ist.

Charterhouse (nicht auf den Karten): Am Charterhouse Square erhebt sich ein Baukomplex, der heute als Altenheim dient. Er geht zurück auf eine hier 1371 gegründete Klosteranlage des unter Heinrich VIII. verfolgten und schließlich in England aufgehobenen Kartäuserordens. Die sichtbaren, im Zweiten Weltkrieg stark zerstörten und gut restaurierten Bauten stammen aus dem 16.–18. Jh. Hallen, Höfe und Treppenhäuser sind Teile der Südwestecke des Klosters, das sich ursprünglich zur Gänze um den Kreuzgang herumzog und dessen tatsächliche, erhebliche Ausdehnung erst durch archäologische Ausgrabungen bekannt ist, die hier im Zuge der Instandsetzung der Bauten in den 1950er Jahren durchgeführt wurde.

Christ Church (III F4): Der 1824/25 an der Cosway Street errichtete klassizistische Kirchenbau ist von Philip Hardwick, dem Sohn des Greek-Revival-Architekten Thomas Hardwick, entworfen worden und ein Prototyp der Kirchenneubauten, wie sie zu Beginn des 19. Jh. in diesem neu urbanisierten Terrain in größerer Anzahl errichtet worden sind. Das Äußere dominiert die antik-ionische, das Innere die korinthische Bauordnung; ein hoher Turm auf quadratischem Grundriss dient als Blickfang.

Holy Trinity (III I4): Der architekturgeschichtlich bedeutende Bau aus gelbem Haustein an der Marylebone Road, Ecke Albany Street, ist 1820 von Sir John Soane entworfen und 1824–28 errichtet worden. Den Zugang ziert eine viersäulige ionische Portikus; Apsis und Außenkanzel sind Anbauten des späteren 19. Jh. Die Kirche ist seit 1930 außer Funktion und diente von 1936 bis 2006 als Buchlager, zunächst für Penguin Books, später dann für die Society for Promoting Christian Knowledge. Die weitere Nutzung des Bauwerks, das, anlässlich des Sieges bei Waterloo und dem damit einhergehenden Ende der Napoleonischen Kriege, aus vom Parlament ausgelobten 1 Million Pfund errichtet worden ist, wird derzeit kontrovers diskutiert.

St. George (III L5): Diese am Bloomsbury Way 1716–31 von Nicholas Hawksmoor errichtete Kirche ist Teil des *New Churches in London and Westminster Act* von 1711, der auf parlamentarische Initiative hin zum Neubau von 50 Kirchen in der sich rapide vergrößernden Metropole geführt hat. Die Ausformung dieses Kirchenbaus ist in vielerlei Hinsicht ungewöhnlich. Einzigartig sind zunächst die vier vollständig verschiedenen Fassadengestaltungen des langrechteckigen Baus: an der Südseite eine Freitreppe mit einer Portikus aus sechs korinthischen Säulen (eine Adaption der Fassade des Pantheon in Rom), im Osten eine halbrunde Apsis, an der Westseite ein mit der Kirchenwand verkröpfter Turm, dessen Aufsatz an das Mausoleum von Harlikarnassos erinnert, an der Nordseite schließlich eine konventionelle Durchfensterung. Der Kirchenraum selbst ist aus bautypologischer Sicht nicht in die Längs-, sondern in die Querrichtung orientiert, man betritt ihn über die kolossale Portikus von der Seite her. Der Altar der Kirche befindet sich seit 1781 im Norden und hebt damit diese dem Bau eigentlich vor-

St. Pancras, Kopie der Korenhalle des Erechtheions
auf der Akropolis von Athen

gegebene Orientierung auf. Der Innenraum ist zweigeschossig und mit einer Flachdecke überzogen. Hawksmoors Entwurf stand, nachdem ein erster Entwurf aus seiner Hand verworfen worden war, in Konkurrenz zu Plänen von James Gibbs und John Vanbrugh.

St. Marylebone (III H4): Die beim York Gate auf den Regent's Park hin ausgerichtete Kirche geht auf eine Dorfkirche zurück, die als Vorgänger um 1400 und 1741 renoviert worden ist. Die ersten Planungen eines Neubaus gehen auf William Chambers zurück, dessen 1771–74 erarbeiteten Entwürfe allerdings unrealisiert blieben. Erst 1813–17 wurde dann ein Neubau durchgeführt, nun nach klassizistischen Entwürfen von Thomas Hardwick. Der große Emporensaal (1884/85 viktorianisch umgestaltet) ist über eine sechssäulige, erneut am Pantheon in Rom orientierte, übergiebelte korinthische Portikus zugänglich, über der sich ein Rundturm erhebt.

St. Pancras (III K3): Die in Abgrenzung zu der alten, auf das 12. Jh. zurückgehenden St. Pancras-Kirche (Pancras Road) auch New St. Pancras genannte Gemeindekirche an der Euston Road, Ecke Upper Woburn Place, ist ein spektakulärer und damals mit 77000 Pfund überaus kostspieliger Neubau aus den 1820er Jahren. Das symmetrische Konzept ähnelt dem von St. Martin in the Fields: eine langrechteckige, durch eine repräsentative Portikus zugängliche Halle mit einem kraftvoll gestuften Turm hinter der Front. Den Wettbewerb gewannen die Brüder Henry und William Inwood, die einen reinrassigen Greek-Revival-Entwurf präsentiert hatten. Vorbilder waren die seit James Stuarts und Nicholas Revetts Buch *Antiquities of Athens* nicht nur in London gut bekannten Bauten des klassischen Athen, hier vor allem das Erechtheion und der Turm der Winde, den der Kirchturm im Aufbau zum Vorbild nimmt. Das Erechtheion, das Henry Inwood in Athen selbst detailliert studiert und in einem Buch publiziert hat, begegnet auf Schritt und Tritt. Die sechssäulige ionische Eingangsportikus ist eine Kopie der Säulenstellung von der Nordhalle des Erechtheions. Links und rechts an das Kirchengebäude angefügt findet sich je eine Kopie der berühmten Korenhalle, hier allerdings auf jeweils vier Koren aus Terrakotta beschränkt. Von hier aus sind die Sakristei und die Gruft zugänglich. Die reiche ionische Ornamentik des antiken Vorbilds findet sich sowohl außen (besonders sehenswert: die Laibung der Eingangstür und die Ornamentik am Wandabschluss der Langseiten) als auch innen, hier als Holzschnitzerei.

Historische Profanarchitektur

Broadcasting House (III I5): Die im Mai 1932 eingeweihte Zentrale der BBC am Portland Place ist ein schlicht-monumentaler Bau von Colonel Val Myer. Das sehr stilsichere Art-déco-Interieur, darunter die Ausstattung verschiedener Theater und Publikumsstudios, entstand unter der Regie des australisch-irischen Architekten Raymond McGrath. Das schnell zu klein gewordene Gebäude ist in den Nachkriegsjahren um eher zweckmäßige Anbauten ergänzt worden, die jedoch im Rahmen einer Totalsanierung des Komplexes 2005 abgebrochen worden sind. Neue Anbauten, derzeit erst zu Teilen realisiert, ersetzen sie. 2006 ist der dem Hauptgebäude formal ähnlich, aber unverkennbar zeitgenössisch gestaltete Egton Wing eröffnet worden, ein Anbau von McCormack Jamieson Prichard. Die Gesamtrenovierung soll 2011 abgeschlossen sein; zur Verfügung stehen dann 80000 m² Betriebsfläche für 36 Radio- und 6 TV-Studios und die dafür nötige technische Infrastruktur.

Vor dem Portal des Broadcasting House steht eine anspielungsreiche Skulpturengruppe (Prospero und Ariel aus Shakespeares *The Tempest*) von Eric Gill aus der Errichtungszeit des Kernbaus; weitere Darstellungen des Ariel finden sich an verschiedenen Reliefs des Gebäudes.

British Museum (III K/L 5): Das Gebäude des British Museum an der Great Russell Street (zum Museum: S. 246 ff.) geht auf Planungen von Robert Smirke zurück; es ersetzte Montague House, ein großes, von Robert Hooke 1675–80 für Ralph Montague in Bloomsbury erbautes Stadthaus, das zunächst den Grundbestand des Museums, die 1753 an den Staat verkauften Sammlungen des Arztes und Naturforschers Sir Hans Sloane, barg. Nachdem ab 1801 zahlreiche Kunstwerke den Museumsbestand erweiterten, wurde zunächst ein Anbau nötig, ab 1823 dann ein vollständiger Neubau unter Integration wesentlicher Teile von Montague House geplant. Smirke konzipierte auf fast quadratischem Grundriss eine vierflügelige Anlage mit Hof in der Mitte und repräsentativem Zugang, 44 ionische Monumentalsäulen, die Basen nach Vorbild des Dionysos-Tempels von Teos, die Kapitelle dem Athena-Tempel von Priene nachempfunden. Die Bauarbeiten zogen sich unter verschiedentlichen Planänderungen und Errichtungen von Provisorien von 1823 bis zunächst 1846 hin; dann übernahm Sydney Smirke die Bauleitung von seinem Bruder. Der berühmte Kuppelbau, der Lesesaal der Bibliothek, bis 1997 der Kern der British Library (S. 166), erhob sich auf der einstigen Freifläche des Innenhofs und wurde 1854–57 nicht als klassizistischer Steinbau, sondern als moderner Gusseisenbau mit Ziegelbögen konstruiert. Mit der Auslagerung der British Library nach St. Pancras ging ein umfangreiches Umgestaltungsprojekt einher. Die Rotunde dient weiterhin als für das Publikum zugänglicher Lesesaal mit museumsbezogener Fachliteratur; der hofartige zentrale Verteilerraum des Museums mit der Rotunde in der Mitte wurde nach Plänen von Sir Norman Foster glasüberdacht (vollendet 2001).

Euston Station (III J/K3): Der heutige unspektakuläre, flache Glasbau an der Euston Road, 1963–68 erbaut, darf als Mahnmal für eine der größten Bausünden bezeichnet werden, die je in London begangen worden ist. Bis

Portal der Euston Station, 1838 von Philip Hardwick vollendet, 1958 abgerissen. Foto aus den 1930er Jahren

1961 erhob sich hier Londons ältester und großartigster Kopfbahnhof, der Endpunkt der ersten verkehrstechnisch wirklich bedeutenden englischen Eisenbahnverbindung zwischen Birmingham und London (konstruiert von Robert Stevenson). Philip Hardwick erbaute hier zwischen 1836 und 1849 eine aus mehreren lose miteinander verbundenen Teilen bestehende Bahnhofsanlage im Stile des Greek Revival. Imposant waren besonders das Zugangstor, ein freistehendes dorisches Propylon, dem Eingang zur Athener Akropolis nachempfunden, und die große Halle, in ornamentreichem ionischen Stil gehalten – beides Rückverweise auf die klassisch-griechische Architektur des 5. Jh. v. Chr. Hier entstand auch erstmals das dann für London typische Zusammenspiel zwischen Bahnhof und

Hotel; gleich zwei Hotels, das Euston- und das Victoriahotel, flankierten die Bahnhofsbauten. Der Abriss der historischen Bauten 1961 hat großen öffentlichen Protest mit sich gebracht, in dessen Folge eine intensive und letztendlich fruchtbare Debatte über Sinn und Kosten des Erhalts historischer Bausubstanz geführt worden ist.

Gray's Inn (nicht auf den Karten): Der an der Gray's Inn Road liegende Baukomplex ist neben Lincoln's Inn und Inner und Middle Temple die vierte der berühmten Londoner Rechtsanwaltsschulen, der Inns of Court. Wie die anderen, so ähnelt auch Gray's Inn den Colleges von Oxford und Cambridge; das Architekturkonglomerat aus kleinen Häusern mit Anwaltsbüros, Gemeinschaftsbauten wie Halle, Bibliothek und Kapelle und Gartenanlagen dazwischen geht auf das 14. Jh. zurück. Zu besichtigen sind neben den Gärten die Halle (um 1560, mit originalen Schnitzereien im Innern) und die Kapelle, ein Neubau des späten 17. Jh. Gray's Inn ist im Zweiten Weltkrieg schwer beschädigt und nur zu Teilen wieder restauriert worden; die Bibliothek ist ein Neubau aus den 1950er Jahren.

King's Cross Station (III L2): Der Kopfbahnhof der Great Northern Railway, die London mit York verband, wurde am 14. 10. 1852 eröffnet. Lewis Cubitt ist als Architekt für das funktional bestechende Konzept eines Bahnhofs verantwortlich, der aus zwei Hallen – einer Ankunfts- und einer Abfahrtshalle mit ursprünglich je vier Gleissträngen – besteht und auf diese Weise die Verkehrsströme ideal lenkt. Die vierschiffige Fassade nahm die Überwölbung der beiden Hallen als Motiv auf, in der Mitte erhob sich ein großer Uhrturm, an den Längsseiten erstreckten sich die Räumlichkeiten für die technische Infrastruktur.

Mary Ward Settlement (III K/L3): Diese von dem Romancier Mary Ward und dem Philanthropen John Passmore Edwards gestiftete Bildungseinrichtung am Tavistock Place ist eines der besten architektonischen Beispiele für die seit Mitte des 19. Jh. in England als Reaktion auf historistischen Klassizismus und industrielle Serienproduktion beliebte Arts-and-Crafts-Bewegung in London. Das 1898 vollendete Gebäude ist von A. Dunbar Smith und Cecil Brewer entworfen worden. Markant ist die handwerkliche Liebe zu jedem architektonischen Detail und besonders der Kontrast zwischen der planen, roten Ziegelfassade der Gebäudekörper und den expressionistisch geschwungenen Eingängen und Umfassungsmauern aus weißem Haustein. Die unregelmäßige Setzung der Fenster im linken Gebäudeteil folgt der hier nach oben führenden Treppe.

Royal Academy of Music (III H4): Der hohe, ursprünglich aus drei Pavillons bestehende Bau der zur University of London gehörigen Akademie an der Marylebone Road ist 1910/11 von Sir Ernest George in neobarockem Stil errichtet worden. Umfangreiche Anbauten sind 2002 nach Planungen von John McAslan & Partner vollendet worden, darunter ein neuer Konzertsaal und ein Saal für Tonaufnahmen. Der Akademie zugehörig ist eine umfangreiche **Bibliothek** mit wertvollen frühen Notendrucken und Handschriften. Im nahen York Gate Building, 1822 von John Nash errichtet, befindet sich die öffentlich zugängliche **York Gate Collection**, eine Sammlung historischer Musikinstrumente und Partiturmanuskripte, u. a. von Purcell, Mendelssohn, Liszt und Brahms.

Royal Institute of British Architects (III I4): Die 1834 gegründete Gesellschaft mit heute über 30000 Mitgliedern residiert heute in No. 66 Portland Place in einem in den frühen 1930er Jahren errichteten, fünfgeschossigen Eckbau von Grey Wornum, der durch seine dezente Monumentalität besticht. Das RIBA besitzt eine der bedeutendsten Architekturbibliotheken der Welt, in der sich neben seltenen Büchern und Handschriften auch zahlreiche Zeichnungen, Skizzen und Entwürfe berühmter Architekten befinden, u. a. von Andrea Palladio, Inigo Jones, Christopher Wren, James Stuart, Frank Lloyd Wright, Le Corbusier und Mies van der Rohe; ein Großteil des Bestandes ist 2004 in das Victoria and Albert Museum (S. 265 ff.) überführt worden. Dem RIBA zugehörig ist die **Heinz Gallery** (No. 26 Portman Square), in der Wechselausstellungen zu architektonischen Themen gezeigt werden.

St. Pancras Station (III L2): Der unlängst umfassend sanierte viktorianische Bahnhof in hoch aufragendem neogotischen Stil bildete einst zusammen mit dem **Midland Grand Hotel** einen zusammengehörigen Baukomplex, der auf einem zuvor von Slums bestandenen Gebiet errichtet wurde. Der Kopfbahnhof mit fünf Gleisen wird von einer einbogigen, 76 m breiten und 30 m hohen Gusseisenhalle überspannt, die 1867 vollendet wurde und lange Zeit die Bahnhofshalle mit der größten Spannweite der Welt war. Verschmolzen ist hiermit ein gewaltiger Hotelbau, der im Erdgeschoss verschiedene großzügig angelegte Funktionsräume für den Bahnbetrieb aufweist (Wartesäle, Büfett, Fahrkartenschalter). Darüber erheben sich vier reich verzierte Hotelgeschosse mit abwechslungsreicher Überdachung und verschieden ornamentierter Fassade. Der Bau wurde nach einem Wettbewerb von George Gilbert Scott 1868–73 errichtet und war seinerzeit bis zur Eröffnung des Savoy-Hotels am Strand (S. 106) mit integrierten Liften und elektrischem Licht der technisch modernste Hotelbau in London. Das Hotel ist 1935 geschlossen und die Räumlichkeiten sind bis zur aktuellen Renovierung als Büros genutzt worden; 2007 wurde der Hotelbetrieb in einem Anbau wieder aufgenommen, und die historischen Hotelräume wurden in Apartments umgewandelt. Seit Herbst 2007 ist St. Pancras die Endstation der Eurostar-Züge, die London durch den Kanal- und einen hierfür neuerbauten Themsetunnel mit dem europäischen Festland verbinden; der bisherige Endpunkt (Waterloo International, S. 232) ist damit obsolet und harrt einer neuen Nutzung.

University College (III K4): Das im Zentrum von Bloomsbury gelegene Hauptgebäude der University of London ist ein dreiflügeliger, zur Gower Street hin offener Komplex aus den Jahren nach 1826. Für das Gebäude der 1820 gegründeten, konfessionsungebundenen Universität wurde 1825 eine Ausschreibung veranstaltet, die William Wilkins unter anderem gegen James Cockerell gewann. Der Mittelblock ist durch eine gewaltige, zehnsäulige korinthische Portikus und einen dahinterliegenden Kuppelbau ausgezeichnet; unter der Kuppel befindet sich die **Flaxman Collection**, eine 1851 eröffnete Sammlung von Skulpturen und Gipsabgüssen des klassizistischen englischen Bildhauers John Flaxman. Die weiteren Flügelbauten wurden erst in den 1860er Jahren, nun nach veränderten Plänen, hinzugefügt. Gegenüber dem Wilkins-Gebäude, auf der anderen Seite der Gower Street, liegt das **University College Hospital**, heute Cruciform Building genannt. Die vierflügelige Architektur bildet im Grundriss das Andreaskreuz nach; der rote, terrakottageschmückte Ziegelbau entstand nach Plänen von Alfred Waterhouse 1897–1905.

Moderne Architektur

British Library (III K2/3): Der beinahe sprichwörtlich dreißigjährige Krieg um Entwurf und Realisierung eines Neubaus der British Library (so vom Architekten Colin St. John Wilson in einem Buch über sein Projekt bezeichnet) endete, getrieben von dem Mitterrand'schen Prestigeprojekt der Bibliothèque Nationale in Paris, 1997 mit der Einweihung des neu errichteten ausgedehnten Komplexes an der Euston Road unmittelbar westlich neben der St. Pancras Station. Der ziegelrote Bau birgt auf knapp 120 000 m^2 Fläche die 1973 durch Zusammenfassung mehrerer Bibliotheken mit der Library of the British Museum (gegründet 1753) entstandene British Library, eine der größten und bedeutendsten Bibliotheken der Welt; die Rotunde im Britischen Museum, die die Bestände bis dahin mehr recht als schlecht barg, wurde hierdurch nachhaltig entlastet. Die Bibliothek gründete sich ursprünglich auf die Nachlässe von Sloane, Townley und anderen Privatgelehrten des 18. Jh. sowie auf Stiftungen der Könige Georg II. und III.; Georgs III. Bibliothek ist im gläsernen Bücherturm des Neubaus aufgestellt. Die British Library ist im Sinne des 1972 verabschiedeten Gesetzes eine Dokumentationsbibliothek, die alle Druckwerke in einem Exemplar archiviert, die in England erscheinen, Zeitungen und Zeitschriften eingeschlossen. Im Zuge der Bestückung der neuen Räumlichkeiten sind zahlreiche Handschriften-Attraktionen aus dem Britischen Museum nach hierher verbracht worden: u. a. die *Magna Carta*, die *Lindisfarne Gospels*, ein Mercator-Atlas, die handschriftliche Partitur von Händels *Messias*, Briefe von Lord Nelson und Handschriften von Isaac Newton und Leonardo da Vinci. Dies verleiht dem technisch-unterkühlt wirkenden, funktional organisierten Gebäude zugleich den Charakter eines Museums.

Brunei Gallery (III K/L4): Der 1995 vollendete Neubau an der Thornhaugh Street gehört zur School of Oriental and Africa Studies, einem bedeutenden College der University of London. Das Museum zeigt Wechselausstellungen islamischer Kunst. Der unverkennbar zeitgenössische Bau von Nicholas Hare fügt sich harmonisch in die neoklassizistische, vierstöckige Reihenhausbebauung der Umgebung ein.

Congress House (III K5): Die Heimat des Trade Union Councils an der Great Russell Street ist eines der wichtigsten Londoner Bauten aus der frühen Nachkriegszeit. David du Roi Aberdeen gewann 1948 einen Wettbewerb und realisierte seinen Entwurf 1948–57. Der sechsgeschossige Bau mit einem breiten Fensterband im obersten Stockwerk bildete inmitten eines eher gutbürgerlichen

Viertels nicht nur einen modernen optischen Architekturakzent, sondern auch eine Kraftdemonstration der damals noch übermächtigen englischen Gewerkschaftsbewegung.

Gibbs Building / Wellcome Trust (III J4): Der von Henry Wellcome nach seinem Tod 1936 testamentarisch gegründete Trust ist eine der bedeutendsten wohltätigen medizinischen Stiftungen der Welt, entwachsen aus einem Pharmakonzern. Nahe dem alten Gebäude des Trusts aus den 1930er Jahren (No. 183 Euston Road) entstand 2004/05 nach Plänen von Michael Hopkins & Partners ein Neubau (Gibbs Building, No. 215 Euston Road), der heute die Verwaltung der Stiftung birgt. Der filigrane, achtstöckige Glasstahlbau ist von einem Metalldach tonnenüberwölbt und umschließt im Inneren ein Atrium, das dem Bau auch im Interieur ein hohes Maß an Transparenz verleiht. Das Baukonzept ist eine gelungene und individuelle Weiterentwicklung des Industrial Designs bzw. der High-Tech-Architecture von Richard Rogers (Lloyds-Building u. a. m.).

Straßen, Plätze und Quartiere

Regent's Park und Umgebung: Ursprünglicher Name dieses größten Parks Londons war Marylebone Fields, ein weiteres Jagdrevier von Heinrich VIII. Im 17. Jh. wurde das Gelände in Weide- und Ackerland umgewandelt und an den Herzog von Portland verpachtet. Als dessen Pachtvertrag 1809 auslief, entstand die Idee für die Anlage eines großen, königlichen Parks. Gegen die Entwürfe von John White, Thomas Leverton und Thomas Chawner setzte sich John Nash mit seiner umfassenden Konzeption eines Parks mit Prachtstraßen-Anbindung (zur Regent Street, s. S. 150 f.) und einer großzügigen Umgebungsplanung durch, in der als Rahmenbebauung das größte aristokratische Wohnquartier Europas entstehen sollte. Der ab 1812 durchgeführte Ausbau des Parks blieb in wichtigen Punk-

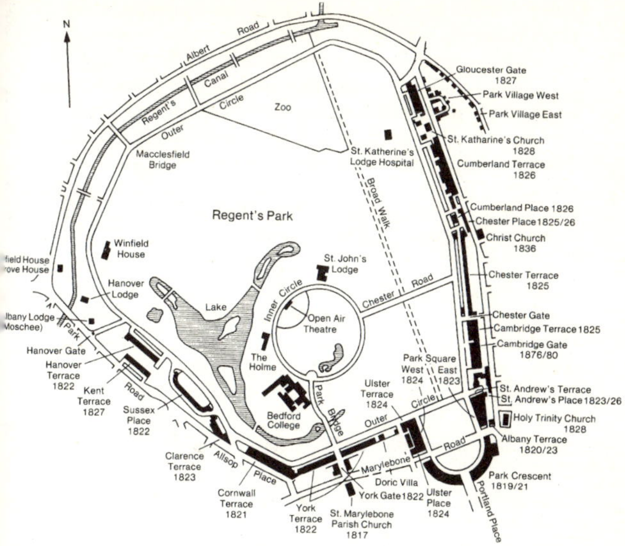

Regent's Park

ten unvollendet. Geplant war eine von einem See und einem Kanal strukturierte Parklandschaft, in der knapp 60 Villen und ein Palast im Zentrum stehen sollten, das Ganze umgeben von einem doppelten Straßenring mit terrassenartiger Randbebauung. Die zentrale Idee des Palastes blieb, nachdem die Entscheidung für den Ausbau des Buckingham-Palastes gefallen war, unrealisiert. Somit änderte sich schon sehr bald der Charakter des Parks, der nunmehr öffentlich zugänglich wurde und neben den insgesamt acht realisierten Villen zahlreiche Attraktionen erhielt – vom *boating lake* bis hin zu Tennis- und Cricketplätzen, von einem Freilufttheater bis hin zu akkuraten Blumengärten wie dem Queen Mary's Garden, einem Rosen- und Steingarten.

Nicht alle Bauten im Kontext des Regent's Park sind von Nash persönlich entworfen und errichtet worden, sie sind jedoch seinen Rahmenvorgaben entnommen. Besonders die im Park gelegenen **Villen** sind architektonische Resultate prominenter Kollegen. Von Decimus Burton entworfen waren Holford House am Nordenede (1833, im Zweiten Weltkrieg zerstört), ferner The Holme am Rondel (1817–19) und die South Villa (1819), beide heute Teil des hier im Park angesiedelten Regent's College, schließlich Hanover Lodge (1827) und die St. Dunstan's Villa (1825). St. John's Lode stammt von John Rattfield (1818–19), Grove House mit seiner feinen ionischen Portikus von James Burton (1823). Albany Lodge ist von Charles R. Cockerell 1824 erbaut, 1918 neogotisch erneuert worden. Hier befindet sich heute der Sitz des islamischen Kulturzentrums, neben einer 1975 eingeweihten **Moschee**.

Die ursprüngliche Idee, den Park mittig von einem Kanal durchfließen zu lassen, kam ebenfalls nicht zur Ausführung, wohl weil man den direkten Kontrast zwischen arbeitender Bevölkerung und Hofaristokratie scheute. Der **Regent's Canal** tangiert stattdessen den Park an seiner Nordseite und ist heute Teil des Grand Union Canal, der im Osten Londons bei Victoria Wharf von der Themse abzweigt und das mittelenglische Industrierevier mit London verband. Heute ein weitgehend zu Freizeitzwecken genutztes Industriedenkmal, lohnt sich ein Spaziergang in nordöstlicher Richtung entlang des beschaulichen Kanals bis Camden Lock. Den Nordteil des Regent's Park bedeckt **London Zoo**, 1826 von Sir Stamford Raffles und Sir Humphrey Davy gegründet. Zunächst waren dies die Gärten der von den beiden konstituierten Zoological Society of London, die dann bald als Tierpark ausgestaltet wurden. Die Anlage besteht aus drei durch Brücken miteinander verbundenen Teilen und ist 1959 komplett neu geordnet worden.

Zu sehr großen Teilen realisiert und erhalten geblieben ist die Rahmenbebauung des Parks in Form ausgedehnter, strahlend weiß lackierter **Terraces**, die etwa zwei Drittel des Parks umgreifen. Als zentraler und repräsentativer Zugang zum Park ist, gewissermaßen als Kopfstück von Portland Place und der Regent Street, 1819–21 **Park Crescent** entstanden: eine halbkreisförmige, auf den Park ausgerichtete, kolonnadengeschmückte Häuserzeile, die auf einen fast quadratischen, von Häuserblöcken rechts und links flankierten Eingangsplatz (Park Square) überleitet – ein heute durch die verkehrsreiche Marylebone Road zerschnittenes, spürbar gestörtes Szenario. Von diesem Zentrum aus erstrecken sich links und rechts entlang der doppelten Ringstraße die Terraces: langgezogene, damals luxuriös ausgestattete, mehrgeschossige Wohnblöcke, die zum Park hin mit klassizistischen Prunkfassaden versehen waren und aus der Distanz an Landschlösser erinnerten, obwohl sich hinter den Schauseiten städtische Wohnbebauung verbarg. Entsprechend groß sind Unstimmigkeiten und Kontraste bei einer Nahsicht: Die strahlend weißen Fassaden mit ihren antiken Säulen- und Giebelmotiven wirken oft wie ins Leere greifend und können die enormen Längen der Bauten nicht wirklich variabel und lebendig strukturieren; die aus Nashs lackiertem Patentstuck bestehenden Fassaden geben einen nicht vorhandenen Materialluxus vor; sie verblenden in Wahrheit Ziegelgebäude, wie man es an den bisweilen schmucklos gebliebenen Rückseiten erkennen kann. So entstanden zwischen 1821 und 1827 ingesamt zehn langgezogene, zum Teil miteinander verbundene Terraces. Einen besonderen Akzent erhielt die Rahmenbebauung im Nordosten: Mit **Park Village East** und **Park Village West** entstanden hier zwei kleine Gebiete mit Vorstadtvillen in verschiedenen Stilen in der Art der *model villages*. Park Village East ist im Zuge der Vergrößerung der Eisenbahntrasse hin zur Euston Station 1906 weitgehend zerstört worden, die gesamte

Rahmenbebauung des Regent's Park ist insgesamt mehrfach vom Abriss bedroht gewesen: wegen der schlechten Bausubstanz ebenso wie wegen des enormen Aufwandes, der für eine zeitgemäße Neuausstattung und den originalen optischen Erhalt der Gebäude notwendig ist.

In der näheren Umgebung des Regent's Park sind im Westen **Lord's Cricket Ground** (III E3) zu erwähnen, das Mekka des Cricketsports. Es ist dies die mehrfach umgestaltete und modernisierte Anlage des 1786 gegründeten Marylebone Cricket Club. Ganz in der Nähe liegen die **Cricket Memorial Gallery**, ein 1953 gegründetes Museum des Cricket-Sports, und die berühmten **Abbey Road-Tonstudios** (No. 3 Abbey Road). Im Norden des Parks erhebt sich, ebenfalls als Parkanlage ausgestaltet, **Primrose Hill** (III F/G1), ein künstlicher Berg, der aus dem beim U-Bahn-Bau im 19. Jh. und frühen 20. Jh. anfallenden Erdaushub geformt wurde; von hier aus hat man einen schönen Überblick über die Stadt. Am Ende der auf die Park Road mündenden Baker Street (Hausnummer heute 237–239) findet sich das **Sherlock Holmes Museum** (IV G4), das im ersten Stock die Wohnung des Meisterdetektivs als inszeniertes Museum präsentiert.

Russell Square (III L4): Der große Gartenplatz inmitten von Bloomsbury geht auf den Herzog von Bedford zurück, der im 17. und 18. Jh. seine in der unmittelbaren Umgebung von London gelegenen Ländereien entwickelte und urbanisierte; parallel entstanden weitere Plätze wie der Tavistock Square, der Bedford Square und der Woburn Square. Die einstigen Terrassenhäuser, die den Russell Square säumten, sind besonders auf der Süd- und Westseite zahlreich erhalten; sie sind heute nahezu durchweg von Instituten und Büros der University of London belegt. Der seit den 1960er Jahren zunehmend verwahrloste Garten in der Platzmitte wurde 2002 nach einer erhaltenen Vorlage aus den Jahren nach 1800 neu gestaltet und mit einem Brunnen versehen.

Kensington, Chelsea, Notting Hill, Bayswater und Paddington

Die hier zusammengefassten Stadtteile umgreifen im Süden, Westen und Norden den Hyde Park; sie bilden dabei aber keineswegs eine Einheit. Chelsea, ursprünglich ein in der Nachbarschaft zu London gelegenes Dorf, gilt heute als ausgesprochenes Künstlerviertel, Kensington ist demgegenüber ein eher großbürgerliches und wohlhabendes Quartier. Die Stadtteile nördlich des Hyde Park, im frühen 19. Jh. urbanisiert, sind deutlich weniger wohlhabend und bisweilen, wie Notting Hill, ausgeprägt alternativ angehauchte Szeneviertel – hier begegnet das *swinging London* der 1960er Jahre, als gepflegte Inszenierung, immer noch auf der Portobello Road und in Notting Hill Gate mit den alternativen Läden und dem wöchentlichen Flohmarkt und, in einer modernen, multikulturellen Form, im jährlichen Notting Hill Carnival. Hier hat die Verdrängung der weniger begüterten Bevölkerung aus dem für sie unbezahlbar gewordenen Londoner Stadtzentrum in den 1980er Jahren begonnen und mittlerweile gravierende Spuren hinterlassen. Die heutigen Bewohner von Notting Hill und Bayswater gehören überwiegend zu den besserverdienenden Bewohnern der Stadt, die in den letzten 20 Jahren hier zugezogen sind.

Sakralarchitektur

Greek Orthodox Cathedral (V B7): Dieser Bau an der Moscow Road (Bayswater) ist ein weiterer Meilenstein historistischer Architektur Londons. Die Kirche der griechisch-orthodoxen Gemeinde, ein roter, überkuppelter Ziegelbau, erhebt sich über dem Grundriss eines griechischen Kreuzes und ist ein Musterstück des Byzantine

Revivals, ein Stil, der an das Gothic Revival anschloss. Die 1877–82 erbaute Kirche geht auf Pläne von John Oldrid Scott zurück. Der reich dekorierte Innenraum ist besonders wegen seiner bemalten Ikonostase sehenswert, ein Werk des Münchner Klassizisten Ludwig Thiersch.

St. Augustine (nicht auf den Karten): Die an der Oxford Road gelegene Ziegelkirche ist ein Meisterwerk des Gothic-Revival-Architekten John Loughborough Pearson, 1871–77 erbaut und 1880 geweiht. Wie bei den prominenteren Kathedralen von Bristol und Truro orientierte sich Pearson auch hier an der französischen Hochgotik des 13. Jh. Der hohe Turm wurde 1898 vollendet, das fünfschiffige Innere der Kirche ist wegen des überaus schlanken Aufrisses sehenswert.

St. Mary Abbots (V C9): Die an der Kensington High Street, Ecke Church Street, gelegene Kirche ist nach ihrer mittelalterlichen Zugehörigkeit zur Abtei Abingdon benannt. Ein mehrfach renovierter Bau des 12. Jh. wurde von George G. Scott 1869–72 durch eine neue Kirche mit schlankem Turm ersetzt. Der dreischiffige, relativ große Bau mit Querhaus und mehrteiligem Chor ist auch im Inneren von Scott ausgestaltet, lediglich die Kanzel aus dem späten 17. Jh. ist dem Vorgängerbau entnommen. In der Kirche und auf dem nahen Friedhof befinden sich zahlreiche Gräber prominenter Gemeindemitglieder.

St. Mary Magdalene Paddington: Die am Woodchester Square heute gänzlich frei stehende Kirche ist 1867–78 von George E. Street entworfen worden. Der im Stil des Gothic Revivals gehaltene Bau mit seinen drei ungleich großen Schiffen ist durch den Wechsel von farbigen Ziegeln und Haustein charakterisiert. Der Baugrund – die Kirche erhebt sich auf Teilen des Aushubs des Grand Junction Canal – stellte erhebliche technische Anforderungen.

Oratory (IV F10): Der gewaltige historistische Sakralbau an der Brompton Road nahe dem Victoria and Albert

Museum ist die Kirche der Oratorianer, einer vom hl. Filippo 1575 in Rom gegründeten Glaubensrichtung, die 1847 vom späteren Kardinal Newman (seine Statue schmückt den Hof der Kirche) nach England transferiert worden ist. Der dreischiffige Bau, dessen Seitenschiffe als Kapellen ausgebildet sind, wurde nach einem 1878 durchgeführten Architektenwettbewerb 1880–84 von Herbert Gribble erbaut, der als Außenseiter 30 teils deutlich prominentere Konkurrenten aus dem Feld schlug. Die Kirche ist im Stil der italienischen Renaissance gehalten und nimmt deutliche Anregungen von Vignolas Il Gesù, der Hauptkirche der Jesuiten in Rom, auf. Anklänge an Italien finden sich auch in der historistischen Langhausdekoration (gefertigt von Claudio Formilli), dem Renaissancealtar in der Marienkapelle mit einem Altarblatt aus der Dominikanerkirche aus Brescia und in den Apostelstatuen, die um 1680 entstanden sind und aus dem Dom von Siena stammen.

Historische Profanarchitektur

Hampden Gurney School (III F6): Am Nutford Place findet sich mit der Hampden Gurney Urban School eines der eindrucksvollsten Bauprojekte von BDP (Building Design Partnership), einem seit 1961 international höchst aktiven Architekturbüro mit knapp 1000 Mitarbeitern aus allen Disziplinen der Architektur (in London vor allem bekannt wegen des 2000 abgeschlossenen Umbaus der Wimbledon-Tennisanlagen). Auf vier von einer Glasfassade dominierten Ebenen finden sich Unterrichtsräume und Bibliotheken. Das L-förmige Gebäude umrahmt einen vom Verkehr der Umgebung strikt abgetrennten Garten- und Spielplatzbereich. Das lichtdurchflutete Schulgebäude ist 2002 eingeweiht worden.

Kensington Palace (V C8): Der Kensington Palace, am Westende der Kensington Gardens gelegen, geht auf ein re-

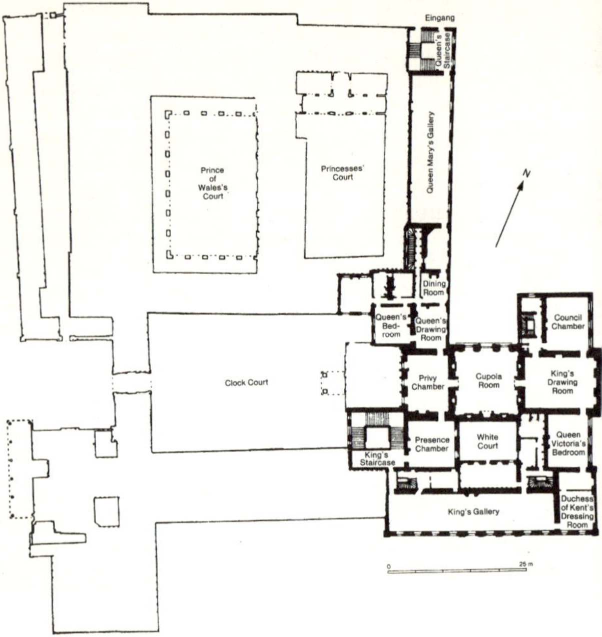

Kensington Palace

lativ einfaches Haus zurück, das um 1600 für den Hofbeamten Jakobs I. Sir George Coppin errichtet wurde (Architekt möglicherweise John Thorpe). Dieser Kern des späteren Palastes, von dem Teile noch im heutigen Cupola Room zu sehen sind, wurde 1661 an Sir Heneage Finch veräußert, nach dem der Bau dann lange Jahre benannt war. 1689 erwarb Wilhelm III. das Grundstück und wandelte es in eine stadtnahe Residenz um. Mit dem Umbau wurde Wren betraut, der hier parallel zur Erneuerung von Hampton Court tätig war und eine relativ schmucklose Anlage schuf, indem er vier Pavillons an den rechteckigen Kernbau anfügte und den Clock Court erbaute, durch den die bestehenden Wirtschaftsgebäude mit dem Hauptbau verbunden wurden. Dabei wurde der Bau von Süd nach West umorientiert und ein repräsentativer Zugang über eine sechssäulige Portikus geschaffen. 1690–95 wurde der Komplex um den Princess Court erweitert, ferner um ein prachtvolles Treppenhaus und eine Galerie. Für Georg I. wurden nach 1714 die Wirtschaftsgebäude umfassend erneuert sowie die Gartenanlage nach Plänen des Königs gestaltet. Bis zum Tod von Georg II. 1760 war Kensington Palace neben dem St. James's Palace die Hauptresidenz der englischen Könige, blieb danach jedoch verlassen. Das Anwesen wurde bis zu ihrem Tod 1997 von Princess Diana bewohnt. Über einen Eingang im Norden sind einige 1975 restaurierte Räume des Hauptgeschosses zugänglich (sehenswert sind besonders die Deckendekorationen von William Kent). Nördlich des Palastes erhebt sich die Orangerie von Nicholas Hawksmoor, ein 1704 errichteter schlichter Ziegelbau mit Innendekor von Grinling Gibbons.

Westlich des Palastes erstreckt sich schnurgerade **Kensington Palace Gardens**, eine um die Mitte des 19. Jh. angelegte, schon damals polizeibewachte Privatstraße (ihr südlicher Ausläufer heißt **Palace Green**) mit heute zahlreichen Botschafts- und Konsulatsgebäuden. Die repräsentativen, überwiegend im italienischen Palazzostil gehaltenen Villen entstanden nach 1840 im Bereich des ehemaligen Küchengartens des Palastes und dienten Londoner Prominenz der viktorianischen Ära als repräsentative Wohnsitze.

Linley Sambourne House (V B10): Das viergeschossige Reihenhaus (No. 18 Stafford Terrace) bezog Edward Linley Sambourne, einer der wichtigsten Karikaturisten der

Zeitschrift *Punch*, 1874 und richtete es überreich mit Mobiliar, Kunstwerken und Wanddekorationen ein. Seit 1957 ist es der Sitz der Victorian Society. 1980 wurde das Haus, dessen Interieur komplett erhalten und ein Musterbeispiel viktorianischen Lebensstils ist, von Sambournes Erben an die Stadt verkauft und in Abstimmung mit der Victorian Society als Museum der Öffentlichkeit zugänglich gemacht.

Michelin House (**Michelin Factory**, nicht auf den Karten): Das an No. 81 Fulham Road gelegene Hauptgebäude der Michelin-Niederlassung in England ist im Januar 1911 als einer der ersten großen Betonbauten Englands eingeweiht worden und gilt unter Architekturhistorikern nicht nur wegen seiner guten Erhaltung als eine der bedeutendsten Industriearchitekturen Londons. Das im expressionistischen Art-Nouveau-Stil errichtete Gebäude, das bis 1985 als Lagerraum und Bürobau diente, ist von dem Franzosen François Espinasse entworfen worden, einem Ingenieur der Michelin-Zentrale in Clermont-Ferrand. Das zweigeschossige, langrechteckige, dreischiffige Gebäude ist mit Pilastern und Risalitpfeilern markant vertikal strukturiert und mit plastischen und farbigen Keramikelementen reich verziert. Spektakulär sind vor allem die blauen, großformatigen Glasfenster, die das Michelin-Männchen in verschiedenen Szenen zeigen. Nach dem Auszug von Michelin ist der Bau vollständig renoviert und als Restaurant im August 1987 wiedereröffnet worden.

Paddington Station (III D/E5/6): Der bedeutende Kopfbahnhof wurde 1850 von dem damals leitenden Ingenieur der Great Western Railway, Isambard K. Brunel, begonnen, 1854 dann unter Beteiligung des Architekten Matthew D. Wyatt vollendet. Für die farbige Fassung des Baus zeichnet Owen Jones verantwortlich, der auch den Crystal Palace farbig ausgestaltet hatte. Der Bahnhof überspannte mit drei Hallen vier Bahnsteige mit zehn Gleisen; die inneren Gleise waren über eine Zugbrücke zugänglich. Ursprünglich dem Bahnhof nicht zugehörig, später aber mit ihm baulich verwachsen war das **Great Western Hotel**, eines der frühesten großen Eisenbahnhotels Londons. 1851–53 von Philip C. Hardwick in französischen Renaissance- und Barockformen errichtet, bildete es mit seinen charakteristischen Ecktürmen die Hauptfront der Paddington Station; die vier Giebelfiguren im Tympanon symbolisieren Frieden, Reichtum, Gewerbe und die Wissenschaften.

Royal Hospital (IV G/H12): Vergleichbar mit dem Royal Naval Hospital in Greenwich (S. 226 ff.) ist auch das Royal Hospital an der gleichnamigen Straße in Chelsea kein Krankenhaus, sondern ein Altenheim für Veteranen und dienstunfähige Soldaten, das bautypologisch einer Klosteranlage ähnlich ist. Es ist als eine staatliche Stiftung, dem französischen Vorbild des Hôtel des Invalides in Paris folgend, 1682 unter Karl II. gegründet worden; bereits 1689 konnte die Anlage bezogen werden. Der von Christopher Wren geplante Komplex besteht aus drei geziegelten Flügeln, die einen Hof umfassen; der Hof selbst ist durch eine Mauer mit Tordurchlass geschlossen. Die beiden dreistöckigen Seitenflügel, in denen sich die Wohntrakte befinden, erweitern sich an der Verbindungsstelle der Hofmauer risalitförmig; hier finden sich repräsentativ ausgeformte Trakte. Der mit einer vorgelagerten Doppelsäulenstellung betonte Hauptflügel besteht aus der Dining Hall (links) und der Kapelle (rechts). Die Anlage ist weiterhin in Benutzung; zugänglich sind die Halle, die Kapelle und ein kleines Museum (**Royal Hospital Museum**) im Ostflügel. Zur Themse hin erstreckt sich ein Park: **Ranelagh Gardens**, benannt nach dem Earl of Ranelagh, dem ersten Schatzmeister des Hospitals, der hier in den 1680er Jahren ein prachtvolles Privathaus erbauen ließ (1805 abgebrochen). 1771 wurde das Terrain gegen Entgelt für die Öffentlichkeit zugänglich gemacht und galt schnell als der prachtvollste Gartenpark Londons.

An das Royal Hospital grenzt im Westen das **National Army Museum**, das einen bisweilen wenig objektiven Überblick über Geschichte und Erfolge der britischen Armee gibt.

South Kensington Museum and College Complex (siehe Plan S. 181): Der großflächige Komplex verschiedener Museums- und Collegebauten, der sich von Kensington Gore im Norden bis zur Cromwell Road im Süden erstreckt und im Osten von der Exhibition Road, im Westen von Queens Gate begrenzt wird, ist weithin Produkt viktorianischer Repräsentationsbestrebungen; hier war das Zentrum britischer Kunst und Wissenschaft. Vor der viktorianischen Bebauung erstreckte sich hier eine weite Parklandschaft mit Gore House in der Mitte (das für den Bau der Albert Hall abgerissen wurde), ein Terrain, auf dem die Weltausstellung von 1851 stattgefunden hat. Die in der zweiten Hälfte des 19. Jh. entstandene Bebauung folgt zwar einem einheitlichen Gedanken, ist jedoch weder in ihrer damaligen noch in ihrer heutigen Optik uniform. Die Gebäude sind, nicht nur vereinzelt, im Zusammenhang mit notwendigen Renovationen schließlich auch Gegenstand moderner Architektur geworden.

Ganz im Norden, an Kensington Gore, prägt die **Royal Albert Hall of Art and Science** das Bild. Wie die vollständige Bezeichnung der Halle deutlich macht, ist dies nicht nur eine Konzerthalle, sondern in der ursprünglichen Bauintention auch ein Ort für Kongresse und Konferenzen und damit ein wichtiger Bestandteil dieses Gesamtkomplexes. Der außen runde (Umfang: 240 m), innen amphitheatralisch ovale Bau besteht aus einem Mosaik- und terrakottageschmückten Ziegeltambour (sehenswert der oben umlaufende Fries in Wedgwoodfarben, der den Triumph der Künste und Wissenschaften darstellt), der von einer leicht nach innen versetzten Kuppel aus verglasten Eisenstreben überdacht ist. Die 1867–71 von königlichen Ingenieuren und nicht von professionellen Architekten er-

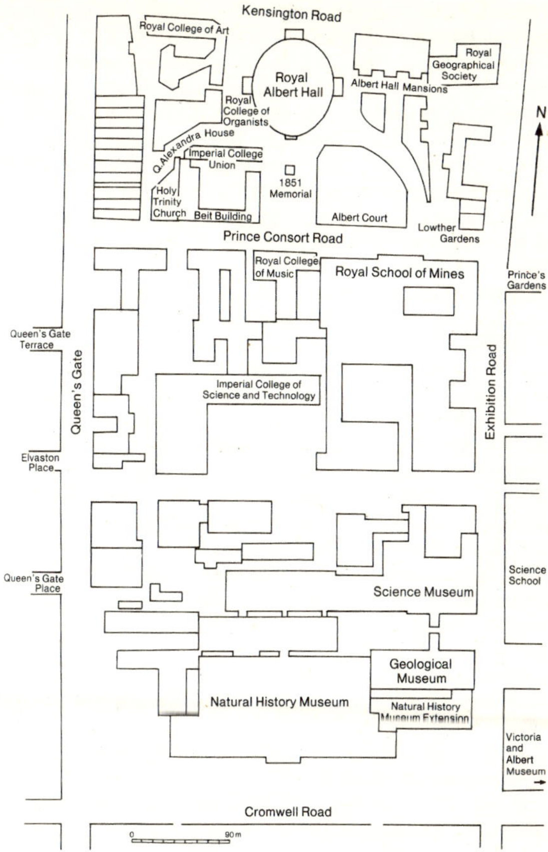

South Kensington, Museumsviertel

richtete Halle nach Entwürfen von Francis Fowke erinnert an Gottfried Sempers Dresdner Oper und fasst 8000 Personen. Gerahmt wird die Halle im Osten vom Gebäude der **Royal Geographic Society**: Die 1830 gegründete Gesellschaft residiert in diesem 1873–75 ursprünglich für den Parlamentarier James Lowther erbauten Privathaus (Architekt: Norman Shaw) seit 1912. Ein Anbau von 1928 hat den Charakter des feingliedrigen Ziegelbaus mit seinen hohen Schornsteinen und schlanken Fenstern nicht unerheblich verändert; er birgt Sammlungen und Bibliothek der Gesellschaft. Im Westen der Halle erhebt sich das **Royal College of Art** in einem siebengeschossigen Neubau aus den frühen 1960er Jahren.

Südlich der Prince Consort Road erstreckt sich zunächst das **Royal College of Music**: eine 1882 gegründete Musikschule, die in einem symmetrischen, mehrgeschossigen Ziegelbau, errichtet von Sir Arthur Blomfield 1890–1894, ansässig ist; zu besichtigen sind die Bibliothek, eine Instrumentensammlung und umfangreiche Bestände von Musikerbildnissen. Unmittelbar südlich schließt das **Imperial Institute of Science and Technology** an: Das 1909 aus dem Zusammenschluss verschiedener Einrichtungen hervorgegangene und danach schnell gewachsene Institut hat nicht nur die ursprünglich hier ansässigen Institutionen (Imperial Institute, Royal School of Needlework, Royal Horticultural Society) verdrängt, sondern auch das ursprüngliche, von Thomas Collcutt 1887–93 errichtete Bauensemble bis auf den 85 m hohen Queens Tower zerstört und durch Neubauten ersetzt. Das südlich daran angrenzende **Science Museum** (S. 261 f.) geht auf die wissenschaftsgeschichtliche Sammlung des ersten South Kensington Museum und später des Victoria and Albert Museum zurück; es wurde 1909 von Letzterem organisatorisch getrennt und residiert seit 1918 in einem Neubau von Richard Allen an der Exhibition Road. Das Museum, inhaltlich eine Entsprechung zum Deutschen Museum in

München, wurde mehrfach erweitert und 1980 um das Wellcome Museum of the History of Medicine, finanziert vom Wellcome Trust (s. S. 168), ergänzt. Zahlreiche Umbauten und Modernisierungen (1995–2000) machen das Science Museum zu einem der modernsten Museen Londons; angeschlossen sind heute ein IMAX-Kino und eine umfangreiche Bibliothek.

Den südlichen Abschluss des Komplexes bildet das **Natural History Museum** (s. S. 258 f.), das weltweit bedeutendste seiner Art. Es ist ausgelagerter Teil des British Museum und erhielt hier in einem von Alfred Waterhouse errichteten Bau (1880 vollendet) die adäquaten Räumlichkeiten für die umfangreichen Sammlungs- und Bibliotheksbestände. Das benachbarte Geological Museum, in einem 1935 errichteten Bau, ist seit 1998 dem Natural History Museum zugeordnet. Die Ecology Gallery und die Dinosaur Gallery sind 1991 von Ian Ritchie Architects sehenswert umgestaltet worden. Östlich gegenüber, an der Exhibition Road, erhebt sich das **Victoria and Albert Museum** (s. S. 266 ff.), 1852 zunächst als South Kensington Museum gegründet und 1899 dann feierlich umbenannt. Es ist das erste und wohl auch größte Kunstgewerbemuseum der Welt, entstanden im Anschluss an den Erfolg der Weltausstellung von 1851. Die zunächst provisorisch untergebrachten Sammlungen erhielten Raum in dem heutigen Museum, das, ohne übergeordnete Planung, aus immer weiter angestückten Teilen zwischen 1856 und 1909 (Einweihung des überkuppelten New Building an der Cromwell Road) entstand. Die Optik des Museumsbaus wird dominiert durch eine seltsame Vermischung moderner Bautechnik (Eisen-Ziegel-Konstruktion) und überreich vorhandenem, renaissanceskem Zierat. Unter den verschiedenen hier tätigen Architekten sind vor allem Francis Fowke und Henry Cole zu nennen, auf die das Grundmuster der Bauoptik zurückgeht.

Trellick Tower (Golborne Rd. 5, nicht auf den Karten)

Victoria-and-Albert-Museum, Innenhof,
Nordportal, 1864–69 durch Francis Fowke erbaut

ist ein von Ernő Goldfinger zunächst im Sinne von Corbusiers ›Wohnmaschinen‹ errichtetes Hochhaus in North Kensington mit heute 219 Wohneinheiten, wobei Corbusiers Idee allerdings schnell zugunsten einer reinen Wohnanlage ohne gewerbliche Durchmischung aufgegeben wurde. Erbaut 1968–72, ist dieses 98 Meter hohe Gebäude bis heute ein internationales Wahrzeichen des Brutalismus (von *beton brût* ›offener, sichtbarer Beton‹) der 1960er Jahre und ähnelt in seiner Struktur dem von Goldfinger wenige Jahre zuvor errichteten Balfron Tower. Der sehr schlanke, in allen Dimensionen durchdacht gerasterte Bau wird kontrastiert von einem unmittelbar daneben errichteten Versorgungsturm mit Liften (alle drei Etagen ist die Wohneinheit über eine Brücke erreichbar), Müllschluckern und weiteren Infrastruktureinheiten. In den 1980er

Jahren wurde der vernachlässigte Bau zu einem sozialen Brennpunkt Nord-Londons, abschätzig und gefürchtet genannt ›Tower of Terror‹. Seit einigen Jahren ist der Trellick Tower jedoch saniert, gesichert und eine gesuchte Wohnlage mit Eigentumspreisen von über 400000 Pfund pro Appartement.

Der sozialkritische Roman *What came before he shot her* (dt.: *Am Ende war die Tat*) von Elisabeth George beschreibt das aussichtslose Elend der 1980er Jahre in North Kensington, nur wenige Schritte vom Zentrum der Metropole entfernt, wobei der Trellick Tower dieser Zeit eine wichtige Rolle spielt.

Straßen, Plätze und Quartiere

Brompton Cemetery (V C12): Der zusammen mit sechs weiteren großen Friedhöfen in London im frühen 19. Jh. angelegte Brompton Cemetery nahe Earl's Court ist heute ein weitläufiger, mit sehenswerten Grabmonumenten des 19. und frühen 20. Jh. bestandener Park und den Royal Parks unterstellt. Der Friedhof ist von Benjamin Baud angelegt worden, im Zentrum erhebt sich eine Kapelle, die im Miniaturformat den Petersdom in Rom kopiert (vollendet 1839). Der in weiten Teilen leicht verwildert anmutende Friedhof ist eine Oase inmitten der Großstadt, wird heute aber nur noch selten mit neuen Bestattungen belegt.

Holland Park / Holland House: Inmitten des weitläufigen Holland Park liegt das Holland House, eines der bedeutendsten Landhäuser im heute engeren Stadtgebiet. Erbaut wurde es im Auftrag von Sir Walter Cope, weswegen der 1605 begonnene Bau auch zunächst nach ihm benannt war und Cope Castle hieß. Der im Zentrum drei-, in den Seitenflügeln zweistöckige, teilweise dekorativ verkleidete und im Hof von Arkaden umstandene Ziegelbau erhebt sich auf einem H-förmigen Grundriss, ist allerdings im

Detail raffiniert asymmetrisch angelegt und war über einen Zugang an der Seite zu betreten. Im frühen 18. Jh. erwarb Henry Fox, erster Earl of Holland, das gesamte Anwesen mitsamt 2 km^2 Land, das bis ins späte 19. Jh. in Familienbesitz blieb. Berühmt geworden ist Holland House in der Ära des dritten Earl of Holland als Zentrum der Whigs, der Gegenpartei der Tories, und als Mittelpunkt kultureller und politischer Zirkel, wo Persönlichkeiten wie Humboldt, Talleyrand, Metternich, aber auch Canova, Byron, Disraeli und Dickens aus und ein gingen.

Kensal Green Cemetery (nicht auf den Karten): Der 1832 angelegte Friedhof ist einer der ältesten Londoner Monumentalfriedhöfe und direkt vom wenige Jahre zuvor angelegten Père-Lachaise-Friedhof in Paris inspiriert. Zahlreiche aufwendige Grabmonumente des 19. und frühen 20. Jh. zeigen den Variantenreichtum historistischer Formen; Grabbauten in antikem Stil wechseln sich mit gotischen oder verspielten Jugendstilformen ab. Unter den zahlreichen prominenten Bestatteten sind der Sozialreformer Robert Owen, der Architekt Philip Hardwick und (anonym bestattet) der Sänger Freddy Mercury.

Boroughs außerhalb des Stadtzentrums

Die folgenden beiden Teilkapitel behandeln ausgewählte Sehenswürdigkeiten jenseits des Londoner Zentrums. Sie sind den jeweiligen Boroughs, also den aktuellen Verwaltungsbezirken Londons regional zugeordnet. Die Boroughs – nicht alle sind erwähnt – erscheinen in alphabetischer Reihung, wobei der erste Kapitelteil die Bezirke nördlich, der zweite diejenigen südlich der Themse beinhaltet. Um Sehenswürdigkeiten außerhalb des engeren Londoner Stadtzentrums zu finden, empfiehlt sich der Erwerb eines Großraumstadtplanes, z. B. *London Street by Street.*

Boroughs nördlich der Themse

Barking and Dagenham

Der aus den ehemals Essex zugehörigen Gemeinden Barking und Dagenham gebildete Stadtbezirk im Nordosten Londons ist heute wegen der relativen Nähe zur City eine erste Wohnadresse für die Londoner Mittelschicht. Zugehörig ist der Stadtteil Becontree mit dem **Becontree Housing Estate**, ein zwischen 1921 und 1932 erschlossenes Gebiet, auf dem damals mit knapp 28 000 Wohnungen das größte Neubaugebiet der Welt entstand; über 100 000 Personen, meist Veteranen aus dem Ersten Weltkrieg und Umsiedler aus den Slums des Eastend, wurden hier heimisch. Der Nukleus von Barking ist **Barking Abbey**. Das Nonnenkloster wurde im Jahr 666 vom hl. Erkenwald, einem Londoner Bischof, gegründet und diente als ein Zentrum für die Missionierung Englands. Von hier aus ist, nahe dem Tower, 675 die älteste Kirche Londons, All Hollows Barking (S. 55), gegründet worden. 870 von Wikingern zerstört, wurde das Kloster neu errichtet und diente 1066 für Wilhelm den Eroberer als Ort der ersten Residenz und des ersten Rats mit dem englischen Adel. Nach der Auflösung des Klosters 1541 verfiel die Anlage, wurde teilweise als Steinbruch genutzt und ist heute, abgesehen von der Ruine eines Turms, nur noch in Grundmauern erhalten, die 1910 ausgegraben und in einen Park integriert wurden. In der Nachbarschaft erhebt sich die heutige Pfarrkirche **St. Margret's**, ein Feldsteinbau aus dem 13. Jh. mit trutzigem, zinnenbesetztem Turm.

Am Eastbury Square in Barking erhebt sich **Eastbury Manor House**, ein dreigeschossiges Landhaus aus elisabethanischer Zeit. Der freistehende Bau mit H-förmigem Grundriss ist wohl um 1560 errichtet worden; dendrochronologische Untersuchungen des Dachstuhls ergaben ein Fälldatum der ältesten Baumstämme von 1566. Eastbury Manor war einst von einem Wassergraben umzogen. In seiner Außengestaltung ist der Bau, bis auf einen fehlenden polygonalen Treppenturm im Hof, perfekt erhalten und zeigt mit seinen Giebeln, Schornsteinen und Türmen sowie den leichten Asymmetrien das Architekturideal des mittleren 16. Jh. Das Haus ist heute Teil des National Trusts und kann besichtigt werden.

Dagenham, das im Süden unmittelbar an die Themse grenzt, ist hier Hafenentwicklungsgebiet, in dem sich der Wandel der Docklands zu moderner Nutzung der Bauten erst noch vollziehen wird; Mittelpunkt der Uferbebauung ist die seit 2002 weitgehend stillgelegte Autofabrik von Ford. **Valence House** an der Becontree Avenue ist ein Herrenhaus aus dem 17. Jh., das um 1700 mit einem neuen Treppenhaus ausgestattet und im 18. Jh. teilweise umgebaut worden ist. Es ist von einstmals fünf grabenumzogenen Herrenhäusern, die sich hier erhoben haben, das einzig erhaltene und beherbergt heute das **Valence House Museum**. Es birgt eine beachtliche lokalgeschichtliche Sammlung mit archäologischen Exponaten, Bildnissen, Gemälden und topographischen Karten. Sehenswert ist auch die Kirche **St. Peter and St. Paul** an der Church Street, ein auf das 13. Jh. zurückgehender Bau, der allerdings 1800 teilweise einstürzte und in klassizistischen Formen erneuert worden ist.

Barnet

Dieser im Norden gelegene Stadtbezirk Londons umfasst die alten Stadtteile Barnet, Collindale, Hendon und Finchley sowie weitere Gemeinden, die aus den Grafschaften Hertfordshire und Middlesex eingemeindet wurden. Drei Kirchen sind in diesem Bezirk sehenswert. **St. John the Baptist** erhebt sich auf Barnet Hill, dem höchsten Punkt zwischen London und York. Die Kirche bildete einst das Zentrum des Dorfes Barnet. Sie geht auf das 13. Jh. zurück. Ein Neubau von 1420 wurde 1875 von William Butterfield restauriert und vergrößert; ein drittes Schiff wurde dem Bau hinzugefügt, die Kanzel umgesetzt und ein neuer Turm errichtet. Westlich der Kirche erhebt sich eine geziegelte Halle, ursprünglich für die 1573 gegründete **Queen Elisabeth Grammar School** errichtet, heute ein Teil von Barnet College. In der näheren Umgebung stehen vier **Armenhäuser**, unter denen Jesus Hospital von 1679 das älteste ist. In East Barnet, nahe einem Park mit dem Gedenkstein für die Schlacht von Barnet vom 14. 4. 1471, in deren Folge Eduard IV. auf den Thron kam, und nahe des Wohnhauses von David Livingstone erhebt sich **St. Mary the Virgin**, ein Steinbau aus dem späten 15. Jh., der bis heute wenig Veränderung erfuhr. Im Stadtteil Totteridge, etwas südlich von Barnet gelegen, ist **St. Andrew** sehenswert, ein Ziegelbau aus dem Jahr 1790 mit Interieur aus dem 19. Jh. Dieser Neubau ersetzte einen wohl auch in das 13. Jh. zu datierenden Vorgänger.

Im Bezirk Barnet sind verschiedentlich Straßenzüge mit sehr geschlossener historischer **Wohnbebauung** erhalten. Bemerkenswert und unter Ensembleschutz gestellt sind die **Totteridge Lane** mit sehr variantenreich gestalteten georgianischen und viktorianischen Wohnhäusern und die **Victoria Avenue** in Finchley mit ihren edwardianischen, in Reihe gebauten Villenhäusern. Im Stadtteil Hendon liegt, auf dem außer Dienst gestellten Hendon Aerodrome, das großflächig angelegte, vielbesuchte **Royal Air Force Museum** (S. 261).

Brent

Der im Nordwesten Londons gelegene Stadtteil, der u. a. auch Wembley, Kensal Green und Teile von Kilburn umfasst, weist mit knapp 47 % die höchste Ausländerquote aller Londoner Boroughs auf. Im Stadtteil Kilburn ist **St. Augustine's** sehenswert, eine 1871–77 erbaute Gothic-Revival-Kirche mit gewaltigem Spitzturm (an der Oxford Road, s. auch S. 174f.); das Baumuster der aus auffälligen rostbraunen Ziegeln bestehenden Kirche folgt der englischen Spätgotik des 13. Jh. **The Grange**, ein Stallgebäude aus dem 18. Jh. mit neogotischen Veränderungen aus dem frühen 19. Jh., ist seit 1977 ein lokales Museum, das über die Ortsgeschichte informiert. Das an Dudden Hill gelegene Gebäude bewahrt u. a. die antiquarische Sammlung von G. T. Barham aus Wembley sowie weitere Drucke, Zeichnungen, Gemälde und Karten. Der Bau gehörte einst zu einem ländlichen Anwesen, das sich im nahen Gladstone Park erhob.

Eine bedeutende Sehenswürdigkeit des Stadtteils ist **Shri Sawaminarayan Mandir** an der Brentfield Road in Neasden, angeblich der größte Hindutempel außerhalb

Indiens. Der im August 1995 eingeweihte Komplex unterteilt sich in den eigentlichen Tempel mit seinen bis zu 27 m hohen Türmchen, Kuppeln, Gesimsen und Geländern aus Carraramarmor und Wänden aus bulgarischem Kalkstein, ferner Räumlichkeiten für eine missionarisch angelegte Dauerausstellung über den Hinduismus und schließlich ein Kultur- und Kongresszentrum, das in der Art der nordindischen Haveli-Architektur gestaltet ist. Der Komplex ist zum lebendigen Mittelpunkt der zahlreichen indischstämmigen Einwohner von London geworden. Die knapp 27000 Steinquader, aus denen der Bau besteht, sind zunächst nach Indien verschifft und dort bearbeitet, danach nach London transportiert und vor Ort in kaum drei Jahren zu diesem imposanten Bau zusammengesetzt worden. Der Tempel kann auch von Nicht-Hindus besichtigt werden.

Im Stadtteil Wembley beherrscht das neu erbaute **Wembley-Stadion** das Bild. Der im März 2007 nach über einjähriger, skandalumwitterter Bauverzögerung eröffnete Neubau, entworfen u. a. von Foster & Partner, bietet 90000 überdachte Sitzplätze und ist nach Camp Nou in Barcelona das zweitgrößte Fußballstadion Europas. Der markante, leicht schief stehende Metallbogen hält die raffinierte, aus einer witterungsbeständigen Plane bestehende Dachkonstruktion. Der Neubau, der bei seiner Eröffnung mit knapp 800 Millionen Pfund Baukosten der teuerste Stadionbau der Welt war, ersetzt das 2002 abgebrochene alte Stadion, das 1923 nach Plänen von J. M. Simpson mit den markanten Twin Towers am Haupteingang errichtet worden war und als Heimstätte des Fußballs zur Legende geworden ist.

Brent ist, nicht zuletzt wegen des Wembley-Stadions, in den frühen 1930er Jahren durch die *Cockfoster Extension* der Piccadilly Line an das Londoner U-Bahn-Netz angeschlossen worden. Hierfür baute der Architekt Charles Holden, in den 1930er Jahren einer der Pioniere des Bahnhofsbaus, eine Reihe bemerkenswerter, kleinodienhafter U-Bahnhöfe im International Style; am besten erhalten ist im Borough hiervon **Arnos Grove Tube Station**.

Camden

Der Bezirk Camden schließt nördlich an die Londoner Innenstadt an und besteht aus den noch innerstädtischen Stadtteilen Holborn und St. Pancras (S. 154 ff.) und, nach Norden ausgreifend, Camden Town und Hampstead mit Kentish Town und Highgate. **Hampstead** hat ein sehenswertes Ortszentrum mit weitgehend intakter Bebauung des späten 18. und 19. Jh. Entlang von Holly Bush Hill erstrecken sich zahlreiche Häuser dieser Zeit, darunter auch das **Romney House**, ein 1797 für den Maler George Romney errichtetes Atelier-Haus. Weitere Häuser dieser Zeit finden sich in den Gassen entlang der Heath Street und der Church Row. Am Hampstead Grove auf dem Windmill Hill erhebt sich **Fenton House**, ein geziegeltes, zweistöckiges Haus inmitten eines kleinen Gartens, das in den 1690er Jahren für einen begüterten Händler erbaut worden ist. Es gehört heute dem National Trust und birgt ein Museum, in dem die von Benton Fletcher angelegte Sammlung historischer Tasteninstrumente aus dem 16.–18. Jh. (darunter ein von Georg Friedrich Händel benutztes Cembalo) sowie eine Porzellan- und Möbelsammlung des 18. Jh. zu sehen sind. Hampstead weist eine Reihe viel beachteter moderner Wohnbauten auf. Das **Isokon Building** in der Lawn Road, 1934 nach Entwürfen von Wells Coates für den Möbeldesigner Jack Pritchard fertiggestellt, war ein Wohnexperiment. Die 34 Wohnungen in dem viergeschossigen, weißen Bau haben nur minimal ausgerüstete Küchen; gekocht wird in einer großen Gemeinschaftsküche. Das Experiment hat besonders bei Architekten und Designern des Bauhauses Anklang gefunden; zu den frühen Bewohnern zählten u. a. Walter Gropius, Marcel Breuer und László Moholy-Nagy, aber auch, für lange Jahre, Agatha Christie und, in den 1960er Jahren, der Architekt James Stirling. Das Dreifamilienhaus **No. 1–3 Willow Road** ist 1938 von Ernő Goldfinger errichtet worden; das übergroße Mittelhaus No. 2 diente ihm als Wohn- und Arbeitsort. Das Gebäude, dessen innere Struktur sich an den ›Raumplan‹-Ideen von Adolf Loos orientiert, besteht aus ziegelverklinkertem Beton und ist charakterisiert durch das fast etagenhohe, alle drei Häuser verbindende Fensterband im Mittelgeschoss. No. 2 Willow Road ist auch im Interieur perfekt erhalten und heute in Besitz des National Trusts; es ist zugänglich und birgt zudem eine kleine Sammlung moderner Kunst. Ebenfalls ein Handbuchstück moderner Architektur ist die **Swiss Cottage Central Library** in No. 88 Avenue Road, ein dreistöckiger, futuristischer Bibliotheksbau, der 1964 nach Entwürfen von Basil Spence entstanden ist.

Das hoch gelegene **Highgate** weist ebenfalls einen intakten Kern aus Häusern des 18. Jh. auf. Eine erstrangige Touristenattraktion ist **Highgate Cemetery**, zugänglich von der Swain's Lane. 1839 als einer der großen sieben Londoner Friedhöfe in der damaligen Peripherie neu angelegt, finden sich hier zahlreiche historistische Grabbauten des 19. Jh., von gotischen bis hin zu ägyptisierenden Formen. Besuchermagneten sind die Aegyptian Avenue und das Grab von Karl Marx (1818–1883) mit der 1956 errichteten, übergroßen Büste auf einem Gedenkstein. Im Norden des Bezirks erstreckt sich **Hampstead Heath**, eine über 3 km² große, parkähnliche Grünfläche mit zahlreichen Teichen in welligem Gelände. Ein großer Teil des Geländes gehörte einst zum (nicht mehr existenten) Manor von Hampstead, ein kleinerer Teil war Farmland von **Kenwood House**, das sich ganz im Norden erhebt. Kern dieses Landhauses ist ein von dem Drucker John Bill errichteter Bau von 1616, der 1694 von William Brydges erworben, abgerissen und durch

Gedenkstein von Karl Marx

ein kompaktes, dreigeschossiges Ziegelhaus ersetzt wurde: heute der Mittelbau des Gesamtkomplexes. Um 1700 wurde die Orangerie als Seitentrakt angebaut. Nachdem William Murray, erster Earl of Mansfield, den Bau in Besitz genommen hatte, wurde er in seinem Auftrag 1767–69 von Robert Adam umfassend umgestaltet. Die Front wurde mit einer viersäuligen ionischen Portikus repräsentativ aufgewertet, ein der Orangerie formal entsprechender neuer Seitentrakt wurde als Bibliothek ausgestaltet und die Symmetrie des Baus damit wiederhergestellt, das Ganze dann mit weißem, antikisch wirkendem Lack überzogen. Besonderer Schwerpunkt der Adam'schen Renovierung lag auf dem Interieur; der festlich ausstaffierte Bibliotheksraum mit seinen Stuckaturen und Wandverkleidungen gilt als eines der schönsten Werke von Adam. Der letzte Besitzer, Lord Iveagh, ein Mitglied der Guinness-Familie, vermachte Kenwood House 1927 testamentarisch dem Staat. Der Bau, dessen Möbel bereits um 1900 veräußert worden waren, dient heute als Museum. Hier wird die bedeutende Gemäldesammlung von Lord Iveagh gezeigt, die u. a. Werke von Rembrandt, Vermeer, Van Dyck und Hals beinhaltet.

Kentish Town ist ein betriebsames Viertel im Süden des Bezirks. Von der einstmals ebenfalls geschlossenen Bebauung des 18. Jh. ist hier wenig geblieben. Bauhistorisch bedeutend sind die **St. Pancras Public Baths** an der Prince of Wales Road: ein öffentliches Bad, 1900 in verschnörkeltem spätviktorianischen Stil erbaut. Im Inneren befanden sich vier Bäder: für Frauen und Männer, jeweils in verschiedener Ausstattung in erste und zweite Klasse unterteilt. Der Komplex wird seit 2007 restauriert. Zwei moderne Bauten sind zu beachten. An der Camden Road ist 1988 **Sainsbury's Supermarket** in Gestalt einer High Tech-Architektur entstanden. Der von Nicholas Grimshaw & Partners erbaute Komplex basiert auf der Idee einer großen Markthalle und formt einen statisch kühnen, stützenfrei überdachten Raum von über 43 m Breite aus. Ein beachtliches Doppelhaus entstand 1989 an **No. 42–44 Rochester Place**. David Wild erbaute es für sich selbst und einen Klienten. Der lichtdurchflutete, dreigeschossige Bau mit großen Fenstern ist mehrfach preisgekrönt und setzt Standards für moderne Wohnarchitektur.

Ealing

Der im Westen Londons gelegene Bezirk wird heute von der Western Avenue, der A 40 in west-östlicher Richtung durchschnitten; er vereinigt die alten Stadtteile Ealing, Southall und Acton. Historisch sind hier vor allem zwei

Parkanlagen erwähnenswert. Nördlich der Kirche **St. Mary** in Ealing, ein 1866 umgestalteter Bau von 1739, der hier eine in Ruinen gefallene Kirche von 1130 ersetzte und neu belebte, erstrecken sich Lammas Park und **Walpole Park**. In Letzterem erhebt sich **Pitshanger Manor**, ein Landhaus, das ursprünglich um 1770 von George Dance für seinen Schwiegervater Thomas Gurnell, der das Gelände erworben hatte, in eine alte Baustruktur eingebaut wurde. 1800 erwarb der Architekt John Soane das Anwesen für 4500 Pfund und baute es umfassend um. Nur der Südflügel blieb bestehen, ein monumentaler Vorbau mit vier freistehenden ionischen Säulen mit Statuen darüber wurde, ganz in der Art von Robert Adams Kedleston Hall, angefügt. Das Interieur ist weitgehend unauthentisch, die Flachkuppel mit vier Karyatiden über dem zentralen Raum erinnert jedoch an die verlorene Kuppel von Soane in der Bank of England (S. 64 f.). Nach umfassender Renovierung ist der Bau 1987 als lokales Museum wiedereröffnet worden; es beheimatet zugleich eine Galerie für zeitgenössische Kunst.

Zwei Technik- bzw. Industriebauten sind in Ealing sehenswert. Im Stadtteil Hanwell liegt, inmitten von viel Grün, **Wharnecliffe Viaduct**. Es wurde für die Great Western Railway von deren genialem Ingenieur Isambard Kingdom Brunel 1838/39 erbaut; es war eine der frühesten großen Eisenbahnbrücken und quert mit seinen acht weit geschwungenen Bögen das Brent Valley. Sehenswert ist, im Stadtteil Perivale, das **Hoover Factory Building**, an der Nordseite der Western Avenue gelegen. Es ist ein herausragendes Beispiel für die Industriearchitektur im Art-déco-Stil. Für die englische Niederlassung des amerikanischen Hoover-Konzerns errichteten Wallis Gilbert & Partners zwischen 1931 und 1935 diesen umfangreichen Baukomplex für Produktion und Verwaltung in idealer Nähe zu Autobahn, Eisenbahn und Kanälen. Die Struktur des Baus besteht aus weißem, glasiertem Zement; große

Glasflächen geben den Innenräumen Tageslicht. Das im Zuge des wirtschaftlichen Niedergangs Englands in den 1980er Jahren von Hoover aufgegebene Gebäude ist bald danach unter Denkmalschutz gestellt worden, nachdem die baugeschichtlich vergleichbar bedeutenden, nahe gelegenen Art-déco-Anlagen der Firma Firestone in einer Nacht-und-Nebel-Aktion abgerissen worden sind. Seit 1989 hat der neue Eigentümer, die Firma Tesco, die Produktionsgebäude in einen Supermarkt umgebaut. 1992 sind weite Teile der Bürogebäude restauriert und einer neuen Nutzung zugeführt worden.

Enfield

Dieser nördlichste aller Londoner Stadtbezirke setzt sich aus den Orten Enfield, Edmonton und Southgate zusammen. Enfield hat dabei römisch-antike Wurzeln; hier entstand, am Rande der großen Römerstraße in Richtung York, schnell eine Wegestation, aus der sich eine Siedlung entwickelte, die im späten 8. Jh. im Konflikt mit Dänen und Wikingern noch einmal von Bedeutung war. Später war Enfield königliches Jagdrevier; der Stadtteilname Southgate erinnert an die von prunkvollen Toren durchbrochene Umzäunung. Städtischen Charakter erhielt das Gebiet in den späten 1920er Jahren, als hier großflächig Wohnbebauung errichtet wurde.

Heutiger Mittelpunkt von Enfield ist **St. Andrew**, eine Kirche, die auf das 13. Jh. zurückgeht, im 14. Jh. einen Neubau erhielt, der im späten 15. Jh. renoviert und 1824 dann von einem weiteren Neubau aus Ziegeln weitgehend ersetzt wurde, der jedoch Teile der Binnenstruktur des 14. Jh. inkorporiert hat. In der Kirche finden sich Grabmonumente, die bis in das 15. Jh. zurückreichen. Im Norden des Baus erhebt sich das dreistöckige, aus Marmor und Alabaster bestehende Denkmal für Sir Nicholas

Raynton, 1646 zu Ehren dieses Londoner Bürgermeisters und größten Sohn von Enfield errichtet. Westlich der Kirche, in **Gentleman's Row**, findet sich ein sehenswertes, geschlossenes Straßenbild mit zahlreichen niedrigen, aneinandergebauten Häusern des 18. und frühen 19. Jh., fast alle in sehr gutem Erhaltungszustand. Nördlich der Kirche, auf einer Anhöhe, kann man zwei Landhäuser aus dem 17. und frühen 19. Jh. sehen. **Forty Hall** errichtete sich Nicholas Raynton als Wohnresidenz zu seinen Amtszeiten als Lord Mayor. Der zwischen 1629 und 1636 erbaute strenge, dreistöckige Ziegelbau mit sechs Achsen erinnert entfernt an Bauten von Inigo Jones und birgt heute ein lokales Museum. **Myddelton House** wurde in klassizistischem Stil 1818 an einem Ort errichtet, an dem der Legende nach 200 Jahre zuvor der für den Ausbau der Londoner Wasserversorgung berühmte Sir Hugh Myddelton residiert haben soll. Die Middlesex University nimmt in Enfield mit insgesamt drei Campusanlagen einen breiten Raum ein; Teil der Universität ist das **Museum of Domestic Design and Architecture** auf dem Cat Hill Campus, das neben seinen festen Sammlungsbeständen regelmäßig weithin beachtete Themenausstellungen zu Design- und Architekturfragen präsentiert.

Im Stadtteil Edmonton an der Bury Street West ist **Salisbury House** sehenswert: ein dreistöckiges Landhaus aus der Zeit um 1600, dicht daneben ein bemerkenswerter architektonischer Kontrast in Gestalt der **Public Library**, ein Stahl- und Glasbau mit schmetterlingsförmigem Dach aus den 1980er Jahren, entworfen von T. A. Wilkinson. Im Stadtteil Southgate ist **Southgate House**, nahe von Southgate Green gelegen, bemerkenswert. Das ursprünglich palladianistische, 1719 errichtete Gebäude, das im klassizistischen Stil in der Art von Robert Adam 1777 umgebaut wurde, birgt heute Büros und Geschäfte. Im Inneren ist das 1723 erbaute, prachtvoll mit Malerei dekorierte Treppenhaus noch gut erhalten.

Auch Enfield ist in den frühen 1930er Jahren durch den Nord-Ausbau der Piccadilly Line an das Londoner U-Bahn-Netz angeschlossen worden, wofür Charles Holden außen wie innen beachtenswerte Bahnhofsbauten schuf. Sehenswert sind die Stationen **Southgate** mit ihrem kreisrunden Empfangsgebäude und Enfield West (heute **Oakwood**), beide im März 1933 eröffnet.

Hackney

Der östlich an die City angrenzende Stadtbezirk ist Teil des Eastends und besteht aus den Ortsteilen Hackney, Shoreditch und Stoke Newington. Hackney ist ein Stadtteil der Kontraste: einerseits der ärmste und kriminalitätsreichste aller Londoner Boroughs, andererseits ein lebendiges, von Wohnhäusern und Pubs durchsetztes Viertel, in dem sich, besonders rund um den Hoxton Square, große Teile der alternativen Kunst- und Musikszene der Stadt niedergelassen haben. Politisch weist Hackney eine Besonderheit auf: Als einziger Borough in London wird es durch einen direkt gewählten Bezirksbürgermeister mit erheblicher Autonomie gegenüber dem Mayor of London regiert, ein der demographisch schwierigen Bevölkerungszusammensetzung geschuldeter Umstand, denn nur gut 40 % der Einwohner sind *white British*.

Shoreditch ist als Stadtteil bekannt geworden durch **The Theatre**, das erste Londoner Theatergebäude, das James Burbage 1576 unmittelbar jenseits der Grenze zur City an der Kreuzung von Courtain Road und New Inn Yard errichten ließ. Der Holzbau wurde 22 Jahre von Burbage und seiner Company bespielt, danach wegen zu hoher Pachtgebühren niedergerissen und als Globe Theater an Bankside am Südufer der Themse wieder aufgebaut (S. 243). An der Shoreditch High Street erhebt sich **St. Leonard**, eine auf das 12. Jh. zurückgehende Kirche, die George Dance

1736–40 nach Mustern von Christopher Wren neu erbaute. Das dreischiffige Kirchengebäude aus roten Ziegeln ist über eine viersäulige tuskanische Portikus aus Portlandstein zugänglich, über der sich ein markanter, mehrgeschossiger Turm mit knapp 80 m Höhe erhebt. An der Kingsland Road ist ein imposantes, dreiflügeliges **Armenhaus** mit 14 doppelstöckigen Wohnungen erhalten, das postum durch Testamentsbeschluss 1715 vom Lord Mayor Robert Geffrye (1613–1704) in seiner politischen Funktion wie auch als Master der Eisengießerinnung initiiert wurde. Der gut erhaltene Bau ist seit 1914 das **Geffrye Museum** (S. 253), das einen Überblick über die Inneneinrichtung englischer Häuser von 1600 bis heute gibt. Das Hauptgebäude der 1689 von Robert Aske gestifteten **Aske's Almshouses and Charity School** an der Buttersland Street, eines weiteren Armenhauses im Eastend, ist erhalten. Der dreiflügelige klassizistische Bau mit dorischer Portikus ist in den 1820er Jahren von David Riddal Roper erbaut worden, der die ältere Bebauung von 1692 (entworfen von Robert Hooke) insgesamt ersetzt hat. Ein Großteil der Bauten wurde 1873 abgerissen; das erhaltene Hauptgebäude dient seit 1898 als Sitz des Shoreditch Technological Institute.

Hackney ist Standort verschiedener bemerkenswerter elisabethanischer Häuser im Tudorstil. Brook House ist im Zweiten Weltkrieg verloren gegangen, erhalten ist **Sutton House** in der Homerton High Street. Ursprünglich als Bryck Palace 1535 von Ralph Sadleir errichtet, ist es ein seltenes Beispiel für Tudorarchitektur aus roten Ziegeln. Das irrtümlich Thomas Sutton zugeschriebene, H-förmige Gebäude mit drei Geschossen wurde zur Residenz zahlreicher Händler, kam 1930 in den Besitz des National Trust und verfiel dennoch. Eine Totalrenovierung wurde 1991 vollendet. Seitdem beherbergt Sutton House ein kleines Museum, eine Galerie und ein Restaurant. Überwiegend zu Hackney, zu weiten Teilen aber auch zu Tower Hamlets gehört der **Victoria Park**, ein gut 1 km² großer Park, der auf von der Krone erworbenem Land 1842–46 von dem berühmten Gartenarchitekten James Pennethorne angelegt wurde. Wie auch der etwas später angelegte Battersea Park (S. 246) war die Anlage solcher großer Freiflächen in den im Laufe des 19. Jh. extrem verdichteten sozialen Brennpunkten im Osten und Süden der Stadt eine Notwendigkeit, um den ärmeren Schichten die Möglichkeit zur Erholung zu bieten, und eine probate Maßnahme, diese Klientel von den zentralen Londoner Parkanlagen mit ihrem ›besseren‹ Publikum fernzuhalten. Die Anlage von Pflanzungen, Freiflächen und Gewässern erinnert an den Regent's Park (S. 168 f.), der von Pennethornes Lehrer John Nash angelegt worden ist; ein sehenswertes Baudenkmal ist die 1862 errichtete neogotische Victoria Park Fountain. Der Victoria Park galt immer als Park der Arbeiterschaft. Hier formierten sich seit dem späten 19. Jh. unzählige sozialistische Demonstrationen und Parteiveranstaltungen, eine Tradition, die in den legendären Anti-Nazi-Punkkonzerten, die hier in den 1980er und 1990er Jahren stattfanden, fortlebte.

Stoke Newington war bis ins späte 19. Jh. eine ländlich geprägte Gegend, die seit dem 17. Jh. allerdings erhebliche Bedeutung für die Wasserversorgung der wachsenden Stadt aufwies. Hier endete in zwei großen Reservoirs der 1613 von dem Waliser Ingenieur Hugh Myddelton angelegte **New River**, ein architektonisch gefasster Kanal, der Wasser vom River Lee und verschiedenen anderen Quellen sammelte und vor die Tore Londons führte. Sichtbarstes Zeichen dieser Bedeutung der Gegend für die Trinkwasserversorgung Londons ist die **Stoke Newington Pumping Station**, eine große Pumpstation, die das hier gesammelte und gereinigte Wasser in das Londoner Leitungsnetz einspeiste. Der bizarre, historistische Ziegelbau an der Green Lane, auch Castle Climbing Centre genannt, bildet ein schottisches Schloss nach und ist 1854–56 von Chadwell Mylne errichtet worden.

Der Bezirk, der westlich an die Londoner Innenstadt anschließt, ist 1965 aus der Zusammenlegung der alten Boroughs Hammersmith im Norden und Fulham im Süden, direkt an die Themse grenzend, entstanden. Für die Stadtgeschichte Londons ist das themsenahe **Fulham** von eminenter Bedeutung. In Bishop's Park, direkt am Ufer, liegt **Fulham Palace**, seit dem 8. Jh. Residenz, ab dem 11. Jh. Landsitz, ab dem 18. Jh. erneut Hauptresidenz der Bischöfe von London. Der Vierflügelbau, der als doppelstöckige Architektur einen Hof umschließt, geht auf das frühe 16. Jh. zurück, ist jedoch zwischen 1764 und 1777 in neogotischem, 1814/15 von S. P. Cockerell in klassizistischem Stil renoviert und teilweise ergänzt sowie 1867 von Butterfield um die Kapelle erweitert worden. Jüngste Ausgrabungen haben Details der Baugeschichte klären können und auch antik-römische Funde zutage gebracht. Der Komplex inmitten eines in elisabethanischer Zeit angelegten, bereits 1893 für die Bevölkerung geöffneten Parks diente bis 1975 als bischöfliche Residenz, kam dann in öffentlichen Besitz und ist heute als Museum zugänglich. Dem Palast zugehörig ist, am Ostende des Parks inmitten eines kleinen Friedhofes gelegen, **All Saints Fulham**, die alte Pfarrkirche von Fulham. Ein erster Kirchenbau ist für die Mitte des 12. Jh. überliefert, der vierstöckige, massive, zinnenbewehrte Turm entstammt dem 15. Jh., die heutige dreischiffige Basilika mit offenem Dachstuhl ist unter Beibehalt des Baumaterials (eines schieferartigen Feldsteins) in historistischen Formen von Arthur Blomfield 1880/81 errichtet worden. In der Kirche und auf dem Friedhof finden sich zahlreiche bedeutende Grabmäler und Gedenksteine. Das Areal bildet, mit der Kirche als Landmarke, den nördlichen Kopf von **Putney Bridge**, einer 1729 aus Holz errichteten Brücke, die durch eine Schiffskollision 1870 schwer beschädigt und durch einen fünfbogigen

Neubau von Joseph Bazalgette ersetzt wurde (Eröffnung 1886). Am Südende der Brücke erhebt sich, als Pendant zum nördlichen Brückenkopf, **St. Mary's Putney** mit ihrem ebenfalls markanten Turm, ein seit 1836 umfassend erneuerter Bau aus dem 13. Jh.

Der Stadtteil **Hammersmith** ist erst mit der Industrialisierung des 19. Jh. als nennenswerte Stadterweiterung entstanden. Bauhistorisch erwähnenswert ist **St. Paul's** nahe der Tolgarth Road, ein im frühen 17. Jh. gegründeter Kapellenbau, der 1834 zur Gemeindekirche erklärt und 1882–91 unter Beibehaltung von Teilen der alten Front in großzügigen neogotischen Formen neu errichtet wurde. Bemerkenswert ist das opulente Baumaterial: selten verwendeter roter Mansfieldstein mit Dekor aus Bathstein außen, im Inneren Säulen aus poliertem belgischen Granit, die die drei Schiffe trennen. Die Kanzel stammt aus der Zeit von Wren und ist All Hollows the Great an der Thames Street entnommen. Der auf das 18. Jh. zurückgehende, eher dörfliche Siedlungskern in der Upper und Lower Mall, einstmals durch den heute zugeschütteten Hammersmith Creek getrennt und durch die High Bridge verbunden, ist in einigen erhaltenen Bauten in **Lower Mall** (No. 6–11) noch zu erahnen. Wie sehr sich das Stadtbild hier notgedrungen verändert hat, wird durch den sprunghaften Anstieg der Einwohnerzahlen in Hammersmith (1801: 10000; 1901: 260000) erklärlich. Die 1827 eröffnete **Hammersmith Bridge** war die erste Hängebrücke, die die Themse überquerte, und zugleich eine der ersten dieser Bauart in Europa; William Tierney Clark, ein Pionier dieser Technik, erbaute sie. Die alsbald zu kleine Brücke wurde in den 1880er Jahren durch einen Neubau unter der Leitung von Joseph Bazalgette ersetzt; die verbreiterte Brückentrasse ruht allerdings auf den alten Fundamenten und Pylonsubstruktionen. In Hammersmith gibt es bemerkenswerte moderne Architektur zu sehen. **The Ark** an der Tolgarth Road ist ein weithin sichtbares, in der Form eines großen Schiffes errichtetes, sich nach oben hin erweiterndes Bürogebäude. Der Bau ist nach Plänen von Ralph Erskine 1992 fertiggestellt worden und gilt als ein Schlüsselwerk für den Neoexpressionismus in der Gegenwartsarchitektur, der in London mit Norman Fosters Swiss Re Building (S. 81 f.) seinen vorläufigen Höhepunkt fand. Der in seinem Äußeren etwas abweisend wirkende, gebäudetechnisch in hohem Maße ökologisch ausgerichtete Bau wird im Innern von einem lichtdurchfluteten Atrium beherrscht. Nicht weit entfernt, an der Hammersmith Bridge Road (No. 1), erhebt sich **Hammersmith Bridge Road Surgery**, ein von Guy Greenfield Architects 2000 vollendeter, preisgekrönter Krankenhausbau des National Health Services. Die mit ihren leicht nach innen gewölbten, weißen Außenwänden höchst markante Architektur, deren innere Struktur sich von außen nicht erkennen lässt, verschließt sich wie eine Muschel gegenüber der lärmenden Umwelt des Standorts.

Haringey

Dieser Stadtteil im Norden Londons, zusammengesetzt aus den früheren Gemeinden Hornsey, Wood Green und Tottenham, weist einige sehenswerte historische wie auch moderne Baudenkmäler auf. Bereits seit dem 11. Jh. wurde hier gesiedelt, wiederum motiviert durch den Verlauf einer auf antik-römischer Trasse angelegten Fernstraße, die London mit dem Norden Englands verband. Ganz im Süden, an der Highgate High Street, erhebt sich **Cromwell House**, eines der besterhaltenen Landhäuser des 17. Jh. in London. Das dreistöckige, überkuppelte Ziegelgebäude mit sieben Achsen ist in den 1630er Jahren für die Händlerfamilie Springnell erbaut worden. Überkuppelt ist hier als zentraler Raum das hölzerne, mit aufwendigen Schnitzereien verzierte Treppenhaus, das den Bau erschließt. Den Keim der Besiedelung des Bezirks bildet der Stadtteil

Tottenham. **All Hallows** im Ortszentrum geht zurück auf das 11. Jh.; der heutige Bau ist eine seltsam anmutende Mixtur aus dem 16. und unglücklichen Veränderungen von William Butterfield aus dem späten 19. Jh. Die Kirche birgt sehenswertes Inventar und hat Fenster aus dem 16. und 17. Jh. Das sich nahe der Kirche erhebende Haus, **The Priory**, stammt von 1620 und wurde von Joseph Fenton, einem Londoner Arzt, erbaut. Markantester Bau in Tottenham ist **Bruce Castle** an der Lordship Lane, nicht nur wegen des Kontrastes dieser historischen Architektur mit dem unmittelbar benachbarten Problemviertel Broadwater Farm, einem suburbanen Hochhausgewirr aus den 1960er Jahren. Das in einem Park gelegene, dreigeschossige Manor House aus Ziegeln ist an der Front mit drei vorgeblendeten Türmen versehen. Sir William Compton, ein Günstling Heinrichs VIII., hat es 1514 erbauen lassen. Der wenig glückliche Anbau an der rechten Seite, der dem Ganzen heute einen asymmetrischen Eindruck verleiht, stammt von 1684. Im 19. Jh. ist Bruce Castle lange Zeit als Schulhaus des radikalen Sozial- und Bildungsreformers Rowland Hill genutzt worden; heute befindet sich hier **Bruce Castle Museum**, ein sehenswertes Lokalmuseum.

Im Stadtteil Hornsey findet sich sehenswerte Architektur aus den 1930er Jahren. Die **Hornsey Town Hall** am Broadway ist eine vom Royal Institute of British Architects prämierte Architektur im International Style, die Reginald Uren 1933–35 erbaut hat. Die zwei- bzw. dreigeschossigen Flügel des Komplexes umfangen einen Hof; der markante Turm setzt einen vertikalen Akzent. Ein formal harmonisch angepasster Anbau von 1965 beherbergt die Central Library. Ebenfalls dem International Style zuzuordnen sind die beiden Wohnblocks **Highpoint 1 und 2** an Northern Hill, 1936 und 1938 von dem Exilrussen Berthold Lubetkin und seiner Architektengruppe Tecton erbaut. Beide Blöcke umfassen 64 Apartments und gehörten zu den innovativsten Wohnarchitekturen dieser Zeit.

Harrow

Der Bezirk Harrow im Nordwesten Londons ist der einzige, der bei der Gebietsreform von 1965 seine alten Grenzen behalten hat. Weltberühmt ist die Anhöhe Harrow-on-the-Hill, bestehend aus der Kirche St. Mary und der berühmten Harrow School. **St. Mary**, auf dem Gipfel der Anhöhe gelegen, geht wohl auf das frühe Mittelalter zurück; bereits 767 wurde der Ort als *Herga* erstmals erwähnt. Nach 1066 entstand hier eine neue Kirche, bald darauf eine Residenz des Erzbischofs von Canterbury; Baureste aus dem 12. Jh. sind erhalten. Der heutige Kirchenbau ist eher eine historistische Rekonstruktion und stammt von George Gilbert Scott aus dem späten 19. Jh.; darunter das von John Flaxman 1815 gestaltete Grabdenkmal für den 1592 verstorbenen John Lydon, den Gründer der nahen Harrow School. Um die Kirche herum gruppieren sich die Gebäude der **Harrow School**. Sie wurde hier, in der erzbischöflichen Residenz, 1571 von John Lydon, einem philanthropisch gesonnenen, begüterten Farmer aus Preston, gegründet. Schon kurze Zeit später erhielt die Schule massive Unterstützung vom Hof und wurde zu einer weltberühmten Bildungseinrichtung. Die heutigen Gebäude stammen durchweg aus dem 19. Jh. und von prominenten Architekten: z. B. die Old School 1818–20 von Charles R. Cockerell, das Headmaster's House 1840 von Decimus Burton, Chapel und Library von George Gilbert Scott (1854–57 und 1861–63). Die **Harrow High Street** und, im Stadtteil Stanmore, **Grim's Dyke**, haben ein sehenswert geschlossenes Stadtbild mit viktorianischer Wohnbebauung bewahrt.

Hillingdon ist der westlichste aller Londoner Boroughs und subsumiert eine Reihe von Gemeinden, die bis 1965 zur Grafschaft Middlesex gehört haben. Sie haben sich ihren bisweilen ausgesprochen sehenswerten dörflichen Kern bis heute bewahrt und bilden einen Kontrast zum geschäftigen Metropolenflughafen Heathrow im Süden des Stadtteils, obwohl in den letzten zwanzig Jahren wegen der Flughafennähe zahlreiche Gewerbeansiedelungen zwischen den Ortskernen stattgefunden haben. In **Cowley** erhebt sich die kleine Feldsteinkirche **St. Laurence** mit beachtlichem Inventar, im 12. Jh. erbaut, um 1500 erweitert und 1780 um den heutigen Glockenturm ergänzt. In **Harmondsworth**, bekannt als langjähriger Sitz des Penguin Buchverlags, ist **St. Mary** bedeutend. Die Kirche geht im Kern auf das 12. Jh. zurück, hiervon sind die Front aus Purbeckstein und das Südportal noch erhalten. Der dreistöckige Turm mit einem unteren Feldstein- und zwei aufgemauerten Ziegelgeschossen wurde um 1500 ergänzt, im Inneren befinden sich wertvolle Einrichtungsgegenstände und Gräber aus dem 16.–18. Jh. Neben der Kirche erhebt sich eine große Zehntscheune, einst für die Abgaben der bäuerlichen Bevölkerung errichtet. Der zweischiffige Bau mit über 60 m Länge ist noch heute als Farmgebäude in Funktion und geht auf das 14. Jh. zurück. In **Hayes** ist das historische Zentrum gut erhalten. Das gut erhaltene **Manor House** aus dem 16. Jh. wird heute vom Borough Council, der Bezirksverwaltung genutzt. Die reich ausgestattete Kirche gegenüber, **St. Mary**, ist ein im 13. Jh. gegründeter Feldsteinbau, heute in seiner viktorianischen Restaurierung zu sehen, berühmt wegen der Decken, seiner Gedenktafeln und Grabdenkmäler. Ein bedeutendes Beispiel für Industriearchitektur der 1960er Jahre ist die **Heinz Factory** von Skidmore, Owings & Merrill aus den USA sowie Mathews, Ryan & Simpson aus England; sie birgt eine bemerkenswerte, öffentlich zugängliche Sammlung moderner Malerei. In **Hillingdon** krönt **St. John the Baptist** Hillingdon Hill, südlich der Uxbridge Road. Der Bau aus dem 13. Jh. ist 1848 von George Gilbert Scott umfassend renoviert worden, zeigt jedoch neben seinen viktorianischen Teilen auch noch originale Bausubstanz. Die hölzerne Decke, zahlreiche Gräber und bedeutende Gedenktafeln sind im Inneren der Kirche zu sehen. In **Ickenham** steht ein wegen seiner guten Erhaltung bedeutendes Landhaus aus dem 17. Jh.: **Swakeleys**. Edmund Wright, 1640 Lord Mayor von London, ließ sich dieses Haus 1629–38 erbauen. Auf H-förmigem Grundriss erhebt sich die dreigeschossige, mit geschwungenen Giebeln dekorierte Architektur, die an Front- und Rückseite mit halboktogonalen Erkervorsätzen versehen ist. 1665 erwarb der Goldschmied und spätere Lord Mayor Robert Vayer das Anwesen und ließ das Treppenhaus mit antik-mythologischen Szenen ausmalen. Das Gebäude ist heute Clubhaus eines Sportvereins, kann aber besichtigt werden. In **West Drayton** erhob sich einst das prachtvolle Anwesen von Sir William Parget, einem hohen Beamten Heinrichs VIII. Er ließ es in den 1540er Jahren erbauen und wurde hier 1563 bestattet. Die Gebäude wurden 1750 abgerissen, jedoch ist der massive Torbau erhalten geblieben, der danach als Zugang zu einem 1786 neu errichteten komfortablen Cottage, **Drayton Hall**, umgebaut wurde.

Hounslow

Der im Westen Londons gelegene Bezirk umfasst die ehemals in Middlesex gelegenen Orte Hounslow, Chiswick, Heston und Isleworth. Hounslow entstand im 13. Jh. entlang der Great Western Road, einer vielbenutzten Straße in den Westen Englands, deren Trasse auf römische Zeit

Chiswick House, erster Entwurf, Zeichnung aus der Hand des Bauherren, Lord Burlington

zurückgeht. Fünf sehenswerte Landhäuser machen den Bezirk besuchenswert; sie bezeugen, dass hier eben wegen der nahen Straße und der guten Anbindung an das Stadtzentrum ein idealer Standort für Landresidenzen war. **Boston Manor** an der Boston Manor Road im Ortsteil Brentford ist in den frühen 1620er Jahren auf Initiative von Lady Mary Reade erbaut worden, kam 1670 in den Besitz von James Clitherow und seiner Familie, die es 1924 der Öffentlichkeit vermachte. Der dreigeschossige Bau aus roten Ziegeln erhebt sich über einem Rechteck von fünf auf vier Achsen und ist 1963 restauriert und zugänglich gemacht worden. Im Inneren sind die prachtvollen Stuckdecken und, im Treppenhaus, ein Trompe-l'œil-Gemälde sehenswert.

Ein erstrangiges Handbuchstück der Architekturgeschichte ist **Chiswick House** an der Burlington Lane in Chiswick. Der Bau liegt in einem Park, der 1682 vom ersten Earl of Burlington erworben und ausgestaltet wurde. 1704 erbte Richard Boyle, dritter Earl of Burlington den Besitz und begann ihn unter dem Einfluss zweier Italienreisen zu verändern. Der in London auch als Bauherr von Burlington House (S. 132 f.) bekannte Lord, ein glühender Anhänger des italienischen Renaissance-Architekten Andrea Palladio, ließ 1725–29 auf quadratischem Grundriss eine überkuppelte, durch eine sechssäulige korinthische Portikus mit Seitenaufgängen über rustiziertem Sockel zugängliche Villa errichten, die Palladios Villa Capra (›La Rotonda‹) nahe Vicenca zum unmittelbaren, wenn auch in den Dimensionen stark reduzierten Vorbild nahm. Die zwei Geschosse im Sockel und im Piano Nobile der von Burlington selbst entworfenen Villa wurden aufwendig mit Statuen und Stuck ausgestattet, ebenso der akkurat angelegte, von einem Kanal durchzogene Garten, zunächst von Burlington in französischem Stil geplant, später von dem berühmten englischen Gartenarchitekten William Kent zu einer künstlichen Landschaft verändert und in der Folge mit einigen sehenswerten Bauten ausgestattet (der sogenannten Classic Bridge, einem kleinen Pantheon mit ionischen Säulen, einem Obelisken und einer freistehenden dorischen Säule, die einst eine Kopie der Venus aus der Sammlung Medici in Rom getragen hat). Die Villa ging durch Erbschaft 1750 in den Besitz der Devonshires über; sie wurde 1788 um Flügelbauten ergänzt, war in dieser Zeit ein Brennpunkt der Londoner Gesellschaft, verfiel aber ab 1892, als das gesamte Interieur nach Chatsworth verbracht und der Bau kaum noch genutzt wurde. Die Villa diente bis zum Erwerb durch das Middlesex County Council 1928 als psychiatrische Einrichtung. Nach Restaurierungen von 1952, die u. a. den Abbruch der späteren Anbauten und damit eine komplette Freistellung der Villa zur Folge hatten, ist Chiswick House seither öffentlich zugänglich.

Ganz in der Nähe, in der Hogarth Lane, unmittelbar bei der Great Western Road, liegt **Hogarth's House**, ein dreigeschossiger Ziegelbau mit weißem Erker über dem Eingang, umgeben von einem ummauerten Garten. Der Künstler William Hogarth (1697–1764) ließ sich dieses Haus als Sommerresidenz 1749 erbauen. Robert William Shipway, ein Bewunderer von Hogarths sozialkritischer Kunst, erwarb das Haus 1904 und vermachte es der Öffentlichkeit. In den unteren beiden Etagen sind in den mit imitierten Möbeln des späten 18. Jh. ausgestatteten kleinen Zimmern zahlreiche graphische Blätter des Künstlers sowie eine Schau über sein Leben und Wirken zu sehen.

Das von einem weitläufigen Park umgebene **Osterley House** an der Jersey Road im Stadtteil Isleworth besteht im Kern aus dem 1570–77 für Sir Thomas Gresham errichteten Vierflügelbau, der seit 1756 von William Chambers restauriert wurde. Nachdem 1780 der Enkel des Londoner Bankiers Francis Child, welcher das Gelände 1711 erworben hatte, zum Hausherrn wurde, beauftragte dieser Robert Adam mit einer erneuten Umgestaltung. An der Ostseite fügte Adam dem dreigeschossigen, von Ecktürmen flankierten Bau aus roten Ziegeln und weißen Steinbändern eine sechssäulige ionische Portikus mit Giebel und Freitreppe an. Adams Hauptaugenmerk galt der Innenausstattung, die hier in bemerkenswert vollständiger und gut erhaltener Form besichtigt werden kann. Adam war berühmt für seine prominenten Mitarbeiter, zu denen Joshuah Wedgwood, Angelika Kauffmann, Matthew Boulton und Thomas Chippendale gehörten. Stuckaturen, Wand- und Deckengemälde, Möbel, Geschirr, Teppiche und Metallarbeiten formen hier ein Gesamtkunstwerk, das sich harmonisch in die zweihundert Jahre ältere Architektur einfügt. Zu besichtigen ist das Hauptgeschoss. Durch die tiefgestaffelte Portikus betritt man einen Hof, dahinter eine Halle, die zur Galerie führt, die den gesamten rückwärtigen Flügel umfasst und von wo aus über eine gewundene Doppeltreppe der Garten zugänglich ist. In dem Flügel links des Hofes erstreckt sich eine Folge von vier prachtvoll ausgeschmückten Zimmern, darunter das einzige von Adam erhaltene Interieur in etruskischem Stil. Im gegenüberliegenden Flügel sind der Speiseraum mit sehenswerten Wandbildern von Angelika Kauffmann und die Bibliothek mit ihren von stuckierten klassizistischen Architekturelementen gerahmten Regaleinbauten zu besichtigen. Das Haus dient zudem als ein kleines **Robert-Adam-Museum**; zahlreiche seiner Entwürfe zur Gesamtkonzeption des Umbaus, zu einzelnen Räumen und Ausstattungsdetails sind erhalten und werden hier gezeigt.

Eine ganz ähnliche Situation präsentiert **Syon House** an der London Road, ein an der Themse inmitten eines weitläufigen Parks gelegenes, großzügiges Landhaus. Das Grundmotiv ist das gleiche wie bei Osterley House: Ein großer, dreigeschossiger, schmuckloser Vierflügelbau mit trutzigen Ecktürmen, errichtet durch den Herzog von Somerset in den 1540er Jahren an Stelle eines aufgehobenen Nonnenklosters, renoviert 1632 durch Inigo Jones, wurde ab 1762, nun im Besitz des Herzogs von Northumberland, im Wesentlichen im Innern von Robert Adam umgestaltet. In einem wichtigen architektonischen Punkt blieb der Umbau unvollendet: Die geplante Überkuppelung des quadratischen Innenhofes ist nicht realisiert worden, und auch beim Innenausbau konnte aus Geldmangel nur gut die Hälfte der Räumlichkeiten von Adam neugestaltet werden. Die Hauptfassade wurde durch eine optisch auffällige Verkleidung aus weißem Haustein betont; der Eingang führt in eine prachtvoll dekorierte, zweigeschossige Halle mit Seitenapsis, in der zahlreiche Statuen präsentiert werden, darunter Kopien des *Sterbenden Gallier* aus dem Thermenmuseum und des *Apoll von Belvedere* aus dem Vatikan in Rom. Von der Halle aus gelangt man links und rechts in zwei Vorräume, der linke als Ovalraum konzipiert, der rechte mit einer opulenten Wandverkleidung ausgestattet, bei der sich auf halbhohen ionischen Buntmarmorsäulen mit antiken, angeblich aus dem Tiber stammenden Schäften, vergoldete Figuren erheben. Der rechte Flügel birgt ein großes, in cremefarbener Kolorierung ausgestaltetes Speisezimmer und den Drawing Room, mit karmesinroter Spitalfieldsseide ausgekleidet. Die gegenüber dem Zugangsflügel gelegene lichtdurchflutete Gallery ist als eine Kombination von Bibliothek und Gesellschaftszimmer gestaltet. Alle Möbel, Teppiche und Ausstattungsgegenstände sind nach Entwürfen Adams eigens für Syon House hergestellt worden. Der Park wurde in den 1760er Jahren von dem prominenten Landschaftsgärtner Capability Brown angelegt, ist heute jedoch in nicht mehr authentischem Zustand. Syon House ist noch heute die Londoner Residenz des Herzogs von Northumberland, aber in den wichtigsten Teilen für Besucher zugänglich.

Islington

Der Bezirk Islington, aus einer Zusammenlegung der Stadtteile Islington und Finsbury gebildet, grenzt im Norden an die Londoner Innenstadt und gehört zu den historisch bedeutenden Regionen außerhalb des unmittelbaren Stadtzentrums. In Finsbury, genauer gesagt im Ortsteil Clerkenwell, liegen bedeutende mittelalterliche Sakralbaukomplexe, die jedoch heute nur noch in Teilen erhalten sind. Betroffen ist die Gegend um das heutige **Clerkenwell Green**, historisch der vielleicht älteste Siedlungspunkt Londons, denn bei Bauarbeiten wurden erhebliche Reste einer jungsteinzeitlichen Kultur entdeckt. Hier erhob sich einst **St. Mary Clerkenwell**, ein im 12. Jh. gegründetes Benediktinerinnenkloster, das allerdings sowohl als Baulichkeit wie auch als Institution heute nicht mehr existiert und von **St. James** überbaut ist: Eine von James Carr 1788–92 erbaute, mit Hausteinbändern dekorierte Ziegelkirche mit im Westen halbrund gewölbter doppelter Empore und einer bedeutenden Orgel im Inneren. Nahebei liegt **Clerk's Well**, ein Brunnen, der der Company of Parish Clerks Jahrhunderte lang als Treffpunkt und auch als Ort für Mysterienspiele mit biblischen Themen gedient hatte; der lange in Vergessenheit geratene, beinahe mythisierte und nur noch in der Ortsbezeichnung »Clerkenwell« präsente mittelalterliche Brunnen ist 1924 wiederentdeckt und als Baudenkmal konserviert worden (No. 14–16 Farringdon Road). Nahe dem Brunnen entstand im 12. Jh. ein weiteres Kloster mit angeschlossenem Hospital; nach dessen Auflösung und Übersiedlung nach Strand in London bezeugt bis heute die Kirche **St. John** die historisch-religiöse Bedeutung der Gegend: ein Bau des späten 18. Jh., der auf die ursprüngliche Klosterkirche zurückgeht. Vom Kloster hat sich **St. John's Gate**, der Haupttorbau von 1504, erhalten (am St. John's Square), allerdings in Gestalt einer umfassenden viktorianischen Restaurierung; in dem Bau befindet sich heute das **Museum of the Order of St. John**. Zu diesen historischen, monastischen Sakralbauten von Clerkenwell ist auch das nun bereits innerstädtisch gelegene **Charterhouse**, einst ein Kloster der Kartäuser (S. 156), zugehörig.

Der gediegene Stadtteil, heute eine sehr gute Wohnadresse, weist einige bemerkenswerte moderne Bauten auf. An der Rosebery Avenue erhebt sich das Gebäude der ehemaligen **Metropolitan Water Board's Headquarters**. Es steht an historischer Stelle für die Londoner Trinkwasserversorgung, die hier seit 1693 mit dem Water House präsent war: eine Pumpstation der New River Company, die die 1613 in Herfortshire neu erschlossenen Trinkwasserquellen betrieb. Der historische Bau wurde 1919–21 durch den jetzigen Ziegelneubau ersetzt, der modernsten damaligen Architekturvorstellungen entsprach und sich u. a. an Peter Behrens' AEG-Turbinenhalle in Berlin orientierte. Ein Kernstück des alten Baus aus dem 17. Jh., der Oak Room, blieb erhalten und wurde in den Neubau integriert. Der Neubau barg die Verwaltung des 1903 neu geschaffenen städtischen Zentralverbundes der bis dahin neun separaten Londoner Wasserversorger und ist heute in dem umstrittenen Konzern Thames Water aufgegangen. Ein oft übersehenes Meisterwerk moderner Architektur ist das **Finsbury Health Centre** in der Pine Street, nachgerade eine bauliche Nobilitierung des National Health Service. Die dreigeschossigen, futuristisch wirkenden, durch flache Hallen miteinander verbundenen Bauten erheben sich auf verschachteltem Grundriss. Der Komplex ist 1938 von dem russischen Exilarchitekten und ehemaligen Konstruktivisten Berthold Lubetkin entworfen und fertiggestellt worden, zusammen mit der von ihm begründeten Architektenvereinigung Tecton, deren Tätigkeit in den Jahren vor dem Zweiten Weltkrieg als ein wichtiger Zwischenschritt von der Klassischen Moderne hin zum Brutalismus gilt. Aktuelle Architektur an historischem Ort präsentiert schließlich das **Sadler's Wells Theatre** an der Rosebery Avenue. Es ist der sechste Theaterbau an dieser Stelle und geht auf das *Musick House* zurück, das Richard Sadler hier 1683 eröffnet hat. Es besetzte im Londoner Theaterbetrieb des 17. und 18. Jh. eine Marktlücke, indem es das einzige Theater war, das im Sommer aktiv war. Der heutige Bau ersetzt das aus den 1930er Jahren stammende, technisch unzureichend gewordene Theater. Der Neubau aus Ziegel, Glas und Stahl von Nicholas Hare Architects und Arts Team @ RHWL von 1998 überzeugt durch technische Funktionalität, luftige Leichtigkeit in der Form und die spektakulär frei schwebenden Treppen im Innern. Das Theater ist spezialisiert auf modernen Tanz und Ballett.

Der Bezirk Newham im Osten von London vereinigt die ehemals zu Essex gehörigen Orte East Ham, West Ham sowie Teile von North Woolwich und Bromley. Im Süden grenzt er an die Themse. Die drei großen, einstmals höchst bedeutenden Docks (Victoria Dock, Albert Dock und George V. Dock) sind heute weitgehend umgestaltet; das George V. Dock birgt den **London City Airport**, den wegen seiner Nähe und der guten Anbindung zur City besonders bei Geschäftsreisenden beliebtesten aller Londoner Flughäfen. In Newham sind zwei bedeutende Infrastrukturkomplexe sehenswert. Ganz im Osten, in der Three Mill Lane in Bromley, liegt das **Three Mills Centre**. Dies ist der größte Verbund von Wassermühlen, der je erbaut worden ist. Die Anlage am River Lee geht im Kern auf das 16. Jh. zurück; bereits zu dieser Zeit arbeiteten hier acht oder neun kleine Mühlen im Verbund, die wenig später zu drei großen Mühlenbauten umgerüstet wurden. House Mill (aus roten Ziegeln) und Clock Mill (aus dunklen Ziegeln mit markanten Türmen) sind erhalten, eine dritte Mühle wurde anlässlich der Schiffbarmachung des Flusses abgerissen. Die erhaltenen Bauten dieses oft veränderten Komplexes gehen auf das 18. (House Mill: 1776) und 19. Jh. (Clock Mill: 1817) zurück. Die Anlage ist vorzüglich erhalten und heute Teil eines Kulturzentrums; die House Mill kann besichtigt werden (www. housemill. org. uk/). Ein bedeutendes Baudenkmal viktorianischer Zeit ist die nahebei an der Abbey Lane gelegene **Abbey Mills Pumping Station**, eine in Form einer byzantinischen Kreuzkuppelkirche erbaute Abwasserpumpstation. Der auch im Inneren hochdekorative Bau entstand zwischen 1865 und 1868 als Teil des Northern Outfall Sewer, einer großen, nach Beckton führenden Abwasserleitung. Nach der Choleraepidemie von 1853 wurden erstmals ernsthafte Maßnahmen zur Verbesserung der Hygiene getroffen. In diesem Zusammenhang entstand, als eine der ersten in London, die Abwasserleitung nach Beckton, für deren Betrieb mangels ausreichenden Gefälles große Pumpstationen nötig waren. Die Arbeiten wurden von dem Ingenieur Joseph Bazalgette geplant und durchgeführt, dessen für damalige Verhältnisse revolutionäre Maßnahmen das Londoner Abwasser in mehreren Leitungssträngen bündelten und es an den Stadtrand in Kläranlagen und nicht mehr direkt in die Themse führten.

Tower Hamlets

Dieser direkt östlich an den Tower angrenzende Borough hat unter allen 1965 neu konstituierten Stadtbezirken die für den heutigen Reisenden verwirrendste Historie und Geographie. Verschmolzen sind hier scheinbar völlig heterogene Bereiche: das klassische Eastend (Spitalfields, Bethnal Green und Whitechapel mit der berühmten Petticoat Lane), wo über Jahrhunderte das Armenhaus der Stadt lag, ferner die von der City entfernteren Stadtteile Poplar und Stepney sowie, südöstlich daran anschließend, Wapping und damit der zentrale Teil der Docklands mit der Isle of Dogs: riesige Hafen- und Kontoranlagen, die im Zuge der enormen wirtschaftlichen Expansion des British Empire seit dem späten 17. Jh., besonders aber im 19. Jh. hier wie im Zeitraffer aus dem Boden wuchsen und sich beiderseits der Themse von der Tower Bridge bis nach Greenwich erstreckten, seit den 1960er Jahren dann aber mit dem Siegeszug der Containerschifffahrt und dem Bau neuer Umschlagplätze an der Themsemündung nach und nach aufgegeben wurden und verfielen. Das Auf und Ab der Hafenanlagen hat den Arbeiterstadtteil sozial geprägt. Hier war Jack the Ripper zu Hause, hier findet sich Elton Johns *Yellow Brick Road*, hier spielt seit 1985 bis heute die kommerziell erfolgreiche TV-endlos-Soap *Eastenders*.

Und doch hat dieses heute so heterogen erscheinende Verwaltungsgebiet eine einigende historische Wurzel: Es umfasst beinahe präzise das Gebiet des Bischofs von London, über das dieser im Mittelalter von seinem Sitz in Stepney aus verfügte.

Architektonisch sind zunächst einige Kirchen von besonderem Interesse. **St. Dunstan and All Saints** an der Mile End Road in Whitechapel ist benannt nach einem Londoner Bischof, der um 960 den Bau begründet hat. Der heutige Bau ist eine Rekonstruktion der durch eine Rakete im Zweiten Weltkrieg weitgehend zerstörten Kirche in den spätmittelalterlichen Formen, bei deren Errichtung zahlreiche An- und Umbauten des 17. und 19. Jh. ignoriert wurden. Die Kirche weist im Inneren zahlreiche Grablegungen auf, die Kanzel ist ein Original aus dem 13. Jh. In Spitalfields, an der Commercial Road, erhebt sich **Christ Church**, ein imposanter Bau von Nicholas Hawksmoor, 1729 geweiht. Die Fassade der Kirche wird von einem überdimensionierten venezianischen ›Fenster‹, einer Säulenstellung mit Aufwölbung in der den Zugang bildenden Mitte, markiert; darüber erhebt sich ein 1936 ohne Ornamente erneuerter massiver Turm, der in der Frontansicht den dreischiffigen Kirchenraum beinahe in ganzer Breite einnimmt. Ein weiterer Hawksmoor-Bau ist **St. George in the East** an der Cannon Street Road in Stepney. Die in Form des griechischen Kreuzes geplante dreischiffige Kirche mit einem Quadrat auf dorischen Säulen im Zentrum ist im Zweiten Weltkrieg zerstört und in den 1960er Jahren nur in Teilen und im Innern in modernen Formen wiederhergestellt worden; der heute freistehende Turm ist im Original erhalten, bildete jedoch beim ursprünglichen Bau zusammen mit einer Portikus den Zugang zur unmittelbar darangesetzten Kirche.

Einige Straßenzüge des im Zweiten Weltkrieg insgesamt schwer beschädigten Stadtteils zeigen Reste des historischen Stadtbildes des 18. und 19. Jh. In Spitalfields sind es vornehmlich die **Fournier Street** und die unmittelbare Umgebung (Artillery Lane, Elder Street); hier hat sich eine ganze Reihe von kleinen Häusern des 18. Jh. erhalten. Touristische Attraktionen sind die Märkte in der **Brick Lane** und der **Petticoat Lane Market** an der Middlesex Street.

Balfron Tower (St. Leonard's Rd., E 14 0 QT; nicht auf den Karten): Der Vorläufer des Trellick Towers wurde nach Entwürfen von Ernő Goldfinger 1963–67 errichtet. Auf 27 Stockwerken finden sich 136 Wohnungen und 10 Penthouses, die über einen neben das Hauptgebäude gestellten Versorgungsturm mit Liften und Infrastruktur bedient werden. Weitere Bauten von Goldfinger im Stil des Brutalismus umgeben den Bau, der nach erheblichen sozialen Problemen 2002 der Poplar HARCAR, einer Non-Profit-Organisation übergeben wurde. Balfron Tower ist, nach Sanierung und Sicherung, heute eine gesuchte und teure Wohnlage im Eastend.

Kaum eine Londoner Region hat sich in den letzten dreißig Jahren dramatischer verändert als die **Docklands** entlang der Themse. Seit den frühen 1980er Jahren sind die leerstehenden und teils verfallenen Hafen- und Speicheranlagen in einem städtebaulich zunächst heftig umstrittenen, heute jedoch weitgehend akzeptierten Kraftakt in Wohn- und Gewerbeareale konvertiert worden – teils unter Beibehalt der historischen Bausubstanz, teils in Form von Neubauten auf eingeebnetem Terrain. Die erheblichen sozialen Probleme, die damit einhergingen, sind bis heute ungelöst und vor allem durch die Konfrontation einer verarmten und meist beschäftigungslosen, ethnisch sehr heterogenen Stammeinwohnerschaft des Eastend mit dem beinahe grenzenlosen Wohlstand der Neuansiedler in den luxuriösen Flats und Lofts. Die Grenze zwischen diesen beiden so unterschiedlichen Welten blieb zunächst über Jahre strikt bestehen, beginnt jedoch jetzt sich aufzulösen; einige citynah gelegene Teile des Eastend sind dabei, sich zu ›In-Vierteln‹ zu entwickeln, was zu erheblichem Druck auf die Alteingesessenen führt. Verschiedene gutgemeinte Versuche der Bezirksregierung, mit kulturellen Aktivitäten hier zu vermitteln, scheinen jedoch das Gegenteil zu bewirken. Die vom Borough errichteten bzw. noch geplanten **Idea Stores**, innovative Kulturzentren, sind eher dazu angetan, die Gegend für weitere wohlhabende Neuankömmlinge attraktiv zu machen. Zwei dieser Idea Stores, an der Chrisp Street in Poplar (eröffnet 2004) und an No. 321 Whitechapel Road in Whitechapel (eröffnet 2005), sind sehenswerte Glas- und Stahlbauten des derzeitigen Shootingstars der Londoner Architektenszene, des in Tansania gebürtigen David Adjaye.

Das zunächst verkehrsmäßig schwer erreichbare, weil für den U-Bahn-Bau ungeeignete Gebiet wird seit einigen Jahren durch die Docklands Light Railway erschlossen, eine oberirdische, meist auf einer erhöht konstruierten Trasse fahrende Bahn. Auf diesem Wege lassen sich auch von der City entferntere Regionen der Docklands gut erreichen. Zu den baulichen Landmarken zählt zunächst **St. Katherine's Docks** unmittelbar östlich des Towers. Die hier seit dem 12. Jh. bestehenden, 1825–27 komplett neu erbauten Hafenanlagen sind in den 1990er Jahren durch qualitätvolle, siebengeschossige Apartmentblocks ersetzt worden, die sich um eine zum Yachthafen ausgebaute Wasserfläche herumgruppieren. Einige historische Hafenbauten sind erhalten geblieben und zu Geschäften und Restaurants umgewandelt worden. An der West Ferry Road erhebt sich, unmittelbar am Themseufer, **The Cascades**, ein weithin sichtbarer, zwanzigstöckiger Apartmentblock, der mit seiner Verjüngung nach oben hin den Brückenaufbau eines Schiffes imitiert. Der Komplex von CZWG Architects ist 1988 vollendet worden und war einer der ersten spektakulären Neubauten in den Docklands. Die von einem markanten Bogen der Themse umflossene Isle of Dogs ist, nach ihrer Trockenlegung im späten 17. Jh., mit ihren East und West India Docks das Kernstück der Docklands. Hier entsteht seit 1988 **Canary Wharf** (s. Abb. S. 39), ein monumentales Geschäftsviertel, nach einem Masterplan von Skidmore, Owings & Merrill Inc. Nach vielen Turbulenzen um bankrotte Investoren und Büroleerstand hat sich der heutige Architekturbestand, darunter der HSBC-Tower, mit knapp 200 m das höchste Gebäude Londons, so weit bewährt, dass eine Vergrößerung des Areals um zwei weitere Apartmenthochhäuser (Riverside South) nach Plänen von Richard Rogers 2007 in Angriff genommen wurde. Heute arbeiten in Canary Wharf knapp 100 000 Angestellte, meist von Firmen aus dem Bereich der Finanzdienstleistungen. Ein Kleinod moderner Architektur ist das **London Regatta Centre** an der Dockside Road im Royal Albert Dock. Der Komplex dient dem an der Themse sehr populären Rudersport, er besteht aus Bootshäusern, Zuschauertribünen entlang einer 2000 m langen Regattastrecke und einem Clubhaus. Die leichte, fast schwebend wirkende Architektur ist von Ian Ritchie Architects 1999 fertiggestellt worden. Die erhebliche Spannbreite in der Nutzung der Docklands zeigt der ebenfalls am Royal Albert Dock errichtete **Campus der University of East London**. Die 1992 gegründete Universität erhielt hier neben ihren Stammgebäuden im Stadtteil Stratford zwischen 1999 und 2006 einen umfangreichen Neubaukomplex für die School of Architecture and Visual Arts. Edward Cullinham Architects haben den Campus entworfen; er besteht aus einem dreiflügeligen, um einen freien Platz herum errichteten, dreigeschossigen Lehrgebäude und zehn expressiv zylindrisch geformten, viergeschossigen Wohnbauten für die Studenten.

Waltham Forest

Dieser an den Epping Forest grenzende Bezirk im Nordosten Londons umfasst die einstmals zu Essex gehörigen Gemeinden Chingford, Leyton und Walthamstow. Auf dem Gebiet dieses Boroughs liegen zahlreiche große Wasserreservoirs, die in den 1880er Jahren für die Trinkwasserversorgung der Metropole angelegt worden sind; bei den Ausschachtungsarbeiten kamen viele neolithische und eisenzeitliche Funde ans Tageslicht, die bezeugen, dass hier, am Rand des einstmals königlichen, seit 1882 für die Bevölkerung geöffneten Epping Forrest, ein uralter Siedlungskern bestanden haben muss. In **Chingford** sind zwei Kirchen sehenswert. **All Saints** geht auf einen normannischen Bau des 12. Jh. zurück, der bereits 1270–80 neu errichtet und um 1400 mit einem Turm versehen wurde. Im 16. Jh. weiter ausgebaut, wurde die Kirche zugunsten von St. Peter and St. Paul aufgegeben, verfiel zu einer romantisch bewachsenen, besonders von den Präraffaeliten gerne gemalten Ruine (Green Church), wurde jedoch 1928/29 wenig subtil restauriert. **St. Peter and St. Paul**, nahe Chingford Green gelegen, entstand im 12. Jh., wurde 1903 vergrößert und zuletzt 1969 renoviert. Knapp 2 km östlich davon, an der Ranger's Road, erhebt sich **Queen Elisabeth's Hunting Lodge**, ein sehenswerter, gut erhaltener, dreigeschossiger Fachwerkbau auf L-förmigem Grundriss aus dem Jahr 1543, der heute ein kleines naturgeschichtliches Lokalmuseum birgt. In Walthamstow ist das Zentrum um **St. Mary** besuchenswert: eine Kirche aus dem frühen 12. Jh. mit Anbauten des 16. Jh., die im frühen 19. Jh. und in den 1930er Jahren im Art-déco-Stil ungewöhnlich renoviert worden und heute ein erstrangiger Blickfang ist. In der näheren Umgebung befinden sich zwei gut erhaltene Häuser aus dem 15. und 18. Jh. sowie sehenswerte Schulgebäude aus dem frühen 19. Jh. In der Vestry Road erhebt sich das 1730 erbaute **Vestry House**, ein in den folgenden Dekaden mehrfach vergrößertes Arbeitshaus, das seit 1931 als Lokalmuseum fungiert. Hier ist das *Bremer Car*, das erste in England gebaute Auto mit Verbrennungsmotor, ebenso zu sehen wie Reste der 1932 abgerissenen Essex Hall und des 1913 abgebrochenen Post Office, Letzteres ein bedeutender Bau von Robert Smirke aus dem frühen 19. Jh. Am Lloyd Park in der Forrest Road erhebt sich **Water House**, ein georgianischer, dreigeschossiger Ziegelbau. Das um die Mitte des 18. Jh. erbaute Haus bewohnte der Maler, Dichter und Sozialist William Morris (1834–96), einer der Protagonisten der Arts-and-Crafts-Bewegung, in seiner Kindheit. In dem Bau, der später dem Verleger Edward Lloyd gehörte und 1898 testamentarisch der Gemeinde vermacht wurde, befindet sich ein sehenswertes Museum, das über William Morris und seine gewerblichen und künstlerischen Aktivitäten umfassend informiert. Ein sehenswerter moderner Baukomplex ist das **Civic Centre** in der Forrest Road, ab 1937 von P. D. Hepworth errichtet; die monumentale Assembly Hall mit ihren hohen Pilastern, den Architravinschriften und dem seltsam gebrochenen Klassizismus erinnert an deutsche NS-Architektur von Paul Troost oder Albert Speer.

Boroughs südlich der Themse

Bexley

Bexley ist ein ursprünglich der Grafschaft Kent zugehöriger Ort, heute ein Bezirk im äußersten Südosten Londons. Sehenswert ist hier das **Red House** (an der Red House Lane in Bexleyheath). Es ist ein repräsentatives Beispiel der Arts-and-Crafts-Bewegung, die im Zeitalter von Historismus und maschineller industrieller Revolution eine Gegenbewegung im Sinne einer Hinwendung zu authentischem Handwerkertum propagierte. Das 1859/60 von Philip Webb für seinen Freund William Morris auf einem kleinen Gartengrundstück erbaute Haus hat Eingang in alle Architekturhandbücher gefunden. Das L-förmige, zweigeschossige Gebäude besteht aus hellroten Ziegeln und ist durch das weit herabgezogene, steile Dach charakterisiert. Im Inneren dominiert imitiertes Mittelalter in Gestalt einer romantisch verbrämten Neogotik; markant ist der umgebende Garten, der als ›Erweiterung‹ des Hauses gestaltet worden ist und dessen florale Konzeption sich im Interieur widerspiegelt. Seit 2003 ist der Komplex dem National Trust zugehörig.

Greenwich

Der östlich gelegene Vorort Greenwich mit seinen historischen Bauten am Themseufer und der berühmten Sternwarte ist eine Hauptsehenswürdigkeit für Londonreisende. Auf der Anhöhe nahe der Themse befand sich seit dem 6. Jh. eine Siedlung der Sachsen. Auch nach der normannischen Eroberung blieb die Gegend bewohnt; bester Zeuge ist im heutigen Ort **St. Alphege**, benannt nach einem hier im April 1012 von den Dänen hingerichteten Erzbischof von Canterbury. Der heutige, eigenwillige Bau entstand nach Entwürfen von Nicholas Hawksmoor 1712–18, nachdem die zwischenzeitlich mehrfach renovierte und umgebaute Kirche des 11. Jh. 1710 zusammengestürzt war.

Der Uferprospekt von Greenwich wird wasserseitig dominiert vom Royal Naval Hospital, dem heutigen Royal Naval College, und dem dahinterliegenden Park mit dem Queen's House im Zentrum, den Anbauten des National Maritime Museum aus dem 19. Jh. und dem Royal Observatory auf der Anhöhe dahinter. Die Geschichte dieses

Greenwich, Queen's House, Ansicht der Parkseite

Ortes und die seiner Bebauung ist verwickelt. Seit etwa 1300 ist hier ein recht umfangreiches **Jagdschloss** urkundlich bezeugt, das Heinrich VII. und Heinrich VIII. intensiv genutzt haben; von diesem später abgebrochenen und optisch gänzlich verschwundenen Tudorschloss haben sich bei Ausgrabungen 1970/71 noch erhebliche Fundamentreste gefunden, die eine Grundrissrekonstruktion erlauben. Im frühen 17. Jh. verlagerten sich unter Jakob I. die baulichen Aktivitäten nach Whitehall; gleichwohl entstand hier mit dem **Queen's House** ein architektonisches Kleinod. Der strahlend weiße, halbwürfelförmige Bau von Inigo Jones, errichtet 1616/17, ist ein Meisterwerk des englischen Palladianismus und diente Queen Anne (Anna von Dänemark) als stadtnahe Residenz. Inigo Jones wurde 1615 Oberaufseher des Greenwichpalastes und war zuvor jahrelang in Norditalien herumgereist, wo er die Bauten

Palladios kennen und schätzen gelernt hatte. Die Villa mit vorgelagerter Terrasse und Loggia hinter ionischen Säulen im Obergeschoss erhebt sich doppelstöckig auf quadratischem Grundriss; sie wird durch eine beide Geschosse verbindende, mit einem Umgang versehene Halle, die im quadratischen Grundriss wie in der Höhe je 12,20 m oder 40 englische Fuß misst, erschlossen. Die Raumfluchten des Obergeschosses werden durch eine stützenlose Rundtreppe erreicht. Der im Laufe der Geschichte nur wenig veränderte Bau diente später als Atelier des Marinemalers van de Velde, war Residenz der Ranger von Greenwich, Schulleiterhaus der Royal Hospital School und ist seit 1937 Teil des National Maritime Museum (s. S. 258).

Unter Karl II. entstand die Idee, hier in Greenwich eine neue königliche Palastanlage in barockem Stil zu errichten, was den Abbruch weiter Teile des Tudorschlosses zur Folge hatte. John Webb entwarf eine großzügige Dreiflügelanlage (das spätere **Royal Naval Hospital**), von der zunächst aber nur der östliche Teil, der sogenannte King Charles's Block, 1662–69 zur Ausführung kam; parallel dazu vollzog sich eine umfangreiche Umgestaltung des Geländes zu einem Park unter der Leitung des Pariser Gartenarchitekten André le Nôtre. Karl II. konzentrierte seine Finanzen allerdings bald auf den Ausbau des Whitehallpalastes, so dass der Ausbau von Greenwich stockte. Erst am Ende des 17. Jh. wurden die Baumaßnahmen, nunmehr unter der Planung von Christopher Wren und später Nicholas Hawksmoor, wieder aufgenommen. Neben dem umgebauten und erweiterten King Charles's Block entstanden der King William's Block (1698–1723), der Queen Anne's Block (1699–1729) und der Queen Mary's Block (1699–1752). Die vier symmetrisch entlang einer auf das Queen's House hinführenden Achse errichteten Komplexe dienten nicht mehr als Palast, sondern nun, dem Pariser Vorbild des Hôtel des Invalides entsprechend, als Residenz für kranke und alte Seeleute. Es entstand hier der bedeutendste

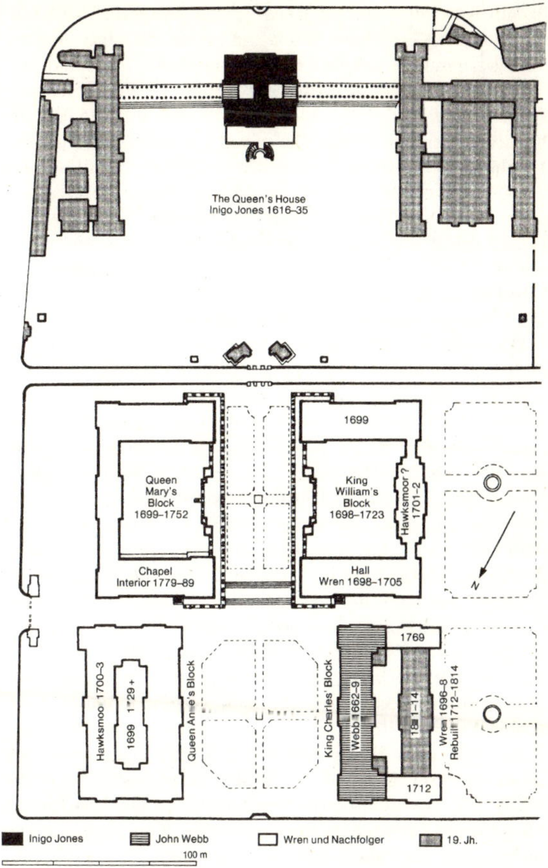

Royal Naval Hospital, Greenwich

und größte Barockbau Englands – prachtvoll im Äußeren, meist karg jedoch im Inneren, von einigen Repräsentationssälen abgesehen. Hervorzuheben ist die prachtvoll mit allegorischen Szenen ausgemalte Halle (**Painted Hall**) im King William's Block und, gegenüberliegend, die **Kapelle** im Queen Mary's Block, nach einem Brand 1779 von dem Greek-Revival-Architekten James Stuart in sehenswertem klassizistischen Stil neu ausgestaltet.

Das Hospital wurde 1705 mit dem Einzug von 42 Pensionären eröffnet, 1814 lebten hier dann schon über 2700 Personen. Das Hospital wurde 1869 geschlossen, seit 1873 residiert hier das Royal Naval College, das aus Portsmouth hierhin verlegt wurde.

Auf der Anhöhe am Rande des Parks erhebt sich das **Royal Observatory** von Greenwich. Es wurde 1675 von Karl II. als wissenschaftliche Institution gegründet, erster Leiter war der Astronom John Flamsteed, nach dem der von Wren konzipierte quadratische Ziegelbau mit Oktogon im Obergeschoss und zwei Turmaufsätzen benannt ist. Hier teilt der Null-Meridian die Welt in eine westliche und eine östliche Hälfte, hier wird die Greenwich Mean Time täglich um 13 Uhr durch den Fall einer Kugel vom Mast auf der Spitze des Turmes angezeigt. Der Bau ist verschiedentlich erweitert worden, u. a. durch das Meridian Building (1749 und nach 1809), das Equatorial Building von 1857 und das Azimuth Building (1898). Seit 1990 ist der wissenschaftliche Betrieb des Observatoriums nach Cambridge verlagert worden; die Gebäude erfüllen nur noch museale Funktionen. Sie sind heute Bestandteil des **National Maritime Museum** (s. S. 258), das sich seit 1937 auch über die seitlichen Anbauten von Queen's House erstreckt und mit schier erschlagender Exponatfülle in chronologischer Folge die Geschichte der britischen Marine bis zum Zweiten Weltkrieg darstellt.

Ein kaum zu überbietender Kontrast zu dem historischen Baukomplex von Greenwich ist der im Norden auf der Spitze einer Halbinsel aufragende **Millennium Dome**: Die größte einfach-überdachte Baustruktur der Welt, anlässlich einer Ausstellung zur Jahrtausendwende nach Plänen von Richard Rogers von Robert McAlpine erbaut. Der zeltartige Bau, vollendet im Oktober 1999, besteht aus einer wetterfesten, glasfiberüberzogenen PTFE-Folie, die von 12 gelb lackierten, leicht schräg gestellten Stahlträgern gehalten wird. Der Millennium Dome ist im Grundriss rund und weist einen Durchmesser von 365 m bei einer Höhe von etwa 50 m auf. Die Weiternutzung des Domes nach Ablauf der ursprünglichen Ausstellung im Januar 2001 erwies sich als schwierig, da das Gebäude kaum rentabel zu betreiben und für die meisten Veranstaltungsarten wegen seiner Größe wenig funktional ist. 2007 hat die Anschutz Entertainment Group den Millennium Dome übernommen und versucht ihn unter der neuen Bezeichnung The O_2 zu einem rentablen Sport- und Kulturzentrum umzubauen.

Östlich des Ortes Greenwich, dabei aber nahe dem nicht mehr existierenden Tudorpalast liegt **Charlton House**, ein Holland House (s. S. 158) vergleichbares stadtnahes Landhaus aus der Zeit von Jakob I. Sir Adam Newton, ein Erzieher des Prinzen Henry, ließ es 1607–12 im Stil des Manierismus errichten. Das geziegelte Haus mit dekorativen Steinrahmungen auf H-förmigem Grundriss wird über einen Portalvorbau und eine zentrale Halle betreten. Im Erdgeschoss finden sich neben Kapelle und Küche zwei Repräsentationsräume (Wohn- und Speisezimmer), in die über eine mit reichem Schnitzwerk verzierte Treppe zugänglichen beiden Obergeschosse erstreckt sich jeweils eine lange Galerie, von der die einzelnen Zimmer abzweigen.

Ganz im Süden des Bezirks, im Stadtteil Eltham, erhebt sich **Eltham Palace** oder Eltham Court. Diese stadtnah gelegene spätmittelalterliche Palastanlage besteht aus einem von einem tiefen Graben umzogenen Schloss, dessen

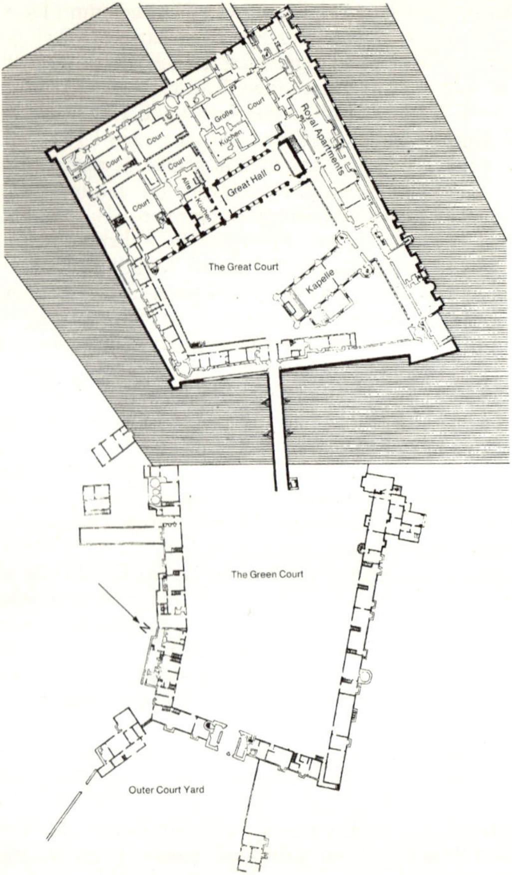

Eltham Palace

Zugangsbrücke zwei Höfe, der Outer Court und der Green Court, mit jeweiligen Wirtschaftsbauten vorgelagert sind. Die Anlage datiert im Kern in die Zeit um 1300 und wurde für den Bischof von Durham errichtet, gelangte jedoch schon 1311 an die Krone und verfiel seit dem 17. Jh. zusehends. Der Textilmagnat Stephen Courtauld, ein Bruder des prominenten Mäzens und Sammlers Samuel Courtauld, erwarb das Anwesen 1931 und restaurierte die besser erhaltenen Teile, darunter besonders die Great Hall, ein mit Westminster Hall und Hampton Court durchaus vergleichbarer Raum mit kunstvoll gestalteter offener Holzdecke und Maßwerkfenstern. Die von Courtauld initiierten Anbauten von Seely & Padget, die unrettbare Bausubstanz ersetzten, imitieren äußerlich ein Landhaus im französischen Stil des 17. Jh. und sind innen aufwendig im Art-déco-Stil eingerichtet.

In palastnaher Lage an der Court Road liegt **Eltham Lodge**, ein Landhaus aus den 1660er Jahren, heute das Royal Blackheath Golf Club House. Der dunkle Ziegelbau erhebt sich auf einem niedrigen Kellersockel; der symmetrische, nahezu quadratische Grundriss mit einer durch einen ionischen Pilastergiebel und eine Freitreppe markierten Eingangshalle erinnert an das Queen's House von Inigo Jones (S. 225). Eltham Lodge wurde von Hugh May errichtet und ist ein Musterbeispiel für den niederländischen Einfluss in der englischen Architektur in der Zeit der Restauration unter den Stuarts; der Architekt hatte längere Zeit im Exil in den Niederlanden gelebt.

Lambeth

Lambeth und Southwark (S. 242 ff.) sind die beiden Londoner Bezirke, zu denen das der Innenstadt gegenüber gelegene südliche Themseufer gehört – ein Gebiet von der Lambeth Bridge bis zur Tower Bridge, das in der jüngeren

Vergangenheit umfassende architektonische und städtebauliche Aufwertung und Verbindung mit den nördlich der Themse gelegenen Stadtteilen erfahren hat. Infrastruktureller Mittelpunkt von Lambeth ist die **Waterloo Station**, im Juli 1848 für den Bahnverkehr in den Süden Englands eröffnet. Der nach enormer Expansion des Verkehrsaufkommens zu Beginn des 20. Jh. umfassend neu gebaute Bahnhof wurde um **Waterloo International**, eine spektakuläre, 1994 eröffnete Glasarchitektur von Nicholas Grimshaw & Partners, erweitert; hier endeten die den Kanaltunnel durchquerenden Eurostarzüge aus Paris und Brüssel. Seit Fertigstellung eines neuen Themsetunnels und der Sanierung des Bahnhofs 2007 fahren diese Züge allerdings nach St. Pancras; Waterloo International wird nicht mehr benutzt.

Ganz im Süden, nahe der Lambeth Bridge, erhebt sich, umgeben vom Archbishop's Park, **Lambeth Palace**. Dies war seit dem späten 12. Jh. die Londoner Residenz der Erzbischöfe von Canterbury, die hier um 1190 einen Baukomplex errichteten, zu dem auch ein Kolleg für weltliche Kleriker gehörte. Der alte Palast entstand unter Stephan Langton 1207–29, wurde in der Folgezeit aber umfassend umgebaut. Der rot geziegelte, um 1490 entstandene Torbau (Morton's Tower) ist ein wichtiges Beispiel früher Tudorarchitektur, die Grand Hall mit der seit 1829 hier befindlichen Bibliothek ist im späten 17. Jh. in mittelalterlichen Formen neu erbaut worden. Ein Großteil der heutigen Bausubstanz ist von Edward Blore ab 1828 in neogotischem Stil errichtet worden. Sehenswert ist auch die heute profanierte Kirche **St. Mary at Lambeth**, nahe dem Palast. Älteste Vorläufer lassen sich auf die normannische Eroberung zurückführen; der heutige Bau ist von Philip C. Hardwick in spätgotischem Stil errichtet worden (1851/52). Die Kirche ist 1972 geschlossen worden und seit 1977 in Besitz des Tradescant Trust, der hier ein **Museum of Garden History** eingerichtet hat – benannt nach dem hier bestatteten John Tradescant (ca. 1570–1638), dem Hofgärtner von Karl I., und dessen ebenfalls als Gärtner tätigen Sohn.

South Bank ist die Bezeichnung für das südliche Themseufer, das im Zusammenhang mit dem Festival of Britain von 1951 entwickelt und seither mit einer Vielzahl von Bauten für kulturelle Zwecke versehen worden ist. Die **Royal Festival Hall**, von Leslie Martin, Edwin Williams und Peter Moro 1951 fertiggestellt (und 1962 erweitert) ist eine Konzerthalle, die 2600 Besuchern Platz bietet und als erster Nachkriegsgroßbau Londons in modernem Stil errichtet worden ist. Der Bau, der wegen seiner Binnenstruktur und seiner Akustik gerühmt worden ist, wird seit 2007 umfassend renoviert. Ebenfalls für Musikvorführungen dient die benachbarte **Queen Elisabeth Hall**, die zwei Konzertsäle für 900 bzw. 350 Personen miteinander in einer raffiniert verschachtelten Betonarchitektur integriert – 1967 nach Plänen von Hubert Bennett eröffnet. Stilistisch sehr ähnlich ist der in unmittelbarer Nachbarschaft befindliche Betonbau der **Hayward Gallery**, als städtisches Museum 1968 eröffnet und nach einem Lokalpolitiker benannt. Das Museum zeigt Wechselausstellungen moderner Kunst auf zwei Ebenen, die sich um drei Lichthöfe herumgruppieren. Ein umstrittenes Meisterwerk des Brutalismus und damit ganz in der Tradition der Queen Elisabeth Hall und der Hayward Gallery stehend ist das benachbarte **National Theatre**, 1967–77 von Denys Lasdun erbaut. Die reizvolle, von horizontalen Bändern und vertikalen Quadern geprägte, gigantische geometrische Baustruktur birgt drei funktional perfekt ausgestattete Theaterbühnen.

Die städtebauliche Weiterentwicklung des Themsesüdufers in der jüngsten Zeit hat weitere bemerkenswerte Akzente gesetzt: In Richtung Blackfriars Bridge entstanden das neu erbaute **London Television Centre** und der markante **Oxo Tower**, ursprünglich ein Kraftwerk für das zentrale Postamt aus dem 19. Jh., in den 1920er Jahren im Art-déco-Stil umgebaut und industriell genutzt von der Liebig Extract of Meat Company, seit den 1990er Jahren nach Plänen von Lifschutz Davidson umfassend renoviert und zu einem höchst vitalen Wohn- und Gewerbekomplex umgestaltet. Im Zuge der Londoner Feiern des Millenniums entstanden in Southbank weitere Attraktionen: die **Golden Jubilee Bridges**, zwei neuerbaute Fußgängerbrücken entlang der Hungerford Bridge, erschlossen das Südufer der Themse auch von Charing Cross aus und führen in den neu angelegten **Jubilee Park**. Unmittelbar daneben erhebt sich **London Eye**, das mit knapp 140 m Höhe größte Riesenrad der Welt. Unmittelbar südlich anschließend erhebt sich der gewaltige, 200 m lange und sechsstöckige Komplex der **County Hall** mit ihrer symmetrischen, im Zentrum konkav eingezogenen Fassade, 1907 von Ralph Knott im Stil des edwardianischen Barock als Sitz für den Stadtrat von London erbaut. Das Gebäude war seit der Auflösung des Londoner Stadtrates durch Margaret Thatcher im Jahr 1986 funktionslos und ist auch durch die Neuformierung dieses Gremiums nicht wieder in Benutzung gekommen (der heutige Stadtrat tagt in Norman Fosters Neubau der City Hall in Southwark, S. 244). 2003–05 residierte hier die Saatchi-Gallery (S. 264), seit Ende 2006 ist der Komplex privatisiert und teilweise zum Marriott London County Hall Hotel, teilweise zu einem Aquarium umgebaut worden.

Lewisham

Lewisham ist ein kleiner, in Richtung Greenwich gelegener Bezirk im Südosten Londons, in dessen Grenzen die einstmals unabhängige Ortschaft **Blackheath** liegt. Hier finden sich, unweit der markanten Kirche **All Saints** (von Benjamin Ferrey 1857 erbaut) zahlreiche gut erhaltene viktorianische und georgianische Häuser. Am Rande des Ortskerns liegt, fast schon auf dem Gebiet von Greenwich, **Morden College**, ein 1695 von dem Händler und Goldschmied Sir John Morden gestiftetes Altersheim für verarmte Händler. Die zweigeschossige Anlage auf annähernd quadratischem Grundriss umfasst mit ihren vier Flügeln einen Hof; der Zugang zum Hof in der Mittelachse fluchtet gegenüber mit einer kleinen Kapelle. Über die Zugangsfassade springen die beiden Seitenflügel markant vor und formen auf diese Weise repräsentative Domizile für den Schatzmeister und den Priester. Die Anlage ist von Edward Strong nach Plänen von Christopher Wren erbaut worden und bis heute in Funktion; sie bietet Unterkunft für 40 Personen.

Richmond upon Thames

Der 1965 geschaffene moderne Londoner Verwaltungsbezirk Richmond umfasst nicht nur die teilweise einst zur Grafschaft Surrey gehörigen Themse-Kleinstädte Richmond, Kingston und Hampton im Südwesten, sondern auch weite Gebiete nördlich der Themse, darunter die Stadtteile Twickenham und Teddington; Richmond ist einer der wenigen Boroughs, die sich sowohl nördlich wie auch südlich der Themse erstrecken. Der Ort Richmond ist immer eng mit der Stadt London verbunden gewesen. Aus einem königlichen Landbesitz mit kleiner Residenz, unter Eduard I. wohl 1299 erbaut, entstand hier auf dem **Richmond Green** zu Beginn des 14. Jh. ein umfangreicher Palast, der **Sheen Palace** genannt wurde. Richard II. hatte hier seine Hauptresidenz. Nach Brandzerstörungen von 1497 erfolgte ein Neubau, nun als **Richmond Palace**, der besonders unter den Tudors eine wichtige Rolle gespielt hat. Nach der Hinrichtung von Karl I. 1649 wurde der Palast aufgelassen und das Areal verkauft; darauf und daneben entstand die aufblühende Ortschaft Richmond. Nur wenige bauliche Reste erinnern an den Palast, vor allem das am Old Palace Yard nahe der Themse stehende Torhaus mit dem Wappen des Bauherrn und das Trumpeter's House, 1701 am Platz des mittleren Palasttores erbaut. Richmond Green führte ein Weiterleben als Cricketplatz und ist heute ein von Häusern aus dem 17. und 18. Jh. gesäumter Platz mit hübschen Läden und Pubs, eine der Attraktionen Richmonds. Dem heute nicht mehr existenten Palast unmittelbar zuzuordnen ist der gewaltige **Richmond Park**: ein insgesamt gut 900 ha großes Areal, das 1637 von Karl I. eingezäunt und als königliches Jagdrevier mit zahlreichen Gehegen angelegt wurde. Richmond Park ist der größte der königlichen Parks in London. Eine Attraktion ist das 1831 angelegte Wald- und Blumengehege Isabella Plantations. Inmitten des Parks liegt **White Lodge**, ein weißes, klassizistisches Landhaus, das der Earl of Pembroke zusammen mit dem Architekten Roger Morris 1727–29 als Jagdhaus für den Königshof errichteten. Der Rechteckbau ist ein frühes Beispiel für die neopalladianistische Architektur, die im England des 18. Jh. großen Zuspruch fand, formal eng orientiert an Palladios Villa Emo in Fanzolo. Der Bau ähnelt in Konzept und Ausformung dem von Morris und dem Earl of Pembroke zeitgleich errichteten Marble Hill House in Twickenham (S. 237). Um die Jahrhundertmitte wurden dem Bau die beiden Seitenpavillons zugefügt, die im frühen 19. Jh. von James Wyatt durch halbrunde Korridore und eine Portikus mit dem Bau verbunden wurden. White Lodge ist seit 1955 Sitz der Royal Ballet Lower School.

Westlich des Parks, unmittelbar an der Themse, liegt **Ham House** (Ham Street), eines der sehenswertesten und besterhaltenen Landhäuser des 17. Jh. Der dreigeschossige Ziegelbau erhebt sich über H-förmigem Grundriss und ist 1610 von Sir Thomas Vavasour, einem Marshal von Jakob I., begonnen worden. 1626 übernahm William

Murray den Bau und erweiterte ihn 1637/38. Ein weiterer Umbau erfolgte auf Initiative seiner Tochter 1673/74, wobei die siebenjochige Südfront eingezogen wurde. Die prachtvoll dekorierten Räume sind mit originalem Inventar des 17. Jh. versehen. Das Haus ist für Besucher zugänglich und seit 1948 eine Außenstelle des Victoria and Albert Museum.

Nördlich von Richmond, auf dem flachen Südufer der Themse, erstreckt sich **Kew Gardens**. Der Botanische Garten Londons, seit 1841 eine nationale Institution, umfasst gut 120 ha Fläche und ist 1772 von Georg III. aus der Zusammenlegung von zwei Landsitzen (Richmond House und Kew House) samt deren schon damals prominenten Gärten geschaffen worden. Richmond House oder Richmond Lodge gehörte zum königlichen Palast; der Garten wurde 1764–68 von Capability Brown zu einem Landschaftsgarten umgestaltet. Der Garten von Kew House geht auf das späte 17. Jh. zurück und ist ein Werk von Sir Henry Capel. Mit der Zusammenlegung der Gärten begannen massive Eingriffe in Botanik und Bausubstanz. William Chambers begann nach 1757 zunächst auf dem Gartengelände von Kew House mit einer Reihe von Gartenbauten, von denen einige heute noch stehen, andere (Chinesischer Tempel, Alhambra, gotische Kathedrale u. a. m.) jedoch abgerissen worden sind. Sehenswert sind heute das **Eingangstor** von Decimus Burton (1848), das **Aroid House** von John Nash, das eigentlich zum Buckingham Palace gehörte, die **Orangerie** von William Chambers (1761), das **Palm House**, eine der bedeutendsten Glas-Eisen-Architekturen Londons (Richard Turner, Decimus Burton, 1844–48), der **Bellonatempel**, 1760 von Chambers errichtet, das 1837 von Jeffry Wyattville erbaute **Pantheon**, der **Ruined Arch**, eine künstliche Ruine (1759), die gut 50 m hohe, zehnstöckige **Pagode** (William Chambers, 1761), das **Queen's Cottage**, ein reetgedeckter Fachwerkbau (1772) und **Kew Palace**, auch Dutch House genannt, 1631 errichtet.

Palm House in Kew Gardens

Auf der Nordseite der Themse im Richmond zugehörigen Stadtteil Brentford, unweit der Kew Bridge, befindet sich das Kew Bridge Engines Trust and Water Supply Museum, häufig vereinfacht **Kew Bridge Steem Museum** genannt (an der Green Dragon Lane), ein technikgeschichtliches Museum in einem Bau der 1840er Jahre mit markantem Turm. Ursprünglich war dies eine Pumpstation der Grand Junction Water Works Company, die nicht nur der Trinkwasserversorgung diente, sondern die auch das im 19. Jh. stark ausgebaute, bis nach Mittelengland reichende Kanalsystem speiste. Die hier gezeigten, 1944 außer Dienst gestellten dampfgetriebenen Pumpen gehören zu den ältesten und zugleich den größten der Welt.

Baugeschichtlich unmittelbar mit White Lodge im Richmond Park (S. 236) zusammengehörig ist **Marble Hill House** im Stadtteil Twickenham (an der Richmond Road gelegen). Es wurde 1724–29, wie sein Zwilling, von Roger Morris als Architekt und dem Earl of Pembroke als Bauherrn errichtet und ist eines der besten Beispiele palladianistischer Architektur in England. Der ursprüngliche Entwurf für das dreigeschossige, auf einem rustizierten Sockel stehende Haus geht vermutlich auf den Palladianer Colen Campbell zurück, der wenige Jahre zuvor das Burlington House (S. 132) in palladianistischen Formen errichtet und damit einen durchschlagenden Modetrend kreiert hatte. Anders als bei White Lodge ist hier aber kein unmittelbares Vorbild Palladios zitiert. Der dem Haus zugehörige Park wurde u. a. von Alexander Pope ausgestaltet. In dem Haus wohnte zunächst Henrietta Howard, die spätere Countess of Suffolk, eine langjährige Geliebte von König Georg II. 1981 wurde das Haus restauriert und als Museum zugänglich gemacht.

Strawberry Hill, eine markante Geländeerhebung in Twickenham, ist der Ort des berühmten Landsitzes von Horace Walpole. Ab 1748 wurde hier auf erstmals vollständig asymmetrischem Grundriss eine Landvilla in neogotischem Stil errichtet, die Vorbildcharakter für zahlreiche spätere Landsitze und Villen erhalten sollte. Unter großen Bäumen duckte sich der zweistöckige Bau mit trutzigem Turm, Zinnen und innen einer Vielzahl kleiner Räume; großzügig sind nur im Obergeschoss der Salon, das Esszimmer und das Billardzimmer. Walpole lebte hier dauerhaft; seine Villa war Stadtgespräch und wurde zu einem Publikumsmagneten, so dass er schon bald eine Besuchsordnung erließ. Der Bau, heute ein Annex eines Lehrerseminars, ist schon im 19. Jh. durch Anbauten, vor allem aber durch das Fällen der hohen Bäume seiner einstmals malerischen Wirkung beraubt worden. Auch das Innere, das besichtigt werden kann, ist weitgehend unauthentisch.

Hampton Court Palace, am Rande des Städtchens Hampton im äußersten Südwesten des Londoner Stadtgebietes inmitten eines großen Parks gelegen, gilt heute vielen zusammen mit Windsor Castle als Inbegriff des englischen Königsschlosses. Bauherr und erster Besitzer war allerdings kein König, sondern Thomas Wolsey, Erzbischof von York, der hier vor den Toren Londons Land mit einem Manor des 14. Jh. erwarb, das er zwischen 1515 und 1521 in nur sieben Jahren zu einem prachtvollen Tudorschloss mit über 280 Zimmern umbauen ließ. Der Komplex erstreckte sich um drei Höfe, den Base Court, den Clock Court und den Fountain Court. Der wegen seiner kurzen Erbauungszeit stilistisch höchst homogene Bau ist in typischer Form der Tudorzeit errichtet worden: rot-bräunliche Ziegel, polygonale Türmchen, hohe Schornsteine, Zinnenbesatz, Terrakottabauschmuck. 1529 fiel Wolsey in Ungnade und überließ sein Schloss wenig freiwillig Heinrich VIII., der hier mit seinen verschiedenen Frauen residierte und den Bau in gleichem Architekturstil vergrößerte. Über 150 Jahre blieb Hampton Court unverändert, erst nach der Inthronisation von Wilhelm III. und Maria II. 1688 begann eine eingreifende Umbauphase. Christopher Wren übernahm die Bauleitung und plante zunächst den vollständigen Abbruch des Altbaus, jedoch blieben der Base Court und der Clock Court mit ihrer Umbauung aus der Tudorzeit (sehenswert im Clock Court die astronomische Uhr, 1540 von dem bayerischen Astronomen Nikolaus Kratzer entworfen) nach dem Tode Marias 1694 erhalten. Nur der Fountain Court mit den Staats- und Privaträumen der Herrscher wurde nun durch eine barocke Arkadenanlage ersetzt, die auch optisch durch ihr helleres Baumaterial hervorsticht. Nach verschiedenen Renovierungen im 18. und 19. Jh. wurde der Palast 1838 unter Königin Victoria für die Öffentlichkeit zugänglich gemacht und ist bis heute zu besichtigen, sofern kein Mitglied der königlichen Familie hier residiert. Im Schlosspark von Hampton Court, der aus verschiedenen, heute verlässlich rekonstruierten Teilen besteht, ist das **Labyrinth** von besonderem Interesse: Um 1690 angelegt, erstreckt sich der kunstvoll gestaltete Irrgarten im Norden des Schlosses auf über 20 ha Fläche (davon ist nur

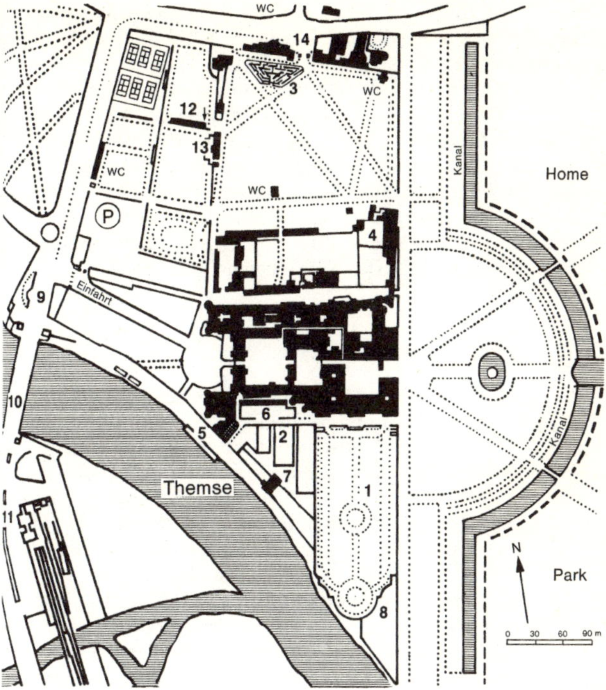

Hampton Court Palace, Garten

1 Privy garden
2 Pond garden
3 Maze
4 Tudor Tennis Court
5 Vinery
6 Lower Orangery
7 Banqueting House
8 Tijou's Eisengitter
9 Trophy Gates
10 Hampton Court Bridge
11 Hampton Court Bahnhof
12 Cafeteria
13 Restaurant
14 Lion Gates

ein kleiner Teil heute rekonstruiert). Sehenswert sind auch die Tennishalle aus der Zeit Heinrichs VIII. und die Orangerien an der Südseite des Schlosses. Die Vinery birgt einen Weinstock von 1769 mit mittlerweile über 30 m langen Zweigen, in der **Lower Orangery** ist Mantegnas *Triumph Cäsars* zu sehen: eine Folge von 9 großen Leinwandbildern, die Cäsars Galliertriumph in Rom zeigen und die Andrea Mantegna nach literarischen Beschreibungen um 1490 für den Palazzo Ducale in Mantua geschaffen hat; sie sind 1630 im Zuge des Erwerbs der Gonzaga-Sammlung durch Karl I. nach England gekommen.

Southwark

Southwark bezeichnete ursprünglich das sich um den südlichen Kopf von London Bridge herum erstreckende Areal, das bis 1899 politisch der City of London zugehörig war. Seit 1965 bildet es einen erweiterten, auch den alten Borough Bermondsey östlich der Tower Bridge umfassenden Bezirk. Architekturhistorisch bedeutsam ist **Southwark Cathedral**, unmittelbar bei London Bridge in sehr eng umbauter Situation gelegen. Die neben Westminster Abbey größte gotische Kirche Londons hat mindestens zwei Vorgängerbauten: aus normannischer Zeit und aus dem frühen 12. Jh. Die eigentliche Baugeschichte ist weitgehend unklar. Nach einem Brand (1212) entstand auf Geheiß des Bischofs von Westminster ein Neubau, der um 1220 begonnen wurde und sich wohl bis ins späte 14. Jh. hinzog. Die widersprüchlichen historischen Angaben sind heute durch architektonische Analysen kaum mehr zu klären, denn eine umfassende Renovierung im 19. Jh. hat viel ursprüngliche Bausubstanz ersetzt, den Rückchor neu angesetzt, den Turm erneuert und das Aussehen des Baus stilistisch ›harmonisiert‹. Weitgehend im Original erhalten sind die Ostteile der Kirche mit ihren an

Reims und Chartres erinnernden Detailformen, die besonders im Aufriss deutlich werden. Im Nordhaus finden sich Reste des normannischen Vorgängers. Im Innern beherrschen die zahlreichen Grabdenkmäler aus der Zeit des 15.–17. Jh. das Bild. In unmittelbarer Umgebung der Kirche befand sich seit 1276 ein Obst- und Gemüsemarkt, 1851 als **Borough Market** architektonisch neu erbaut, einer der großen Märkte Londons. Gegenüber, an der St. Thomas Street, befand sich seit dem 13. Jh. ein dem hl. Thomas geweihtes Hospital, das 1862 in den Londoner Westen umgezogen ist; im Dachstuhl der zugehörigen St. Thomas Church ist das **Old Operation Theatre** erhalten geblieben, ein gynäkologischer Operations- und Hörsaal, der bis 1862 in Benutzung war und dem Besucher einen beredten Eindruck von der medizinischen Versorgung vormoderner Zeiten gibt.

Der auch **Bankside** genannte Themse-Uferprospekt von der Blackfriars- bis hinter die Towerbridge, der heute das wesentliche Bild von Southwark ausmacht, ist ein städtebauliches Produkt jüngster Zeit. Ganz im Westen erhebt sich zunächst **Tate Modern** in einem ehemaligen Kraftwerk, das von Giles Gilbert Scott, dem Erbauer der Battersea Power Station (S. 246), nach 1947 errichtet wurde. Nach der Konversion des Bauwerks in ein Museum durch Herzog & de Meuron wird hier seit Mai 2000 moderne Kunst präsentiert (s. S. 263). Neu erschlossen wird dieser westliche Teil des Uferstreifens durch die **Millennium Bridge**, die in Höhe von St. Paul's das Nordufer erreicht. Die schlanke Fußgängerbrücke, die auf nur zwei Y-förmigen Pfeilern lagernd den Fluss quert, ist von einem Londoner Architektenkonsortium unter Mitwirkung von Arup Associates und Sir Norman Foster entworfen worden und erwies sich schon unmittelbar nach ihrer Einweihung am 10. Juni 2000 wegen starker Resonanzschwingungen als veritable Fehlkonstruktion; sie wurde mit dem spöttischen Namen »Wobbly Bridge« bedacht und bereits am 12. Juni wieder gesperrt. Nach aufwendigen Nachbesserungen in der Dämpfung ist die Brücke seit Februar 2002 problemlos in Funktion. Unmittelbar neben dem südlichen Kopf der Millennium Bridge erhebt sich die Rekonstruktion des **Globe Theatre**. Dieses im Grundriss kreisrunde, über der Mittelfläche unüberdachte Theater mit drei Publikumsrängen imitiert formal recht getreu das 1599 von Shakespeares Playing Company in Southwark eröffnete Theater, das 1613 niederbrannte, 1614 erneuert und noch bis zu seiner Schließung 1642 weiterbestanden hat. Alle seit 1599 entstandenen Shakespeare-Stücke sind im Globe Theatre uraufgeführt worden. Der Bau misst im Durchmesser gut 30 m, bietet 3000 Personen Platz und beeindruckt durch die architektonisch kostbar geschmückte Bühne.

Ein weiteres Beispiel geglückter Architekturkonversion ist die **Hay's Galleria**, unmittelbar neben dem markanten Betonskelett des in den 1990er Jahren neu erbauten Financial-Times-Hochhauses gelegen. 1856 als Hay's Wharf für die hafennahe Lagerung von Tee erbaut, ist der Komplex seit 1987 von Twigg Brown Architects zu einer großflächigen, attraktiven Einkaufspassage umgestaltet worden. Unmittelbar westlich des Südkopfes der Tower Bridge sieht man die markante Silhouette der gläsernen **City Hall**, der heutige Sitz der Greater London Authority (Stadtrat) und des Mayor of London (Bürgermeister). Der nach Entwürfen von Norman Foster errichtete Bau wurde 2002 eingeweiht. Das knollenartig geformte Gebäude mit seinen gegeneinander verschobenen zehn Geschossebenen erhebt sich über einem eingetieften, amphitheatralischen Versammlungssaal und erschließt sich über eine etwa 500 m lange Wendeltreppe, die dem New Yorker Guggenheimmuseum und Fosters begehbarer Reichstagskuppel in Berlin ähnelt. An der Spitze im zehnten Geschoss befindet sich Londons Living Room, ein Ausstellungssaal mit phantastischer Rundumsicht (periodisch für Besucher zugänglich). Den östlichen Abschluss von Bankside bildet, unmittelbar jenseits der Tower Bridge Road, **Butler's Wharf**, ein ehemaliger Komplex von Hafenspeichern des 19. Jh. Im Zuge der Umwandlung der Docklands zu Wohn- und Büroquartieren war dies der erste große Wurf: Seit den 1960er Jahren leerstehend, hatten hier in den 1970er Jahren Künstler ihr Quartier genommen. Seit 1982 ist das Areal unter Beibehaltung der äußeren Optik der Gebäude großflächig saniert worden und bildet heute mit seinen Luxusapartments, edlen Restaurants und Bars eine der besten, aber auch teuersten modernen Wohnadressen Londons. Sehenswert im ›Hinterland‹ von Southwark ist schließlich die **Dulwich Picture Gallery** (an der Dulwich Gallery Road, S. 252), ein Teil von **Dulwich College** (gegründet nach 1605 von Edward Alleyn, einem Freund Shakespeares). Hier entstand in einem von John Soane 1811–13 errichteten Bau mit fünf raffiniert von oben beleuchteten Sälen die erste öffentliche Kunstgalerie Londons und damit einer der ersten direkt als Museum konzipierten Bauten überhaupt. Der Bau ist bereits im späten 19. Jh. erheblich verändert, erweitert und 1999 um einen Anbau von Rick Mather ergänzt worden, so dass von Soanes ursprünglicher Konzeption nicht viel geblieben ist. Die umgebenden Bauten von Dulwich College, einst ein Ensemble von Armenhäusern, bilden eine reizvolle Mischung aus im Kern erhaltener Architektur des 17. Jh. und, beim New College, historistischen Bauten in gotisch-romanischen Formen der viktorianischen Zeit.

Wandsworth

Wandsworth, ursprünglich ein kleiner Ort am citynahen Südufer der Themse, bildet seit 1965 einen Bezirk, der auch das früher eigenständige Battersea mit einschließt. Der Ort Wandsworth war ein historischer Brennpunkt der Immigration nach London: Im 16. und 17. Jh. ließen sich hier zahlreiche holländische Einwanderer, später dann auch viele aus Frankreich vertriebene Hugenotten nieder. Das zweifelsohne berühmteste Baudenkmal ist das weithin sichtbare Volumen der **Battersea Power Station** mit ihren vier markant aufragenden weißen Schornsteinen. Die ab 1929 unter Giles Gilbert Scott im Art-déco-Stil errichtete, nach 1945 dann erweiterte Anlage, der bis heute größte Ziegelbau Europas, bestand aus vier Turbinen, die aus 1 Million Tonnen Kohle im Jahr bis zu insgesamt 500 MW Strom erzeugen konnten. Das heute denkmalgeschützte Kraftwerk, das zahlreichen Filmen als Kulisse diente und auf verschiedenen Schallplattenhüllen abgebildet worden ist, wurde zu einer regelrechten Ikone der Londoner Industriearchitektur. Seit seiner Außerdienststellung 1983 hat es verschiedene, bisweilen auch umstrittene Pläne zur Konversion der Anlage gegeben, ohne dass bis heute greifbare Resultate vorliegen. Westlich schließt, entlang der Themse, der **Battersea Park** an, ein knapp 1 km^2 großer Park, der von James Pennethorne 1846–64 angelegt wurde. Hier fand 1864 die Geburt des nach Regeln gespielten Fußballs statt. Der nach dem Zweiten Weltkrieg zum Jahrmarkt und Vergnügungsviertel verkommene Park wurde nach umfassender Neuanlage im Juni 2004 als Park wiedereröffnet. Die weithin sichtbare Friedenspagode wurde 1985 nach erheblichen Kontroversen hier errichtet.

Das **Battersea Arts Centre** am Lavender Hill ist ein bedeutendes Kulturzentrum mit verschiedenen Theater- und Performancebühnen. Es befindet sich seit 1974 in der 1893 eröffneten Battersea Town Hall, einem im Stil des edwardianischen Barock errichteten Rathausgebäude.

Museen in London

London ist nicht nur eine Stadt der Baudenkmäler, sondern auch eine Stadt der Museen. Eine riesige Zahl von Sammlungen kann besichtigt werden – vom weltberühmten Kunstmuseum bis hin zur skurrilen Spezialsammlung. Nicht alle Museen können hier angeführt werden. Einige kleine Museen in architektonisch bemerkenswerten Bauten ohne weitergehende Bedeutung sind hier bisweilen unmittelbar im Kontext der Baubeschreibung abgehandelt worden. Die Wertstellung der Museen als wichtige Exponenten des englischen Kulturbetriebs wird dadurch deutlich, dass zumindest die großen staatlichen Museen kostenlos zugänglich sind. Den kurzen Beschreibungen der alphabetisch angeordneten Museen ist jeweils die Internetadresse beigegeben, über die sich Öffnungszeiten und Hinweise über aktuelle Ausstellungen schnell in Erfahrung bringen lassen.

British Museum: Das British Museum an der Great Russell Street in Bloomsbury geht in seinem Kern auf den Nachlass des irischen Arztes und Naturforschers Sir Hans Sloane (1660–1753) zurück, den dieser testamentarisch dem König, dieser wiederum dem Staat verkauft hatte. Der Nachlass bestand, von einigen eher wenig bedeutenden Antiken abgesehen, fast ausschließlich aus seiner umfangreichen Bibliothek und der naturwissenschaftlichen Sammlung. Diese beiden Kerne des British Museum sind heute dort nicht mehr vorhanden. Die naturwissenschaftlichen Sammlungen erhielten 1880 adäquaten Raum im neu erbauten Natural History Museum in South Kensington (S. 183 f.), die Bibliothek, die zur British Library, der Nationalbibliothek, heranwuchs, ist seit 1997 in dem Neubau in St. Pancras (S. 165) untergebracht.

Der von Sir Norman Foster neu gestaltete Eingangshof des British Museum

Das erste British Museum, das den Sloane-Nachlass zeigte, war in Montague House in Bloomsbury untergebracht. Ab 1800 änderte das Museum seinen Charakter durch Zuerwerbungen erheblich. 1801 wurde die umfangreiche Sammlung ägyptischer Altertümer erworben, die ursprünglich Napoleon für den Louvre zusammengestellt hatte, die dann jedoch als Kriegsbeute in britischen Besitz geriet. 1816 kamen, nach langen Debatten um den Preis, die Elgin Marbles hinzu: die von der Athener Akropolis entfernten klassischen Bauskulpturen und Architekturteile. Weitere Privatsammlungen wie die von Charles Townley und William Hamilton, aber auch Ankäufe wie die Bauskulpturen von Bassae-Phigalia (1841) und Trophäen englischer Ausgrabungstätigkeit wie die Relikte des Mausoleums von Halikarnassos, weitere Grabdenkmäler aus der griechisch-kleinasiatischen Küstenregion, Funde aus Nimrud und Ninive, aber auch die sich sprunghaft mehrende Bibliothek vergrößerten den Bestand rapide und machten zunächst einen Anbau, später einen kompletten Neubau nötig, der 1847 vollendet war und seitdem mehrfach umgebaut und erweitert wurde (S. 161). Die schier unübersehbare Menge der Exponate ist in verschiedenen thematisch bzw. historisch organisierten Abteilungen präsentiert, deren Verlauf sich auch nach der Neuorganisation im Zuge der Ausgliederung der Bibliothek und des Umbaus des zentralen Hofes dem Besucher aber nicht immer gleich erschließt.

Die **ägyptische Abteilung** ist die größte jenseits des Ägyptischen Museums in Kairo und gibt einen profunden Überblick über die antik-ägyptische Kultur von der neolithischen Zeit (10000 v. Chr.) bis in das koptische Christentum (um 1000 n. Chr.). Unter den zahlreichen Skulpturen ragt die kolossale Büste von Ramses II. (um 1250 v. Chr.) heraus, von großer historischer Bedeutung ist der Stein von Rosetta, dessen dreisprachige Inschrift (griechisch, koptisch, hieroglyphisch) von 196 v. Chr. der Schlüssel zur Entzifferung der Hieroglyphen war. Ein Besuchermagnet ist die Ausstellung von 140 Mumien. Die mit knapp 300000 Objekten größte Sammlung im British Museum ist die Abteilung, die den **antiken Orient** präsentiert. Assyrische, babylonische und sumerische Objekte sind hier versammelt, darunter die Alabasterreliefs des Palastes von Assur-Nasirpal II. aus Nimrud und des Palastes von Sargon II. aus Khorsabad, die Figuren des Tors von Balawat und weitere assyrische Skulptur. Von historisch herausragender Bedeutung ist das Palastarchiv aus Ninive mit über 22000 Tontafeln und Rollsiegeln, in Keilschrift beschrieben. Weltberühmt ist die **griechisch-römische Abteilung** des Museums. Zu erwähnen sind zuerst die Elgin Marbles: weite

Teile des Skulpturenfrieses, der Giebelfiguren und eine Reihe skulpierte Metopen des Parthenon von der Athener Akropolis (440–430 v. Chr.), ferner eine Karyatide und eine Säule vom Erechtheion und Teile des Frieses vom kleinen Tempel für Athena Nike (420–410 v. Chr.). Sehenswert sind ferner der Skulpturenfries des Apollontempels von Bassae (um 420 v. Chr.), die lykischen Grabdenkmäler (5./4. Jh. v. Chr.), die Fries- und Skulpturenreste des Mausoleums von Halikarnassos (4. Jh. v. Chr.), Bauschmuck vom Artemistempel aus Ephesos, einem der antiken Weltwunder (6. und 4. Jh. v. Chr.), aus der römischen Epoche die Portlandvase, ein in Steinschneidetechnik hergestelltes Prunkgefäß, und spätantikes, reich dekoriertes Tafelsilber aus den Schatzfunden vom Esquilin in Rom und Mildenhall (4. Jh. n. Chr.). In der Abteilung für **Drucke und Zeichnungen** finden sich berühmte Originalzeichnungen von Dürer, Raffael, Leonardo da Vinci, Rubens und Rembrandt, aber auch zahlreiche Exponate britischer Künstler aus dem 18. und 19. Jh. Die Abteilung für **asiatische Kunst** präsentiert einen großen Bestand indischer Skulptur, eine umfangreiche Sammlung chinesischer Altertümer, buddhistische Malerei und japanische Dekorationskunst bis zum Ende des 19. Jh. In der **afrikanischen, ozeanischen und amerikanischen Abteilung** finden sich historische wie zeitgenössische ethnographische Exponate aus Afrika und Ozeanien ebenso wie altamerikanistisch-archäologische aus der Inka-, Azteken- und Mayakultur. Die umfangreiche Abteilung für **Münzen und Medaillen** schließlich ermöglicht einen umfassenden Überblick über die Numismatik, beginnend mit frühesten Münzen aus dem 7. Jh. v. Chr., endend mit Banknoten aus dem 19. und 20. Jh. Wer das British Museum aus der Zeit vor 1997 kennt, wird die *Magna Carta*, die *Lindisfarne Gospels* und weitere berühmte englische Dokumente vermissen; sie sind zusammen mit der Bibliothek in den Neubau der British Library nach St. Pancras überführt worden und dort zu sehen.

Das British Museum ist mit seinem Sammlungsbestand eines der bedeutendsten Nationalmuseen der Welt. Der bisweilen dubiose Erwerb von Sammlungen und einzelnen Objekten und das rigide Mitnehmen von archäologischen Funden auf der Basis obskurer Fundteilungsverträge besonders im frühen und mittleren 19. Jh. hat jedoch in jüngster Zeit zu Kritik und zu Rückforderungen geführt, auf die von der Museumsleitung bisweilen etwas unsensibel und widersprüchlich reagiert worden ist. Im Zentrum dieser Debatte stehen die von der griechischen Regierung zurückgeforderten Elgin Marbles; im neuen Akropolismuseum in Athen ist sogar Ausstellungsraum dafür vorgesehen, obwohl eine Rückgabe aktuell kaum denkbar erscheint. Ebenfalls rückgefordert wird von der ägyptischen Regierung der Stein von Rosetta; weitere Rückforderungen existieren von den Regierungen Nigerias, Tadschikistans und Äthiopiens. Das British Museum ist hier in der Rolle des Pioniers; in jüngster Zeit sind auch andere große Museen mit ähnlichen Rückforderungen konfrontiert worden, ohne dass eine klare Linie über den Umgang hiermit erkennbar wird. (www.britishmuseum.org)

Courtauld Institute Galleries: Das im Courtauld Institute of Art am Strand befindliche Museum geht im Kern auf die Gemäldesammlung von Samuel Courtauld zurück, die dieser in den 1920er Jahren zusammenstellte. Sie besteht aus Bildern französischer Impressionisten und Nachimpressionisten und umfasst Meisterwerke von Manet, Renoir, Monet, Pissaro, Degas, Cézanne, Seurat, Toulouse-Lautrec und Modigliani. Überdies erweiterten zahlreiche Stiftungen den Bestand des Museums, der wegen seines Umfangs nur in Auszügen gezeigt werden kann, erheblich. 1934 vermachte der Kunstkritiker Roger Fry seine Sammlung zeitgenössischer Kunst dem Museum, von Sir Robert Witt und Lord Lee stammen zahlreiche Bilder alter Meister (Cranach, Rubens), Zeichnungen, Archive und Buchbestände, von Mark Gambier-Parry die bemerkenswerte Sammlung italienischer Renaissancemalerei. Weitere Sammlungsbestände entstammen Stiftungen, darunter die berühmten Aquarelle von Turner, und der 1978 hinzuerworbenen Princess Gate Collection alter Meister. Dem Museum angeschlossen sind eine umfangreiche Foto- und Diasammlung und eine bedeutende, kunsthistorisch ausgerichtete Bibliothek. (www.courtauld.ac.uk)

Dickens House: Das Haus No. 48 Doughty Street in Holborn ist von dem Romancier Charles Dickens zwischen 1837 und 1839 bewohnt worden; er zog nach seinen ersten kommerziellen Erfolgen von hier weg in ein bedeutend größeres, jedoch nicht mehr erhaltenes Haus in der Nachbarschaft. Das typische, dreistöckige Londoner Stadthaus aus dem 18. Jh. ist 1925 als Museum eingerichtet worden und zeigt Memorabilia und Autographen des berühmten Autors. (www.dickensmuseum.com)

Dulwich Picture Gallery: Das von John Soane ab 1811 erbaute und 1817 eröffnete Museum an der Dulwich Gallery Road (S. 245) in Southwark ist Teil von Dulwich College. Die Geschichte der hier präsentierten Gemäldesammlung ist durchaus kurios. Die gut 300 Bilder des 17. und 18. Jh. gehen auf die Sammelaktivitäten der Kunsthändler Francis Bourgeois, einen Schweizer, und den Franzosen Noël Desenfans zurück, die ab 1790 im Auftrag des polnischen Königs Stanislaus Augustus binnen fünf Jahren per Erwerb aus allen erdenklichen Quellen in Europa eine königliche Kunstsammlung aufbauten. Nach der polnischen Teilung von 1795 und dem damit einhergehenden Verlust des Auftraggebers blieben die (bereits bezahlten) Bilder bei den beiden Kunsthändlern, die wegen der ungeklärten Besitzverhältnisse vergeblich versuchten, sie zu veräußern. Nach dem Tod von Densenfans 1807 schlug auch der Versuch, die Sammlung in das British Museum zu integrieren, fehl, so dass die Bilder nach dem Tod von Bourgeois 1811 herrenlos und von keiner Seite beansprucht im Dulwich College verblieben und hier in dem dann von John Soane extra dafür neu erbauten Museum öffentlich präsentiert wurden. Erweitert wurde der etwas willkürlich und lieblos zusammengekaufte Bestand alter Meister und Barockgemälde 1835 durch die Stiftung der Porträtsammlung von William Linley. Ein Flügel des Museums formt ein Mausoleum aus, in dem Desenfans und Bourgeois in großen Sarkophagen bestattet sind. (www.dulwichpicturegallery.org.uk)

Freud Museum: Sigmund Freud, Begründer der Psychoanalyse, emigrierte nach dem Anschluss Österreichs an Deutschland 1938 von Wien nach London und lebte hier in No. 20 Maresfield Gardens in Hampstead, damals ein von Intellektuellen jedweder Prägung bevorzugter Stadtteil. Der bereits über achtzigjährige Freud starb hier schon ein Jahr später, doch das Haus blieb im Besitz seiner Tochter Anna, einer bedeutenden Pionierin der Kindertherapie, die hier bis zu ihrem Tod 1982 lebte. Das Haus ist seither als Museum zugänglich; es zeigt die originale Möblierung (Biedermeier) und Freuds kleine Kunstsammlung (ägyptische, griechische und römische Antiken sowie einige Orientalia, Gemälde österreichischer Maler des 19. Jh.). Mittelpunkt der Ausstellung ist das Therapiezimmer mit der berühmten Couch. (www.freud.org.uk)

Geffrye Museum: An der Kingsland Road in Shoreditch (Hackney) ist ein dreiflügeliges Armenhaus mit vierzehn zweigeschossigen Wohnungen erhalten, das auf testamentarisches Geheiß 1715 aus dem Nachlass von Lord Mayor Robert Geffrye (1613–1704) errichtet wurde (S. 200). Darin ist seit 1914 das Geffrye Museum zu Hause. Präsentiert werden hier, passend zu diesem Stadtteil, der im 17. und 18. Jh. zahlreiche Werkstätten von Kunst- und Möbeltischlern aufwies, ausgewählte Möbel, Textilien und Kunsthandwerk vom 16. Jh. bis in die Gegenwart. Thema ist die Inneneinrichtung von Wohnungen der Mittelklasse und ihr Wandel im Laufe der Zeit; die Ausstellung ist didaktisch gut aufbereitet und hebt sich markant ab von dem ansonsten in Museen allgegenwärtigen königlichen oder aristokratischen Interieur. Das Museum wurde 1998 durch einen Anbau erweitert. (www.geffrye-museum.org.uk)

Geological Museum: 1835 als The Museum of Practical Geology gegründet, ist dies das älteste naturwissenschaftliche Museum der Welt. Es war zunächst im Craig's Court in Whitehall, später in einem Bau an der Jermyn Street untergebracht und zog 1935 in den von Sir Richard Allison und John Hatton Markham errichteten Neubau im South-Kensington-Komplex um. Hier machte die neue Ausstellung mit einer Vielzahl von Dioramen Furore. Die 1971 und 1996–98 erneut veränderte Konzeption, als Red Zone ins Natural History Museum integriert, zeigt eine Geschichte der Erde (The Earth Galleries); die von Fachleuten als zu unterhaltsam kritisierte Ausstellung beginnt im Obergeschoss und endet im Erdgeschoss. (www.nhm.ac.uk)

Handel House Museum: Das kleine Museum in No. 25 Brook Street in Mayfair befindet sich im Wohnhaus des Barockkomponisten Georg Friedrich Händel, der hier von 1723 bis zu seinem Tod 1759 lebte und am englischen Königshof arbeitete. Das in den 1990er Jahren wieder in den Originalzustand des 17. Jh. zurückversetzte Haus ist für diese Zeit ein typisches Stadthaus eines wohlhabenden Bürgers: ein dreistöckiger Ziegelbau (der vierte Stock ist später aufgesetzt worden), mit repräsentativem ersten Geschoss. Das Haus ist vom Handel Trust 1998 erworben und in den oberen Geschossen 2001 als Museum zugänglich gemacht worden, das in typisch karger Möblierung der georgianischen Zeit Erinnerungsstücke an den deutschen Komponisten präsentiert. In das Museum integriert ist, als maximaler musikalischer Kontrast, der oberste Stock des Nachbarhauses No. 23, in dem der legendäre Gitarrist Jimi Hendrix 1968–69 gelebt hat. (www.handelhouse.org)

Imperial War Museum: Das markante, von Sydney Smirke errichtete Gebäude mit hoch aufragender Kuppel und sechssäuliger ionischer Portikus an der Lambeth Road in Southwark diente ursprünglich als psychiatrisches Krankenhaus (Bethlam Royal Hospital, im Volksmund »Bedlam« genannt; dies war der Nachfolgebau des ursprünglich am Ort der heutigen Liverpool Street Station errichteten Bedlam aus dem 13. Jh.). Das Imperial War Museum wurde 1917 zum Andenken an den Ersten Weltkrieg gegründet und war zunächst im nach Sydenham versetzten Crystal Palace (S. 143) untergebracht. Nach dessen Niederbrand 1936 wurde, zunächst provisorisch, ein neues Museum in dem mittlerweile aufgelösten psychiatrischen Krankenhaus eingerichtet und 1939 eröffnet. Dieses nunmehr hinlänglich repräsentativ und dem französischen Pendant in Paris entsprechend untergebrachte Museum wurde 1953 umfassend umgestaltet und zu einem Museum für alle geführten britischen Kriege. Gezeigt werden Fahrzeuge, Waffen, Standarten, Uniformen und Erinnerungsstücke, ferner Fotos, Karten und Kriegsbilder, darunter prominente Gemälde englischer Kriegsmaler. Verschiedene Archive sind angeschlossen, darunter das Stimmenarchiv (*Forgotten Voices*) und ein Tonarchiv mit Interviews und Kriegsberichten. Das Museum versucht, über die thematisierten Ereignisse objektiv zu informieren, was aber gerade aus deutscher Sicht nicht immer gelungen erscheint. Zu den zahlreichen Außenstellen des Museums zählen in London das **Churchill Museum** mit den **Cabinet War Rooms** in Whitehall (S. 130) sowie die **HMS Belfast**, ein am Südufer der Themse, nahe der Millennium Bridge vertäuter, zum Museum umgebauter Kreuzer. (www.iwm.org.uk)

Thematische Ergänzungen sind das Royal Airforce Museum (S. 261, www.rafmuseum.org.uk) und das National Maritime Museum (S. 258).

Jewish Museum: In zentraler Lage von Camden

(No. 129–131 Albert Street) befindet sich seit 1995 ein Museum, das jüdisches Leben und jüdische Kunst aus London zeigt. 1932 wurde es gegründet und residierte bis zum Umzug in den Neubau in Woburn House am Upper Woburn Place in Bloomsburry. Das Museum präsentiert eine sehenswerte Sammlung jüdischer Zeremonialkunst, ferner Gemälde und Zeichnungen und eine Themenausstellung über jüdisches Alltagsleben in London. Angeschlossen ist ein beachtliches Fotoarchiv. Im Sternberg Centre in No. 80 East End Road (Finchley) gibt es seit 1983 eine Zweigstelle, seit 1990 umbenannt in **London Museum of Jewish Life**, dessen Exponate sich mit dem reformierten Judentum im Londoner Eastend befassen. Für 2008 ist der Umzug dieses Zweigmuseums in die Räume in Camden vorgesehen. (www.jewishmuseum.org.uk)

London Transport Museum: Das 1980 in Covent Garden eingerichtete Museum informiert über die Geschichte des öffentlichen Personennahverkehrs in London. Pferde- und Dampfbahnen sind ebenso zu sehen wie historische Busse und U-Bahn-Züge, zahlreiche Fotos und Grafiken ergänzen die informative, 2007 nach umfassender Renovierung neu eröffnete Ausstellung. Der zentrale Standort des Museums ist einerseits ein Vorteil, der damit verbundene Raummangel aber auch ein Nachteil. Das umfangreiche Museumsdepot in Acton am Stadtrand ist deshalb ebenfalls für Besucher zugänglich und ergänzt die Ausstellung in Covent Garden. (www.ltmuseum.co.uk)

Museum of London: Das 1976 eröffnete Museum befindet sich in einem Neubau nahe der alten Stadtmauer an London Wall in Barbican (S. 83). Es werden hier die umfangreichen, zusammengeführten Bestände des 1826 eröffneten Guildhall Museum und die des London Museum, zuletzt ansässig im Kensington Palace, gezeigt. Die sehenswerte, damals für viele Museen vorbildlich konzipierte Ausstellung informiert über die Stadtgeschichte. In zehn Räumen werden informativ aufbereitete Exponate von der prähistorischen Zeit bis in die Gegenwart präsentiert. Thematische Schwerpunkte bilden die römische Antike, die Tudor- und Stuartzeit, das georgianische London und das rapide Wachstum der Stadt seit dem späten 18. Jh. Zu sehen ist auch ein Stadtmodell und eine audiovisuelle Schau über den Brand von 1666 und die städtebaulichen Auswirkungen. Seit 2004 läuft eine langfristig angelegte Umgestaltung des Museums; die prähistorische und die mittelalterliche Abteilung sind mittlerweile in neuem Design zu sehen. 2003 ist auf der Isle of Dogs nahe Canary Wharf in den Docklands eine Zweigstelle des Museums eröffnet worden (**The Museum in Docklands**). Hier wird über die Wirtschafts- und Sozialgeschichte der Londoner Docklands vom 16. Jh. bis in die Gegenwart informiert. (www.museumoflondon.org.uk)

National Gallery: Die National Gallery an der Nordseite des Trafalgar Square ist als Museum 1824 gegründet worden und birgt heute knapp 2500 erlesene Gemälde von der Mitte des 13. bis zum Ende des 19. Jh. Im Gegensatz etwa zum Louvre in Paris, den Uffizien in Florenz oder dem Prado in Madrid gehen die Bestände hier nicht auf eine königliche Sammlung zurück, sondern auf Erwerbungen der öffentlichen Hand. Die Keimzelle bildet der nach Parlamentsbeschluss vom 2. April 1824 erfolgte Ankauf von 38 Gemälden Alter Meister des Bankiers John Julius Angerstein. Diese erste National Gallery eröffnete 1826 in dem ebenfalls erworbenen Wohnhaus Angersteins in No. 100 Pall Mall. Schon bald darauf, nach Eingliederung weiterer Gemälde aus öffentlichem Besitz, erfolgte ein Umzug in ein größeres Gebäude an Pall Mall (No. 105). Umfangreiche und stetige Zukäufe sowie weitere Zusammenführungen von Bildern aus öffentlichem Besitz führten bereits um 1830 zu Plänen für einen Neubau, den vor allem der Architekt John Nash nachdrücklich forderte. Zwischen 1832 und 1838 entstand dann, nach Plänen von William Wilkins, der Neubau am Trafalgar Square, von dem nur noch die Fassade mit dem achtsäuligen, monumentalen Portal und die renaissanceske Kuppel original erhalten sind. Alle Trakte dahinter sind im Laufe der Zeit mannigfach um- und einige weitere angebaut worden, u. a. von Pennethorne, Barry und Taylor in den 1860er und 1870er Jahren. Ein spektakulärer, mit der Wilkins-Fassade stark kontrastierender Anbau ist der nach seinem Stifter benannte Sainsbury Wing, 1991 von Robert Venturi in postmodernem Stil erbaut; er beherbergt seitdem die Renaissancegemälde. Die Ausstellung, die ein wahres *Who is Who* der Malerei versammelt, ist chronologisch und dabei nach Kunstlandschaften organisiert, der quantitative Schwerpunkt liegt auf der Malerei des 17. Jh., der gleich dreizehn Räume gewidmet sind. Die Direktion der National Gallery ist in der Vergangenheit mehrfach wegen ihrer sehr radikalen Restaurierungsmaßnahmen an den Bildern, ihrer mitunter undurchsichtigen Ankaufspolitik und sehr optimistischen Zuschreibungen einiger anonymer Bilder, u. a. an Giorgione und Rubens, kritisiert worden. (www.nationalgallery.org.uk)

National Maritime Museum: Das englische Seefahrtsmuseum befindet sich seit 1937 im Queen's House und den angrenzenden Bauten der ehemaligen Royal Naval School (S. 226) in Greenwich (Romney Road). In chronologischer Reihe wird hier die Geschichte der britischen Marine bis zum Ende des Zweiten Weltkriegs geschildert, darüber hinaus aber auch Aspekte der zivilen Seefahrt. Ausgestellt sind Modelle, Seefahrtsinstrumente, Karten, Uniformen, Schiffsglocken, Anker, zahlreiche Fotos und Gemälde mit maritimen Motiven. Hervorzuheben ist das Nelson-Zimmer mit der originalen Uniform, die Nelson bei der Schlacht von Trafalgar getragen haben soll, das Bargue House mit zwei königlichen Prachtbarken aus dem 16. und frühen 17. Jh., die New Neptun Hall mit Exponaten zu Schiffs- und Bootsbau, darunter zwei frühe Dampfschiffe, und schließlich, in einer Galerie, archäologische Funde von antiken Schiffen aus Ferriby, Sutton Ho und Graveney.

Ein weiterer Saal birgt Memorabilia von den Reisen des Captain Cook, ferner einige Ausrüstungsgegenstände der Bounty. Dem Museum zugehörig ist der im Frühjahr 2007 von einem Feuer weitgehend zerstörte Schnellsegler Cutty Sark; das Museumsschiff soll jedoch vollständig wiederhergestellt werden. (www.nmm.ac.uk)

National Portrait Gallery: Die National Portrait Gallery wurde als museale Institution 1856 gegründet und umfasst heute über 10 000 Porträts bedeutender Engländer in beinahe allen Medien: Gemälde, Zeichnungen und Skulpturen, aber auch Fotos und Karikaturen. Der Bau im Stil der italienischen Renaissance am St. Martin's Place nahe dem Trafalgar Square, der National Gallery benachbart, wurde 1890–95 von Ewan Christian errichtet und 1896 feierlich eröffnet; die Mittel für den Bau wurden von W. H. Alexander gestiftet. Das Gebäude erfuhr seither zwei Erweiterungen: 1933 erbauten R. Allison und J. G. West den nach dem Stifter Lord Duveen benannten Westflügel, 2000 wurde ein in Richtung National Gallery orientierter, von Christopher Ondaatje errichteter Anbau eröffnet, in den ein großer Aufzug eingebaut ist, der die Besucher zum Ausgangspunkt des im Obergeschoss beginnenden Rundgangs bringt. Die Ausstellung ist chronologisch angelegt; in vierzehn Räumen sind Bildnisse von der Tudor- bis zur edwardianischen Zeit ausgestellt. Persönlichkeiten des 20. Jh. finden sich im Basement versammelt (www.npg.org.uk)

Natural History Museum: Das zur Cromwell Road hin orientierte Museum im South-Kensington-Museum-Komplex hat eine überaus verwickelte Sammlungs- und Baugeschichte. Der Kern der naturgeschichtlichen Sammlungen geht auf Sir Hans Sloane zurück, einen der Mitbegründer des British Museum, und war nach dessenTod 1753 zusammen mit diversen anderen Exponaten im Montague House in Bloomsbury, dem Vorläufer des British Museum, präsentiert. In dem Maße, in dem sich das British Museum in der ersten Hälfte des 19. Jh. von einer Bibliothek mit angeschlossener Wunderkammer zu einem Kunst- und Kulturgeschichtsmuseum wandelte, wurde klar, dass die Naturgeschichtssammlung einen anderen Standort benötigte, um adäquat ausgestellt werden zu können. Seit 1856 gab es Planungen für die Ausgliederung der Bestände. Ein 1864 ausgeschriebener Wettbewerb forderte Architekten auf, Entwürfe vorzulegen, bei denen Oberlicht ebenso Bedingung war wie eine den Exponaten zuträgliche Innendekoration. Der Gewinner, Francis Fowke, starb kurz darauf. Alfred Waterhouse wurde beauftragt, Fowkes Entwurf zu realisieren, überzeugte jedoch mit einem neuen, an romanisch-renaissancesesken Formen orientierten Baukonzept, das er zwischen 1873 und 1880 realisierte. Der symmetrisch konzipierte Bau mit markantem, von zwei Türmen flankiertem, tief gestaffeltem Eingangsportal und Eckpavillons ist an seiner Fassade terrakottaverziert. Statischer Kern des Baus ist ein gewaltiger Stahlrahmen; nicht zufällig erinnert der Bau im Innern an eine mittelalterliche Kathedrale, eine ideale Bauform für ein Museum in dieser dem Fortschritt verpflichteten, viktorianischen Zeit. Mit gut 40 Millionen Exponaten, darunter allein sieben Millionen Versteinerungen, wird hier auf zwei Geschossen die größte naturkundliche Sammlung der Welt präsentiert; sie beinhaltet u. a. die Mitbringsel von Cook, Darwin und dem Polarforscher Scott. Spektakulärste Exponate sind das (unechte) Saurierskelett und das (echte) Skelett eines Blauwals in der Haupthalle und der Überblick über die Biologie des Menschen in der linken Nebenhalle. Insgesamt wird in der Anordnung der Exponate allerdings die strikte Systematisierung gut nachvollziehbar, die die Naturkunde auszeichnet. Die Objekte werden in fünf Abteilungen präsentiert, denen zugleich auch wissenschaftliche Forschungszentren von Weltgeltung mit jeweils bedeutenden Bibliotheken und Archiven beigegliedert sind: Zoologie, Insektenkunde, Paläontologie, Mineralogie und Botanik. Das Museum ist zugleich Forschungsanstalt und engagiert in der populären Vermittlung von Forschungsresultaten. Ein Anbauvorhaben, das 2009 vollendet sein soll, birgt das Darwin-Center, das im derzeit fertiggestellten Teil heute weite Bereiche der zoologischen Sammlung zeigt und in seinem zweiten Teil die botanische Sammlung aufnehmen und mit einem Multimediastudio für Funk- und Fernsehsendungen ausgestattet werden soll. Organisatorisch gehört das Museum weiterhin zum British Museum. (www.nhm.ac.uk)

Royal Airforce Museum: Das 1972 eröffnete Museum im Hendon Aerodrome (Grahame Park Way) im Borough Barnet im Norden Londons zeigt eine beachtliche Sammlung von Gerätschaften der britischen Luftwaffe, die 1979 um eine Filiale in Shropshire bei Wolverhampton noch erweitert worden ist. Im Hendon Aerodrome werden heute über 130 historische Flugzeuge präsentiert, die meisten aus den 1930er und 1940er Jahren. Die Ausstellung erstreckt sich über fünf thematisch organisierte Hallen, alles ehemalige Hangare, und präsentiert Meilensteine der Luftfahrt, die Bomberhalle, einen historischen, rekonstruierten Hangar aus dem Zweiten Weltkrieg, eine Halle mit Exponaten zur Luftschlacht um England und eine Halle, in der die Fabrikation von Luftfahrtgerät thematisiert wird. (www.rafmuseum.org.uk)

Science Museum: Das mit 2,5 Millionen Besuchern nach dem British Museum und Tate Modern meistbesuchte Museum Londons an der Exhibition Road im South-Kensington-Museum-Komplex ist ein Museum für Naturwissenschaft und Technik und in Konzeption und Inhalt dem Deutschen Museum in München vergleichbar. Der Kernbestand geht auf die wissenschaftsgeschichtliche Sammlung des South Kensington Museum zurück, das

1857 von Bennet Woodcroft unter Einschluss von Exponaten der vorangegangenen Great Exhibition eröffnet wurde. Bereits 1864 wurden die Sammlungen, nunmehr als Patent Office Museum, in ein eigenes Gebäude am jetzigen Standort verlagert. Das South Kensington Museum wurde 1899 zum Victoria and Albert Museum (S. 265), und der ausgelagerte Bestand 1909 als Science Museum organisatorisch unabhängig. Der heutige, fünfgeschossige Bau besteht aus drei zeitlich nacheinander errichteten Teilen. Der Westteil von Richard Allison mit der rustizierten, säulengeschmückten Front zu Exhibition Road entstand 1914–18, wurde aber erst 1928 eröffnet. Der Mittelteil wurde 1951–60 gebaut, der Osttrakt ist eine Erweiterung von 1978. Unter den etwa 300000 Exponaten sind das Foucault'sche Pendel in der Eingangshalle, George Stevensons frühe Dampfmaschinen, die erste Dampflokomotive (Rocket), das früheste Telefon von Alexander Graham Bell und Otto Lilienthals erstes Segelflugzeug sehenswert. Organisiert ist die Ausstellung nach Themenbereichen: *Power* befasst sich mit Energieerzeugung, *Space* mit der Raumfahrt und der Telekommunikation, *Making the Modern World* mit technischer Infrastruktur und *Flight* mit der Luftfahrt. Teile der Ausstellung sind seit 2005 in Umbau. Seit 1980 sind im vierten und fünften Geschoss große Teile der Sammlung des Wellcome Museum of the History of Medicine zu sehen, eine bedeutende medizingeschichtliche Sammlung, die von Sir Henry Wellcome (1853–1936) angelegt wurde; sie ist organisatorisch dem Wellcome Trust (S. 168) zugehörig. (www.sciencemuseum.org.uk)

Tate Britain: Unter dem Namen Tate, benannt nach dem Stifter des Gebäudes an Millbank nahe der Themse, dem Industriellen Sir Henry Tate (1819–99), firmieren seit 2000 vier Museumsstandorte: Tate Britain und Tate Modern in London, ferner Tate Liverpool und Tate St. Ives. Tate Britain ist die Keimzelle dieses Verbunds, die einstige Tate

Gallery, im Juli 1897 als National Gallery of British Art eröffnet. Das gestiftete Gebäude mit klassizistischer Portikus und Kuppelbau dahinter von Sidney R. J. Smith entstand in den 1890er Jahren am Ort des zuvor abgebrochenen **Millbank Prison**, einer berühmten Haftanstalt auf polygonalem Grundriss mit sieben Türmen und knapp 1200 Zellen, die Thomas Hardwick 1812 in klassizistischem Stil begonnen und Robert Smirke 1819 vollendet hat – eines von zahlreichen in viktorianischer Zeit in London verloren gegangenen erstrangigen Baudenkmälern. Das Museumsgebäude ist mehrfach erweitert worden. Von John Russell Pope stammt die zentrale Skulpturengalerie, die bemerkenswerte **Clore Gallery** ist ein postmoderner Anbau von James Stirling, 1987 vollendet, und birgt die gewaltige Sammlung von Turner-Bildern, die aus 100 vollendeten und 182 unvollendeten Gemälden sowie etwa 19000 Zeichnungen besteht. Nach der Neuverteilung der Bestände im Jahr 2000 ist Tate Britain weitgehend englischer Malerei und Skulptur vorbehalten, mit Schwerpunkt im 18. und 19. Jh., allerdings auch mit einigen modernen bzw. zeitgenössischen Arbeiten und einigen Meisterwerken französischer Impressionisten. Die umfangreichen Bestände zirkulieren teilweise zwischen den verschiedenen Stadtorten. In Tate Britain wird unabhängig davon die Hängung in einzelnen Sälen verschiedentlich verändert, so dass es kaum möglich ist, auf einzelne Bilder zu verweisen. Ein erheblicher Teil der Ausstellungsfläche ist temporären Ausstellungen vorbehalten: Themenausstellungen zu britischer Kunst, Künstlerretrospektiven, der Triennale zur britischen Gegenwartskunst und der jährlichen Turner Prize Exhibition für Nachwuchskünstler. (www.tate.org.uk/britain)

Tate Modern: Dieses spektakuläre neue Museum, das 2006 von knapp fünf Millionen Personen besucht worden ist, wurde im Mai 2000 eröffnet. Es befindet sich, über die Millennium Bridge von St. Paul's aus ideal erreichbar, in der Bankside Power Station, einem von Sir Giles Gilbert

Scott, dem Architekten der markanten Battersea Power Station (S. 246), zwischen 1947 und 1963 errichteten Kraftwerksbau am Südufer der Themse, der 1981 stillgelegt und in den 1990er Jahren von Herzog & de Meuron zu einem Museum konvertiert wurde. Auf den Levels 3 und 5 findet sich die Dauerausstellung des Museums, auf Level 4 und in der Turbinenhalle (Level 1) werden Wechselausstellungen zu einzelnen Künstlern oder Kunstrichtungen gezeigt. Die Konzeption der Dauerausstellung, 2006 verändert, ist thematisch und nicht, wie eigentlich sinnvoll, historisch angelegt, was jedoch – besonders im Vergleich zum hier vorbildlichen Museum of Modern Art in New York – die großen Lücken in der Sammlung sichtbar gemacht hätte, die einer sehr konservativen Ankaufspolitik der Tate Gallery in der ersten Hälfte des 20. Jh. geschuldet sind. Auf Level 3 sind *Material Gestures* (Abstraktion, Expressionismus, von Claude Monet bis zu Barnett Newman) und *Poetry and Dream* (Surrealisten von Dali bis Giorgio de Chirico, ferner Beuys, Cy Twombly und Cindy Sherman) zu sehen. Auf Level 5 begegnen *Idea and Object* (Minimalisten, Konzeptkunst, Konstruktivismus von Dan Flavin, Jenny Holzer bis Sol LeWitt) und *State of Flux* (Kubismus, Futurismus und Pop Art von Picasso bis Lichtenstein und Warhol). Ein Erweiterungsbau in Form einer Glaspyramide, ebenfalls von Herzog & de Meuron konzipiert, ist in Planung und soll zur Olympiade 2012 eröffnet werden; hier soll vor allem Foto- und Videokunst präsentiert werden. (www.tate.org.uk/modern)

Saatchi Gallery: Die Gallery präsentiert Teile der umfangreichen Sammlung moderner Kunst des Werbemoguls Charles Saatchi. 1985 in einer leer stehenden Fabrik an der Boundary Road eröffnet, hat der kapriziöse Saatchi mit seinen Ausstellungen und seinen bisweilen abrupten Wendungen in der An- und Verkaufspolitik immer wieder für Überraschungen, aber auch Verstimmungen gesorgt. Zunächst präsentierte er hauptsächlich amerikanische Künstler wie Warhol, Twombly, Serra, Nauman und LeWitt, veräußerte dann jedoch den Großteil dieser Sammlung und protegierte fortan junge englische Künstler wie Damian Hurst, aber auch gänzlich unbekannte Namen, für die die Aufnahme in die Saatchi Gallery zum Karrieresprungbrett wurde. 2003 zog die Sammlung in die County Hall (S. 233), verlor diesen Standort jedoch 2005 nach Streitigkeiten mit dem Besitzerkonsortium im Zuge eines Gerichtsverfahrens. Die Sammlung, die durch einen Brand im Magazin 2004 schwere Verluste erlitt, blieb bis Frühjahr 2008 heimatlos, bezog dann aber neue Räumlichkeiten im ehemaligen Duke of York Building an der Kingsroad in Chelsea, nahe dem Sloane Square. Trotz aller Kritik ist die Saatchi Gallery der wichtigste Fokus für moderne Kunst in London und damit eine ernsthafte Konkurrenz zur Tate Modern. Furore macht seit 2005 das Internetprojekt *Your Gallery*, wo Künstler sich in einer virtuellen Galerie selbst präsentieren und bis zu acht Werke hochladen können. (www.saatchigallery.com)

Soane's Museum: Das sehenswerte Museum befindet sich in den miteinander verbundenen, eigenhändig konzipierten Wohnhäusern des berühmten Londoner Architekten in No. 12, 13 und 14 in Lincoln's Inn Fields (S. 103). Sir John Soane (1751–1837) richtete die Gebäude schon zu Lebzeiten als ein von ihm bewohntes Museum her, indem er die einzelnen Räume auf verschiedenen Niveaus so miteinander verschachtelte, farblich dekorierte und mit Licht versah, wie es für seine Sammlung dienlich erschien. Fünf Jahre vor seinem Tod, 1832, vermachte er dieses Gesamtkunstwerk dem Staat; infolge seiner Verfügung blieb die Einrichtung der Häuser No. 13 und 14 seit seinem Tod weitestgehend erhalten und unverändert. Zugänglich als Museum sind Haus No. 13 und der rückwärtige Teil von No. 14, das 1969 zurückerworbene Haus No. 12 birgt Büros für die Verwaltung, eine Bibliothek und seit 1995 die Soane Gallery für temporäre Ausstellungen. Die Räume des Museums präsentieren Soanes Sammlung scheinbar chaotisch und überbordend, dennoch aber mit Bedacht arrangiert. Die Sammlung beinhaltet vor allem knapp 30000 mit Akribie zusammengetragene Architekturzeichnungen, darunter die größte Ansammlung von Originalzeichnungen des Architekten Robert Adam, Originalentwürfe von Wren, Zeichnungen von Clérisseau und fünfzehn Piranesi-Zeichnungen, ferner eine Reihe von Architekturmodellen, Abgüssen antiker Architekturteile, antiker Statuen und klassizistischer Plastik, darunter Gipse und Terrakotten von John Flaxman. Des Weiteren gibt es antike Originale zu sehen: attische Vasen, Graburnen, Porträts, Statuetten und, als Höhepunkt, in der Sepulchral Chamber den ägyptischen Sarkophag von Sethos I. (1303–1209 v. Chr.). Eingebunden in die Ausstellung ist eine Gemäldesammlung, darunter Werke von William Hogarth, Turner und Canaletto. (www.soane.org)

Victoria and Albert Museum: Das auch kurz »V & A« genannte Museum an der Cromwell Road in South Kensington ist das älteste, zugleich auch größte und bekannteste Kunstgewerbemuseum der Welt. Seine Keimzelle war das Museum of Manufactures, das 1852 im Marlborough House (S. 135) eingerichtet wurde, jedoch schon bald danach, im Jahr 1855, nun als South Kensington Museum an den Ort der Weltausstellung von 1851 nach Brompton/Kensington umzog und mit einer ganzen Reihe ineinandergefügter Neubauten versehen wurde, die 1909 mit der Eröffnung des New Building an der Cromwell Road ihren Abschluss fanden (S. 184). Seit 1899 trägt das Museum seinen heutigen Namen, um den Zusatz »The National Museum of Art and Design« erweitert.

Gründung und Konzeption des Museums sind nicht ohne Kenntnis der Bedeutung des Kunstgewerbes im mittleren 19. Jh. verständlich. Kunstgewerbe ist, im Gegensatz zum Kunsthandwerk, durch eine Arbeitsteilung zwischen entwerfendem Künstler und einer quasi-industriellen Serienproduktion der Erzeugnisse charakterisiert. Dies war im Zeitalter der industriellen Revolution von erheblicher Bedeutung, ging es doch darum, in diesem neuen Rahmen zweckdienliche und sinnvolle Produkte des täglichen Gebrauchs herzustellen, die zugleich geschmackvoll geformt waren. Der zuerst von den englischen Sozialreformern Ruskin und Morris oft beschworene und mit dem Maschinenzeitalter begründete Abstieg des Geschmacks begann just in jenen Jahren, in denen das erste Kunstgewerbemuseum in Marlborough House eingerichtet und vorbildliche Kunstgewerbeprodukte präsentiert wurden; der enge Bezug der Museumsgründung zur Weltausstellung von 1851, auf der die Präsentation von englischem Kunstgewerbe eine bedeutende Rolle gespielt hat, ist kein Zufall. In Deutschland versuchten in jenen Jahren Karl Friedrich Schinkel mit seinen als vorbildlich erklärten Bauentwürfen und Gottfried Semper mit seinem Plan, Kunstgewerbeschulen zu gründen, das Maschinenzeitalter mit gutem Geschmack zu verbinden. Semper selbst entwarf 1855 einen Anbau für das Londoner Museum, der jedoch aus Kostengründen unrealisiert blieb. Der wirtschaftliche Hintergrund des Museums als eine Leistungsschau des englischen Kunstgewerbes wird auch daran deutlich, dass der Initiator und Träger der Einrichtung zunächst das Board of Trade war.

In diesem Zusammenhang entstanden die im V & A präsentierten Sammlungen, die heute aus annähernd 4,5 Millionen Objekten bestehen, für die verschiedene Departments zuständig sind: Keramik und Glas, fernöstliches Kunstgewerbe, Möbel und Holzgegenstände, indisches und südostasiatisches Kunstgewerbe, islamisches Kunstgewerbe, Metallarbeiten, Textilien und Kleidung sowie das Department für Wort und Bild, das die Sammlung von Drucken, Zeichnungen und Fotos betreut. Die einzelnen Ausstellungstrakte befinden sich seit 2000 in sukzessiver Erneuerung. Die wichtigsten Abteilungen seien kurz angesprochen. Kaum zu übersehen ist die riesige **Gipsabgusssammlung**, die Abgüsse vorbildlicher Kunstwerke aus Antike, Renaissance und Barock zusammenstellt, ein im 19. Jh. gängiges Medium, um zeitgenössischen Künstlern die Geschmacksbildung anhand der *opera nobilia* zu vereinfachen – also nicht aus Zufall ein didaktisch wichtiger Bereich im Rahmen eines Kunstgewerbemuseums. 2004 neu eingerichtet ist die **Architekturgalerie**, die anhand von Zeichnungen, Fotos, Modellen, Skizzen und Entwürfen einen Überblick über die Architekturgeschichte gibt; große Teile der Sammlungsbestände des Royal Institute of British Architects sind seither in das V & A überführt worden und hier ausgestellt. 2006 neu eröffnet ist die **Asienabteilung**: Hier sind Auszüge aus den Sammlungen von indischem, chinesischem, japanischem, koreanischem und islamischem Kunstgewerbe präsentiert, neben Keramik und Glas vor allem Teppiche; die Ausstellung ist geographisch organisiert. Die 2001 neu eröffneten **British Galleries** zeigen in fünfzehn thematisch organisierten Räumen Erzeugnisse aus England. Die **Keramikabteilung**, mit über 75000 Objekten die größte ihrer Art, soll 2009 wiedereröffnet werden; sie zeigt neben chinesischen Porzellanerzeugnissen Produkte aus Meißen, Sèvres sowie Bestände aller im 19. Jh. in England tätigen Manufakturen, ferner eine große Kollektion von Wedgwood-Produkten. Die Abteilung für **Mode und Schmuck** zeigt Textilien vom 3. Jh. bis in die Gegenwart, der ausgestellte Schmuck präsentiert Objekte aus der ägyptischen, griechischen und römischen Antike, und eine dichte Reihe von Exponaten aus dem Mittelalter bis hin zu Cartier, Fabergé und Lalique, Gerda Flockinger und Wendy Ramshaw. Die **Möbelabteilung** beinhaltet historische Interieurs aus Italien, Frankreich, Deutschland und England, ferner Möbel von Adolf Loos, Otto Wagner, Marcel Breuer und Frank Lloyd Wright bis hin zu zeitgenössischem Design. Die 1994 neu eröffnete **Glasabteilung** bietet einen fundamentalen Überblick über die 4000-jährige Geschichte der Glaserzeugung und -verwendung. Die 1995 neu organisierte Abteilung für **Metallgeräte** präsentiert toreutische Erzeugnisse nachantiker Zeiten, schwerpunktmäßig aus englischer Produktion. Eher wenig mit Kunstgewerbe zu tun haben die Sammlungen von **Gemälden und Zeichnungen** sowie von **Skulptur**, Letztere mit 17000 Objekten die größte Ansammlung nachantiker Plastik der Welt, darunter Werke von Michelangelo, Rodin, Canova und Flaxman. Anlässlich der Neueröffnung dieser Abteilung 2006 ist die einst im späten 19. Jh. endende Chronologie bis um die Mitte des 20. Jh. verlängert worden; in diesem Zusammenhang werden zugeliehene Exponate von Henry Moore und Zeitgenossen gezeigt. Neben der Dauerausstellung gibt es im V & A jährlich bis zu drei thematische Sonderausstellungen. (www.vam.ac.uk)

Wallace Collection: Diese bedeutende Kunst- und Kunsthandwerkssammlung des 19. Jh. befindet sich in Hertford House am Manchester Square. Das Gebäude bestand als ein georgianischer Stadtpalast ursprünglich nur aus dem Vorderhaus aus den 1770er Jahren. Das 1797 vom dritten Marquess of Heartford erworbene Haus diente dessen Sohn Richard Wallace, dem vierten Marquess of Heartford (1800–70), als Londoner Stadtresidenz und später, als er überwiegend in Paris weilte, als Standort für seine umfangreiche Sammlung. 1872–75 ließen seine Erben den Bau von Thomas Ambler erweitern und als musealen Ort für die rapide gewachsene Sammlung herrichten. 1897 wurde der Bau mit der Auflage, die Sammlung im ursprünglichen Zustand zu belassen und keine Teile daraus zu verleihen, dem Staat übereignet, der das Gebäude 1900 der Öffentlichkeit zugänglich machte. Die Sammlung besteht aus knapp 5500 Objekten, die hier überwiegend als intaktes Interieur und nicht im Stile eines modernen Museums gezeigt werden. Die Wallace Collection birgt neben der National Gallery die bedeutendste Gemäldesammlung

Englands mit Bildern von Rembrandt, Rubens, Van Dyck, Canaletto, Tizian, Hals, Poussin, Velázquez u. a. m.; der Schwerpunkt liegt auf der niederländischen und flämischen Malerei des 17. Jh. Die Keramiksammlung beinhaltet die weltgrößte Ansammlung von Sèvres-Porzellan; bedeutend sind auch die hier präsentierten französischen Möbel des 18. Jh., die Medaillenkollektion und die sehr umfangreiche Sammlung von Waffen, Rüstungen und Militärattributen. (www.wallacecollection.org)

Anhang

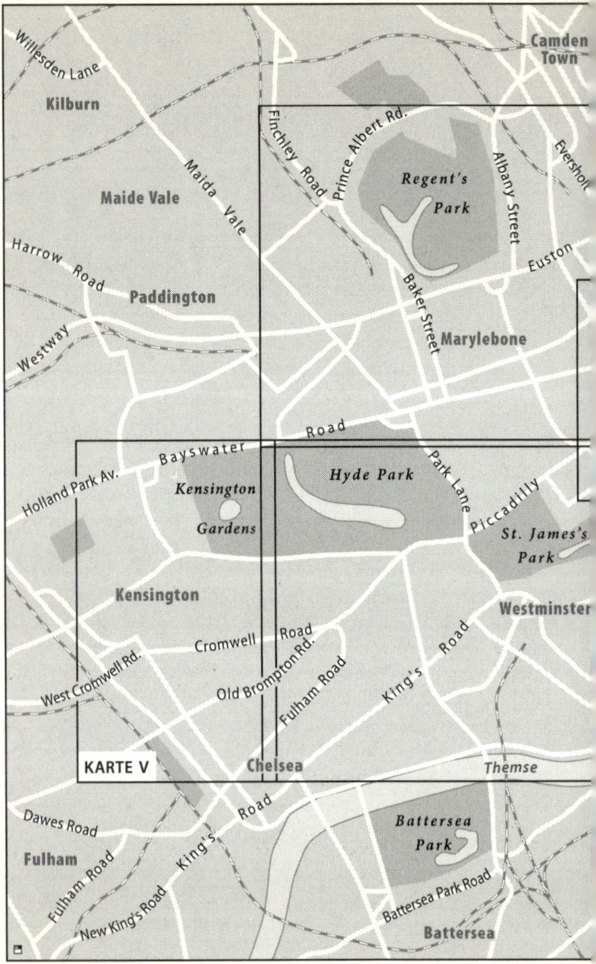

Willesden Lane
Kilburn
Camden Town
Finchley Road
Prince Albert Rd.
Regent's Park
Albany Street
Eversholt
Maida Vale
Maide Vale
Harrow Road
Paddington
Euston
Baker Street
Marylebone
Westway
Road
Bayswater
Holland Park Av.
Kensington Gardens
Hyde Park
Park Lane
Piccadilly
St. James's Park
Kensington
Westminster
Cromwell Road
West Cromwell Rd.
Old Brompton Rd.
Fulham Road
King's Road
KARTE V
Chelsea
Themse
Dawes Road
Fulham
Fulham Road
King's Road
New King's Road
Battersea Park
Battersea Park Road
Battersea

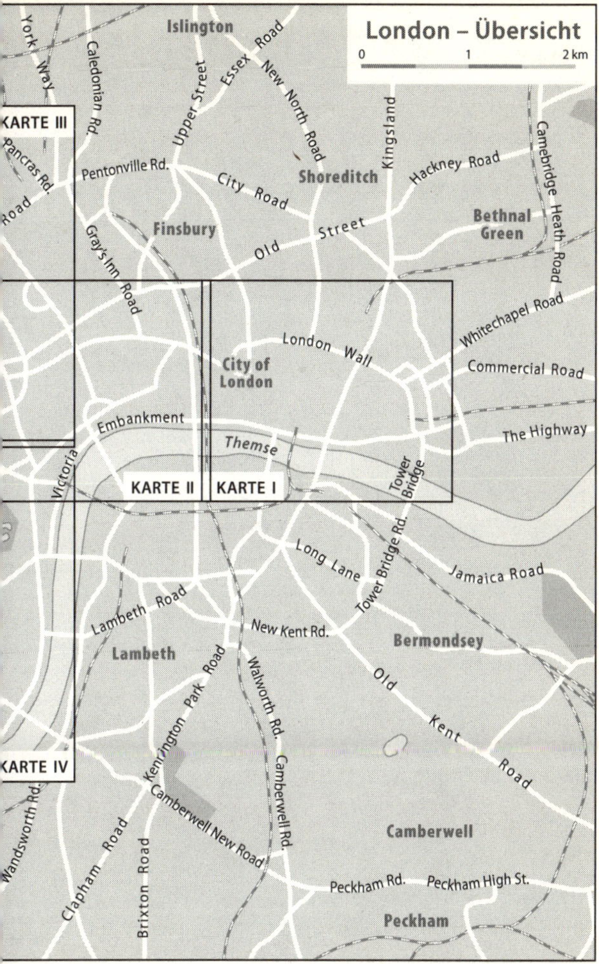
London – Übersicht
0
1
2 km
Islington
York Way
Caledonian Rd.
Upper Street
Essex Road
New North Road
Kingsland
Camebridge Heath Road
KARTE III
Pancras Rd.
Road
Pentonville Rd.
City Road
Shoreditch
Hackney Road
Bethnal Green
Finsbury
Old Street
Gray's Inn Road
Whitechapel Road
London Wall
City of London
Commercial Road
Embankment
Themse
The Highway
Victoria
KARTE II
KARTE I
Tower Bridge
Tower Bridge Rd.
Long Lane
Jamaica Road
Lambeth Road
New Kent Rd.
Bermondsey
Lambeth
Kennington Park Road
Walworth Rd.
Old Kent Road
KARTE IV
Camberwell New Road
Camberwell Rd.
Wandsworth Rd.
Clapham Road
Brixton Road
Camberwell
Peckham Rd.
Peckham High St.
Peckham

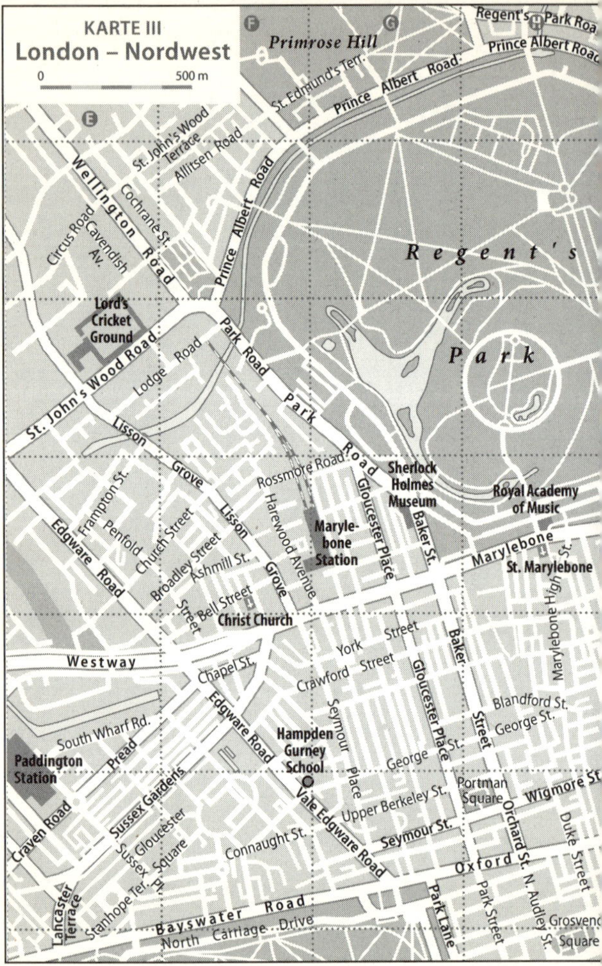
KARTE III
London – Nordwest
0
500 m
Primrose Hill
Regent's Park Road
Prince Albert Road
St. Edmund's Terr.
St. John's Wood Terrace
Allitsen Road
Wellington Road
Cochrane St.
Circus Road
Cavendish Av.
Regent's Park
Lord's Cricket Ground
St. John's Wood Road
Lodge Road
Park Road
Lisson Grove
Rossmore Road
Harewood Avenue
Gloucester Place
Sherlock Holmes Museum
Baker St.
Royal Academy of Music
Marylebone
St. Marylebone
Marylebone High St.
Marylebone Station
Frampton St.
Penfold
Church Street
Edgware Road
Broadley Street
Ashmill St.
Bell Street
Christ Church
Westway
Chapel St.
York Street
Crawford Street
Blandford St.
George St.
South Wharf Rd.
Praed
Paddington Station
Hampden Gurney School
Seymour Place
Portman Square
Wigmore St
Upper Berkeley St.
Seymour St.
Orchard St.
Duke Street
Craven Road
Sussex Gardens
Gloucester Square
Sussex Pl.
Connaught St.
Edgware Road
Oxford
N. Audley St.
Lancaster Terrace
Stanhope Ter.
Bayswater Road
North Carriage Drive
Park Lane
Park Street
Grosvenor Square

I
J
K
L
1
2
3
4
5
6
Parkway
Delancey St.
Camden High St.
Bayham Street
Camden Street
College St.
St. Pancras Way
Goods Way
York Way
Crowndale Road
Pancras Road
Park Village East
Oakley Sq.
Somers Town
King's Cross Station
Balfe St.
Hampstead Road
Eversholt Street
Ossulston St.
Midland Rd.
Pancras Road
St. Pancras Station
Gray's Inn
Albany Street
Regent's Park
British Library
Euston Station
Euston Road
Argyle Street
Judo St.
Cromer Street
Robert Street
St. Pancras
N. Gower St.
Mary Ward Settlement
Tavistock Place
Hunter St.
Tavistock Square
Gordon St.
Gordon Square
Holy Trinity
Gibbs Building
Gower Street
Bedford Way
Woburn Place
Road
Royal Institute of British Architects
Fitzroy
Cleveland
Maple St.
Howland St.
Tottenham Court Road
Torrington Place
Malet St.
University College
Russell Square
Brunei Gallery
Southampton Row
Great Portland Street
Portland Pl.
Great Tichfield Street
Charlotte Street
British Museum
Bloomsbury Way
Broadcasting House
Harley Street
Berners St.
Newman St.
Great Russell Street
All Souls
Mortimer Street
Congress House (TUC)
St. George
New Oxford Street
All Saints
St. Giles in the Fields
Henrietta Pl.
Oxford Street
Soho
Charing Cross
Drury Lane
Freemason's Hall
Hanover Square
New Bond St.
Regent Street
Wardour Street
Dean Street
Avenue
Convent Garden
Brook St.
Beak St.
Shaftesbury
Grosvenor St.
St. George Hanover Square
Brewer Street
Covent Garden

Hyde Park
Mayfair
Park Street
South Audley Street
Park Lane
West Carriage Drive
Apsley House
Hyde Park Corner
Duke of Wellington Pl.
South Carriage Drive
Kensington Road
Knightsbridge
Exhibition Road
Belgrave Square
Chapel St.
Sloane Street
Belgravia
Belgrave Pl.
Brompton Road
Oratory
Pont Street
Cadogan Square
Eaton Pl.
Chesham St.
Lyall St.
Cromwell Road
Thurloe Pl.
Brompton Rd.
Walton Street
King's Road
Elizabeth St.
Chester Row
Pelham St.
Old Brompton Road
Onslow Square
Brompton
Sloane Avenue
Sloane Square
Bourne St.
Sloane Gardens
Lower Sloane St.
Ebury
Elystan St.
Pimlico Rd.
Fulham Road
Sydney Street
Cale Street
Chelsea Bridge Road
Elm Park
Elm Park Rd.
Beaufort St.
Chelsea
Royal Hospital Road
Royal Hospital
Oakley St.
Chelsea Embankment
E
F
G
H

KARTE IV
London – Südwest

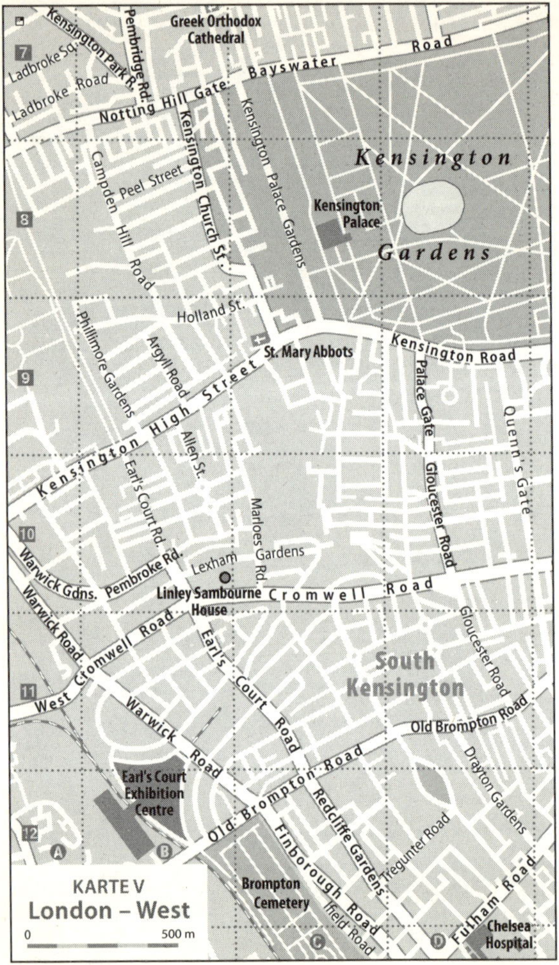

KARTE V
London – West

Karten- und Abbildungsnachweis

Rainer Kiedrowski, Ratingen: S. 149, 194, 238; Martin Thomas, Aachen: S. 108; Christoph Höcker, Augsburg: S. 39, 82, 87, 158, 225, 248; imago/Imagebroker: S. 184

Heinfried Wischermann, Freiburg i. Br.: Grundrisse S. 57, 61, 90, 97, 114, 120, 125, 170, 176, 181, 227, 230, 241; Klaus Kühner, HüttenWerke, Hamburg: Karten in den Umschlagklappen, S. 272–278

Der Verlag Philipp Reclam jun. dankt den Rechteinhabern für die Reproduktionsgenehmigung. Nicht nachgewiesene Abbildungen entstammen dem Archiv des Verlags. In einigen Fällen konnten die Rechteinhaber nicht ermittelt werden. Hier ist der Verlag bereit, nach Anforderung rechtmäßige Ansprüche abzugelten.

Weiterführende Informationen

Literatur

P. Ackroyd: London. The Biography. London 2001. [Dt. Übers. 2004.]

K. Allinson: London's Contemporary Architecture. 5. Aufl. Oxford 2006.

P. Ashley: London Peculiars. Curiosities in a Capital City. London 2004.

B. Cherry / Charles O'Brien / N. Pevsner (Hrsg.): London. New Haven 2005. (Buildings of England. Bd. 5.)

C. Fox / J. Schulze (Hrsg.): Metropole London. Macht und Glanz einer Weltstadt. Ausstellungskatalog. Essen 1992.

H. Golvin: A Biographical Dictionary of British Architects. 3. Aufl. New Haven 1995.

S. Hardingham: London. A Guide to Recent Architecture. 5. Aufl. London 2001.

S. Pepys: Tagebuch aus dem London des 17. Jahrhunderts. Hrsg. von H. Winter. Stuttgart 2009.

A. Saunders: The Art and Architecture of London. 2. Aufl. London 1996.

Internetseiten

Ein umfassendes, kommerzielles London-Portal in deutscher Sprache:

www.london.de

London's official website; etwas unübersichtlich gestaltet, aber informativ:

www.visitlondon.com/

Offizielle Seite der *Transport for London* über die Londoner U-Bahn, mit Liniennetz und aktuellen Linienstörungen (von denen es täglich zahlreiche gibt und auf die nur in größeren U-Bahnhöfen hingewiesen wird):

www.tfl.gov.uk/modalpages/2625.aspx

Offizielle Seite der *Transport for London* über das Londoner Busnetz mit (in der Praxis theoretischen) Fahrplänen und (sich laufend änderndem) Liniennetz:
www.tfl.gov.uk/modalpages/2605.aspx

Alle Informationen über den *London Pass* (gebündelter Eintritt zu Museen und anderen Sehenswürdigkeiten), auf Deutsch:
www.londonpass.com/languages/german/index.asp

Aktuelle Informationen über die *London Travelcard*, auf Deutsch:
www.londonpass.com/languages/german/index_transport.asp

Website des Londoner Veranstaltungsmagazins *Time Out* (sehr informativ, ersetzt aber nicht den Kauf des wöchentlich mittwochs erscheinenden Heftes):
www.timeout.com/london

Sammelseite über diverse Londoner Museen, mit zahlreichen weiterführenden Links:
www.londonnet.co.uk/ln/guide/about/museums.html

Der beste *London music guide*, mit Übersicht über alle Musiksparten:
http://www.londonnet.co.uk/ln/out/music/

London classical music guide, mit allen aktuellen Angeboten:
http://www.londonnet.co.uk/ln/out/music/classical.html

Aktuelle, vollständige Liste der in London gezeigten Kinofilme, mit Angaben über Zeit und Ort der Vorführung (die Londoner Kinowoche startet freitags):
http://www.londonnet.co.uk/films/index.html

Objektregister

Personenregister